U0511741

CICI
2016
CHINA INTEGRATED
CITY INDEX 2016

中国城市综合发展指标
2016

China Integrated City Index 2016

大城市群发展战略
Development Strategy of Megalopolis

国家发展和改革委员会发展规划司
Department of Development Planning
National Development and Reform Commission

云河都市研究院
Cloud River Urban Research Institute

人民出版社

责任编辑：吴焐东　刘　恋　高晓璐　孟　雪
封面设计：林芝玉
责任校对：马　婕

图书在版编目（CIP）数据

中国城市综合发展指标 2016：大城市群发展战略／国家发展和改革委员会发展规划司，
　云河都市研究院 编．— 北京：人民出版社，2016.11
ISBN 978－7－01－016701－5

I.①中…　II.①国…　②云…　III.①城市群－城市发展战略－研究报告－中国－2016
　IV.① F299.21

中国版本图书馆 CIP 数据核字（2016）第 220796 号

中国城市综合发展指标 2016

ZHONGGUO CHENGSHI ZONGHE FAZHAN ZHIBIAO 2016

——大城市群发展战略

国家发展和改革委员会发展规划司　云河都市研究院 编

人民出版社 出版发行

（100706　北京市东城区隆福寺街 99 号）

北京尚唐印刷包装有限公司印刷　新华书店经销

2016 年 11 月第 1 版　2016 年 11 月北京第 1 次印刷

开本：710 毫米 ×1000 毫米 1/16　印张：13.25

字数：280 千字

ISBN 978－7－01－016701－5　定价：88.00 元

审图号：GS（2016）2609 号

邮购地址 100706　北京市东城区隆福寺街 99 号

人民东方图书销售中心　电话：（010）65250042　65289539

项目成员 | Project Members

专家组组长、报告主编

周牧之	东京经济大学教授
徐　林	国家发展和改革委员会发展规划司司长

首席专家

杨伟民	中共中央财经领导小组办公室副主任

专家组成员

周其仁	北京大学教授
杜　平	国家信息中心常务副主任
张仲梁	国家统计局财务司司长
穆荣平	中国科学院创新发展研究中心主任
田舒斌	新华网股份有限公司董事长、总裁
胡俊凯	新华社瞭望周刊执行总编辑
陈亚军	国家发展和改革委员会发展规划司副司长
岳修虎	国家发展和改革委员会发展规划司副司长
南川秀树	东京经济大学客座教授、日本环境卫生中心理事长、原日本环境事务次官
武内和彦	联合国大学副校长、东京大学教授、原日本中央环境审议会委员长
横山祯德	东京大学 EMP 特任教授、原麦肯锡东京分社社长
山本和彦	森大厦都市企划株式会社社长

云河研究组成员

杉田正明	云河都市研究院研究主干
甄雪华	云河都市研究院主任研究员
栗本贤一	云河都市研究院主任研究员
数野纯哉	云河都市研究院主任研究员
赵　建	云河都市研究院主任研究员

在中国城市综合发展指标的研究和报告的编制过程中，得到了国家发展和改革委员会发展规划司与日本环境省大臣官房"绿色城镇化中日合作机制"，以及以下中外专家学者的支持和参与：

胡存智（原国土资源部副部长）、安斋隆（日本7银行会长、原日本银行理事）、大西隆（日本学术会议会长）、盐谷隆英（原日本经济企划厅事务次官、原日本综合研究开发机构理事长）、中井德太郎（日本环境省总括审议官）、土屋了介（神奈川县立医院机构理事长）、矢作弘（龙谷大学教授）、薛凤旋（北京大学客座教授、原香港大学教授）、森本章伦（早稻田大学教授）、藤田壮（名古屋大学连携大学院教授）、冈部明子（东京大学大学院教授）、明晓东（中国驻日本大使馆公使参赞）、岸本吉生（日本经济产业省九州经济产业局长）、竹内正兴（日本国际开发中心理事长）、三轮恭之（森纪念财团主席研究员）、迫庆一郎（SAKO建筑设计工社社长）、藤野纯一（日本国立环境研究所主任研究员）、井手孝利（云河都市研究院总协调师）、甲斐隆嗣（日立制作所部长）、马里奥·贝里尼（马里奥·贝里尼设计事务所CEO）、伊科·米利奥莱（米利奥莱+赛尔维托设计事务所CEO）。

目录 | Contents

序　言 | Introduction 001

   1. 杨伟民 | Yang Weimin 002

   2. 周牧之 | Zhou Muzhi 004

第一章　中国城市综合发展指标结构 | China Integrated City Index Structure 009

   1. 指标对象城市 | Target Cities 010

   2. 指标结构 | Index Structure 012

   3. 指标评价方法 | Ranking Method 014

   4. 指标项目列表 | List of Indicators 015

第二章　中国城市综合发展指标2016前20位城市排名 |
       China Integrated City Index 2016 Ranking Top 20 Cities 019

   1. 综合排名 | Total Ranking 020

   2. 环境排名 | Environmental Ranking 022

   3. 社会排名 | Social Ranking 024

   4. 经济排名 | Economic Ranking 026

第三章　中国城市综合发展指标2016综合排名前10位城市分析 | Analysis of Top 10 Cities 029

   1. 北京 | Beijing 030

   2. 上海 | Shanghai 036

   3. 深圳 | Shenzhen 042

   4. 广州 | Guangzhou 048

   5. 天津 | Tianjin 054

   6. 苏州 | Suzhou 060

   7. 杭州 | Hangzhou 066

   8. 重庆 | Chongqing 072

   9. 南京 | Nanjing 078

   10. 武汉 | Wuhan 084

第四章　中国城镇化图示分析 | Graphic Analysis of China's Urbanization 091

1. 气候舒适度 | Climate Comfort Index 092

2. 降雨量 | Rainfall 093

3. 森林覆盖率 | Forest Coverage Rate 094

4. 农地比率 | Proportion of Farmland 095

5. 空气质量指数（AQI） | Air Quality Index 096

6. PM2.5指数 | PM2.5 Index 097

7. 人均水资源 | Per Capita Water Resources 098

8. 历史遗存 | Historical Relics 099

9. 国内游客 | Domestic Tourists 100

10. 入境游客 | Inbound Tourists 101

11. 零售业辐射力 | Retail Radiation 102

12. 医疗辐射力 | Medical Radiation 103

13. 文化体育辐射力 | Culture and Sports Radiation 104

14. 高等教育辐射力 | Higher Education Radiation 105

15. 科学技术辐射力 | Science & Technology Radiation 106

16. 金融业辐射力 | Financial Radiation 107

17. 人口流动：流入 | Population Migration: Influx 108

18. 人口流动：流出 | Population Migration: Outflow 109

第五章　大城市群发展战略 | Megalopolis Development Strategy 111

周牧之 | Zhou Muzhi

1. 现状与课题 | Current Status and Issues 112

2. 珠江三角洲大城市群 | The Pearl River Delta Megalopolis 143

3. 长江三角洲大城市群 | The Yangtze River Delta Megalopolis 155

4. 京津冀大城市群 | The Beijing-Tianjin-Hebei Megalopolis 167

5. 成渝城市群 | The Chengdu-Chongqing Urban Agglomeration 178

第六章 指标解释 | Interpretation of Indicators 189

1. 环境 | Environment 190

2. 社会 | Society 192

3. 经济 | Economy 194

第七章 专家述评 | Expert Reviews 197

1. 周其仁 | Zhou Qiren 198

2. 张仲梁 | Zhang Zhongliang 200

3. 横山祯德 | Yoshinori Yokoyama 204

序 言
Introduction

杨伟民　　　**周牧之**
Yang Weimin　　Zhou Muzhi

1. 杨伟民

杨伟民

Yang Weimin

中央财经领导小组办公室副主任

　　1956 年出生。历任国家发展和改革委员会规划司司长，委副秘书长、秘书长。2011 年起任现职。

　　长期从事宏观政策和中长期规划的研究制定工作。参与和组织国家"九五""十五""十一五""十二五"规划纲要的编制工作，参与党的十八大、十八届三中、四中、五中全会报告起草工作，参与中央"十一五""十二五""十三五"规划建议起草，是中央经济体制和生态文明体制改革专项小组成员、联络员，参与协调多项重大改革。

　　主编:《中国未来三十年》（香港三联书店 2011 年版、与周牧之共同主编），《第三个三十年: 再度大转型的中国》（人民出版社 2010 年版、与周牧之共同主编），《中国可持续发展的产业政策研究》（中国市场出版社 2004 年版），《规划体制改革的理论探索》（中国物价出版社 2003 年版）。

国家发展改革委发展规划司与云河都市研究院编制的《中国城市综合发展指标 2016》是一篇用全新视角评价中国城市发展状况的报告，是真正的综合评价，真正的发展评价。如果仅看经济发展成果就说某个城市发展得如何是有欠缺的。如果没有社会的、环境的指标，即使经济方面的指标再多，也不是综合的评价。

发展要确立空间均衡的理念和原则。空间均衡，就是在一定空间单元内，实现人口（社会）、经济、资源环境三者之间的均衡。确立空间均衡的理念和原则，对如何正确认识和科学促进区域协调发展，对推进绿色城镇化，对促进人与自然的和谐发展具有重大意义。例如，部分区域生态环境的恶化，是当地人口规模以及为提高生活水平进行的经济开发超出了当地资源环境承载能力，是空间失衡了。若一味强调就地实现小康、实现现代化，就挡不住这类区域根据"发展权"进行的经济开发，也就无法从源头上扭转生态环境的恶化。当生态环境被破坏，不得不花费大量资金实施退耕还林、退牧还草、水土流失治理、风沙源治理、石漠化治理等一批又一批的"生态建设"工程。再如，部分区域开发强度已经过高，资源环境承载力已经脆弱，不推动这类区域调整超出资源环境承载力的产业结构，就挡不住其继续消耗更多的能源、更多的水资源，难以从源头上控制污染物排放的增加。当缺水、环境恶化影响到人民生活，就不得不为其建设一个又一个的输水工程、污染治理工程。还有部分城市已经患上"城市病"，原因是城市功能过多，过于集中于中心城区，空间结构失衡。如果不推动这类中心城区适度疏解一些城市功能，放任其继续拓展和强化经济中心、工业基地、商贸物流中心、交通枢纽、航运中心、教育中心、研发基地、医疗中心等，也就堵不住人口的蜂拥而入，挡不住房价的"蒸蒸日上"，难免交通拥挤不堪，雾霾频频光临。

《中国城市综合发展指标 2016》从环境、社会、经济三个视角评价城市发展，体现了空间均衡的理念，因而我说是真正的综合评价、真正的发展评价。这样来评价城市发展，才是科学的，有利于引导城市发展得更全面、更协调、更可持续。

城市是经济发展和社会进步的主要载体。前 30 年，中国有几亿人口进入城市，未来还会有几亿人口进入城市，现在以及未来，面临的最大压力、最大的短板在生态环境。城市发展不能因为追求经济规模越来越大、道路越来越长、建筑越来越高、住房越来越宽敞，而让星星不那么清晰了、河湖不那么清澈了、鸟儿不那么喧闹了。

中国的城市发展，要坚持生态文明的理念，推进城市绿色发展、循环发展、低碳发展，尽可能减少对自然的干扰和损害，节约集约利用土地、水、能源等资源；要高度重视生态安全，扩大森林、湖泊、湿地等绿色生态空间比重，增强水源涵养能力和环境容量；要改善环境质量，减少主要污染物排放总量，控制开发强度，增强抵御和减缓自然灾害的能力。《中国城市综合发展指标 2016》提出了许多可操作的绿色指标，每一个城市都应该对照检查一下在哪些指标方面有差距，找到城市发展的努力方面。因此，《中国城市综合发展指标 2016》不仅是评价，也指出了前进的方向。

2. 周牧之

周牧之

Zhou Muzhi

东京经济大学教授，经济学博士

1963 年出生。曾供职于原国家机械工业部，历任日本开发构想研究所研究员、日本国际开发中心主任研究员、日本财务省财务综合政策研究所客座研究员、美国哈佛大学客座研究员、美国麻省理工学院客座教授、中国科学院特聘研究员。兼任对外经济贸易大学客座教授、日本环境卫生中心客座研究员。

组织和主持了"吉林省地域综合开发计划调查""中国乡村城市化实验市综合开发规划调查""中国城市化政策研究调查""江苏省城市化发展战略""江苏省沿江港口总体规划""中国西南地区中等示范城市发展战略制定调查""中国大城市群政策研究""镇江生态新城发展战略规划"等国际合作的大型政策研究和规划制定项目，为中国的规划领域提供了具有国际先进水平的示范案例。

主要著作：《步入云时代》（人民出版社 2010 年版），《中国经济论：崛起的机制与课题》（人民出版社 2008 年版），《中国经济论：高速经济增长的机制和课题》（日本经济评论社 2007 年版），《鼎：托起中国的大城市群》（世界知识出版社 2004 年版），《机械电子革命与新国际分工体系：现代世界经济中的亚洲工业化》（日本 MINERVA 书房 1997 年版，获第 13 届日本电气通信社会科学奖励奖）。

主编：《中国未来三十年》（香港三联书店 2011 年版、与杨伟民共同主编），《第三个三十年：再度大转型的中国》（人民出版社 2010 年版、与杨伟民共同主编），《大转折：解读城市化与中国经济发展模式》（世界知识出版社 2005 年版），《城市化：中国现代化的主旋律》（湖南人民出版社 2001 年版）。

今天，在中国地级及以上的 295 个城市中有 116 个城市常住人口规模超过户籍人口，其中上海、北京、深圳的非户籍常住人口数量分别达到 987.3 万、818.6 万和 745.7 万，为人口流入规模最大的三个城市。与此同时，有 179 个城市常住人口少于户籍人口，其中重庆、周口、商丘三个城市外流人口数量分别达到 383.8 万、356.4 万和 345 万，为人口流出规模最大的三个城市。这组数据不仅体现了中国人口流动规模的剧烈性，同时也意味着城镇化背景下的人口流动已经深刻地影响着每一个城市。

城镇化作为中国现代化的主旋律，不仅是拉动中国经济成长的引擎，同时也是变革中国经济社会结构的原动力。可以说城镇化开启了中国社会未曾经历过的剧烈的、迅猛的，同时也是不可避免的经济社会变革。

作为大变革进程的城镇化在宏观上需要具有前瞻性的通盘考量和设计，需要重新审视和改革财税制度、户籍制度、社会保障制度等体制机制。但遗憾的是与迅猛的城镇化浪潮相比，中国在城镇化顶层设计上的研究和探讨相对缺位。

不仅如此，城市规划制度和建设机制上的缺陷也给城市建设带来了一定的负面影响。规划对于城市而言非常重要，没有规划的城市空间是一场噩梦，但拙劣的城市规划同样也是一场噩梦。城市需要有良好的规划和设计规则来规范各种社会资本的参与。只有规划约束下投资的不断叠加和沉淀，才能形成优质的城市空间，组织优质的城市生活。

虽然城市规划应该是对一方水土综合长远的战略考量，但是中国现行的规划机制不支持这样的定位。中国城市建设的相关规划拆分得太破碎，发展规划、城市规划、土地利用规划、交通规划、环境规划、产业规划等由不同部门制定。受部门利益制约，各类规划相互之间协调不够，最后还往往被政绩冲动和投资冲动所肢解。由是造成中国城市普遍存在空间布局不合理、交通组织不配套、市民生活不方便、生态环境质量下降等问题。

上一轮城镇化无论是从宏观还是从微观上而言，与其蓬勃的实践相比，机制上、制度上、规划上的谋划偏少，其中一个重要原因是数字的分析和管理能力的或缺。《万历十五年》的作者、著名历史学家黄仁宇先生把历史上中国最大的施政缺陷归结为不能进行"数目字管理"。不幸的是这一能力缺陷的遗传因子一直延续至今。

近年在政策上，主体功能区、新型城镇化等先进的政策思维和政策框架相继出台，为中国空间发展和城镇化提供了崭新的政策思路和方向，下一步重点在于如何具体化这些政策，如何评价监督政策和规划的贯彻与执行。

因此，中国急需用先进的理念和可视化的数据指标助力政策和规划，引导约束城市建设的相关投资。从这种意义上而言，如何实现有先进理念支撑的数字化管理是影响中国城镇化进程的一个关键。城镇化需要一套标杆和参照系，在宏观上可以作为城镇化政策的工具、在微观上可以作为城市规划的抓手、同时还可以作为对政策和规划进行评价的尺度。

基于以上认识，由有志同仁组成的跨学科、跨领域、跨国界的"中国城市综合发展指标"研究团队试图通过汇集对中国城镇化问题的认识和吸纳国内外经验教训以及先进理念，摸索和开发既可以量化又可视化的城镇化指标评价体系，为中国的城镇化树立起一套"数字化的标杆和参照系"。中国城市综合发展指标有以下三大特征。

三维视角审视"绿色"

《国家新型城镇化规划》明确指出，要把生态文明理念全面融入城镇化进程，"绿色"成为新型城镇化的关键。在"生态热"的背景下，大量关于绿色城镇、最美乡村等类似评选或测评应运而生，但大多聚焦于自然生态，上榜者也多为生态小城、小镇。然而，从全国视角和追求现代化的维度分析与评价绿色城镇化不能局限于狭义的环境概念。

以环境、社会、经济三大板块构成的中国城市综合发展指标力图从更加广义的视角阐释"绿色"，予城市以环境、社会、经济三维视角的全面、综合评价。也就是说，该指标追求全方位地从绿色的角度评价城市，不仅仅是关注环境指标的绿色，同时，经济指标、社会指标也要追求绿色。

从这种意义上讲，与单纯鼓励"硬"的指标，如国民生产总值（GDP）、铁路、公路、楼宇建设的指标不同，中国城市综合发展指标倡导的是发展品质。其追求的"绿色"不是狭义的环境因素，而是突出绿色发展的广义概念，背后包含着经济品质、空间结构、生活品质和人文社会等深层内容。指标体系中各层级每一项指标设置都具有强烈的"绿"指向。作为尝试，结果虽有待讨论和检验，毕竟从学术研究的角度迈出了一步。

简洁结构量化城市

要把中国城镇化面临的问题、课题和理想，以及国内外经验教训和最新理念进行数字化、指标化的梳理，本身就是一项非常艰巨的工作。经过历时四年中外专家的反复研讨，中国城市综合发展指标形成了独特而简洁的3×3×3结构。环境、经济、社会三大板块的每个板块由三个中项指标组合，每个中项指标由三个小项指标支撑，每个小项指标又由一个或多组数据支持。

三大板块的每一个板块是一个维度。27个小项指标是27个准则，27个价值追求，这是中国城市综合发展指标的一大特色。

指标体系需要有翔实的数据作为支持，但是在中国搜集和整理这些数据是一项艰难和浩繁的任务。它首先表现在数据的碎片化，部门之间、层级之间、年度之间数据不统一、不规范、不连续现象严重。其次是有些数据还存在失真问题。此外，很多国际上用来评价城市的指标数据在中国还不存在。

中国城市综合发展指标在选择指标和数据时除了考虑数据的可获得性之外，还要考虑数据的真实性和实际价值。因此作为研究团队的云河团队尽量选择有价值的大数据，运用最新IT手法把庞大的大数据变成可用的指标数据。同时，不仅充分利用卫星数据和空间地理数据演算缺位数据，还着力运用数量经济学手法将一些具有关联性的数据复合成有价值取向的特定指数。通过三年的努力，将各类公开的、在社会上可得的数据"缝制"成覆盖全国地级及以上所有 295 个城市的完整指标体系。

价值取向认知先导

中国城市综合发展指标的意义在于建立对城市结构和内涵进行立体分析的构架，为中国城镇化的绿色化、集约化、流动化、市民化和品质化发展提供科学的政策和规划手段。因此，该指标担负着认知先导的使命。

从这种意义上讲，指标对"绿色"的提倡，对文化传承的关注，对发展品质的重视等都来源于这种使命。因此，指标强烈关注中国城镇化过程中"密度"与"结构"的关系，把如何提高对中国城市密度的把握和认知定位成指标重要的问题意识。

中国城市综合发展指标导入 DID（Densely Inhabited District，人口密集地区）概念，借助卫星遥感等高科技，尝试对中国城市，以及城镇化进行更准确的分析。结果发现中国城市一方面存在与其基础设施水准和管理组织能力相比，DID 人口密度偏高的"局部过密"现象；另一方面又存在 DID 人口比率偏低，城镇化水平还较落后的问题。这一结构性矛盾正是造成中国城市交通问题、环境问题、生活不便、服务业经济欠发达等诸多问题的重要根源所在。

城市人口密度与产业，特别是与服务业的生产性有着明确的关系。人口密度过疏是拉低产业生产性的重要原因。过疏也是增加基础设施和公共服务成本，导致财政负担增大，加大能源消费的重要要因。同时，与城市的组织能力和基础设施水平不匹配的过高密度的人口也是造成诸多城市病的重要因素。

因此，中国在城市政策上一方面需要提高城市的组织能力和基础设施水平，最大化城市密度对提高生产性、便利性、多样性的正面效应，丰富城市内涵，更好地发展城市社会经济。另一方面需要舒缓过高的局部人口密度，追求人口密度与城市管理能力和基础设施水平的匹配。中国城镇化的下一程需要注重探索如何通过提高城市总体密度和舒缓局部过密，提升城市的凝聚力、活力和魅力。

第一章
中国城市综合发展指标结构
China Integrated City Index Structure

1. 指标对象城市 | Target Cities

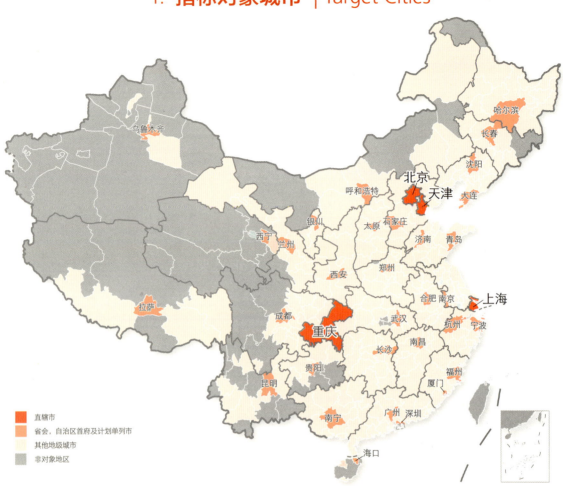

图 1-1　指标对象城市示意图 | Target Cities ①

指标对象城市

《中国城市综合发展指标 2016》以所有地级及以上城市作为比较对象，即将直辖市、省会及自治区首府、计划单列市和其他地级城市作为对象城市。

· 直辖市（4 个：北京市、天津市、上海市、重庆市）

· 省会及自治区首府（27 个：石家庄市、太原市、呼和浩特市、沈阳市、长春市、哈尔滨市、南京市、杭州市、合肥市、福州市、南昌市、济南市、郑州市、武汉市、长沙市、广州市、南宁市、海口市、成都市、贵阳市、昆明市、拉萨市、西安市、兰州市、西宁市、银川市、乌鲁木齐市）

· 计划单列式（5 个：大连市、青岛市、宁波市、厦门市、深圳市）

· 其他地级城市（259 个）

---

① 图 1-1 根据《中国城市综合发展指标 2016》数据制作。在本报告中，此后凡根据《中国城市综合发展指标 2016》数据制作的图表都不再标明出处。在本报告中出现的所有"地图"都只是为了视觉地表达指标意义的"示意图"，并非真正意义上的地图。

表 1-1　指标对象城市列表　｜　List of Target Cities

直辖市 4城市：北京市　天津市　上海市　重庆市

地级及以上城市（295城市）

华北地区 31城市

河北省 11城市	山西省 11城市	内蒙古自治区 9城市
石家庄市（省会）　唐山市　秦皇岛市　邯郸市　邢台市　保定市　张家口市　承德市　沧州市　廊坊市　衡水市	太原市（省会）　大同市　阳泉市　长治市　晋城市　朔州市　晋中市　运城市　忻州市　临汾市　吕梁市	呼和浩特市（自治区首府）　包头市　乌海市　赤峰市　通辽市　鄂尔多斯市　呼伦贝尔市　巴彦淖尔市　乌兰察布市

东北地区 34城市

辽宁省 14城市	吉林省 8城市	黑龙江省 12城市
沈阳市（省会）　大连市（计划单列市）　鞍山市　抚顺市　本溪市　丹东市　锦州市　营口市　阜新市　辽阳市　盘锦市　铁岭市　朝阳市　葫芦岛市	长春市（省会）　吉林市　四平市　辽源市　通化市　白山市　松原市　白城市	哈尔滨市（省会）　齐齐哈尔市　鸡西市　鹤岗市　双鸭山市　大庆市　伊春市　佳木斯市　七台河市　牡丹江市　黑河市　绥化市

华东地区 77城市

江苏省 13城市	浙江省 11城市	安徽省 16城市
南京市（省会）　无锡市　徐州市　常州市　苏州市　南通市　连云港市　淮安市　盐城市　扬州市　镇江市　泰州市　宿迁市	杭州市（省会）　宁波市（计划单列市）　温州市　嘉兴市　湖州市　绍兴市　金华市　衢州市　舟山市　台州市　丽水市	合肥市（省会）　芜湖市　蚌埠市　淮南市　马鞍山市　淮北市　铜陵市　安庆市　黄山市　滁州市　阜阳市　宿州市　六安市　亳州市　池州市　宣城市

福建省 9城市	江西省 11城市	山东省 17城市
福州市（省会）　厦门市（计划单列市）　莆田市　三明市　泉州市　漳州市　南平市　龙岩市　宁德市	南昌市（省会）　景德镇市　萍乡市　九江市　新余市　鹰潭市　赣州市　吉安市　宜春市　抚州市　上饶市	济南市（省会）　青岛市（计划单列市）　淄博市　枣庄市　东营市　烟台市　潍坊市　济宁市　泰安市　威海市　日照市　莱芜市　临沂市　德州市　聊城市　滨州市　菏泽市

华中地区 42城市

河南省 17城市	湖北省 12城市	湖南省 13城市
郑州市（省会）　开封市　洛阳市　平顶山市　安阳市　鹤壁市　新乡市　焦作市　濮阳市　许昌市　漯河市　三门峡市　南阳市　商丘市　信阳市　周口市　驻马店市	武汉市（省会）　黄石市　十堰市　宜昌市　襄阳市　鄂州市　荆门市　孝感市　荆州市　黄冈市　咸宁市　随州市	长沙市（省会）　株洲市　湘潭市　衡阳市　邵阳市　岳阳市　常德市　张家界市　益阳市　郴州市　永州市　怀化市　娄底市

华南地区 39城市

广东省 21城市	广西壮族自治区 14城市	海南省 4城市
广州市（省会）　韶关市　深圳市（计划单列市）　珠海市　汕头市　佛山市　江门市　湛江市　茂名市　肇庆市　惠州市　梅州市　汕尾市　河源市　阳江市　清远市　东莞市　中山市　潮州市　揭阳市　云浮市	南宁市（自治区首府）　柳州市　桂林市　梧州市　北海市　防城港市　钦州市　贵港市　玉林市　百色市　贺州市　河池市　来宾市　崇左市	海口市　三亚市　三沙市　儋州市

西南地区 36城市

四川省 18城市	贵州省 6城市	云南省 8城市	西藏自治区 4城市
成都市（省会）　自贡市　攀枝花市　泸州市　德阳市　绵阳市　广元市　遂宁市　内江市　乐山市　南充市　眉山市　宜宾市　广安市　达州市　雅安市　巴中市　资阳市	贵阳市（省会）　六盘水市　遵义市　安顺市　毕节市　铜仁市	昆明市（省会）　曲靖市　玉溪市　保山市　昭通市　丽江市　普洱市　临沧市	拉萨市（自治区首府）　日喀则市　昌都市　林芝市

西北地区 32城市

陕西省 10城市	甘肃省 12城市	青海省 2城市	宁夏回族自治区 5城市	新疆维吾尔自治区 3城市
西安市（省会）　铜川市　宝鸡市　咸阳市　渭南市　延安市　汉中市　榆林市　安康市　商洛市	兰州市（省会）　嘉峪关市　金昌市　白银市　天水市　武威市　张掖市　平凉市　酒泉市　庆阳市　定西市　陇南市	西宁市（省会）　海东市	银川市（自治区首府）　石嘴山市　吴忠市　固原市　中卫市	乌鲁木齐市（自治区首府）　克拉玛依市　吐鲁番市

2. **指标结构** | Index Structure

三重底线

中国城市综合发展指标依据三重底线的思维，从环境、社会、经济三个维度立体地评价和分析城市的可持续发展。

所谓三重底线（TBL: Triple Bottom Line）是一种对可持续性评价的代表性方法，从"环境""社会""经济"三个维度评价人类活动。以联合国可持续开发委员会（UNCSD : Secretariat of the United Nations Commission on Sustainable Development）发布的可持续评价指标为首，国际上许多可持续性相关的调查研究都以三重底线评价展开。

3×3×3结构

中国城市综合发展指标分为环境、社会、经济三个大项、每个大项包含三个中项、每个中项包含三个小项。大、中、小合计39项指标，形成简单明了的"3×3×3"金字塔结构。指标力图通过简洁明快的结构，对复杂的城市状况进行全方位的定量化和可视化分析。

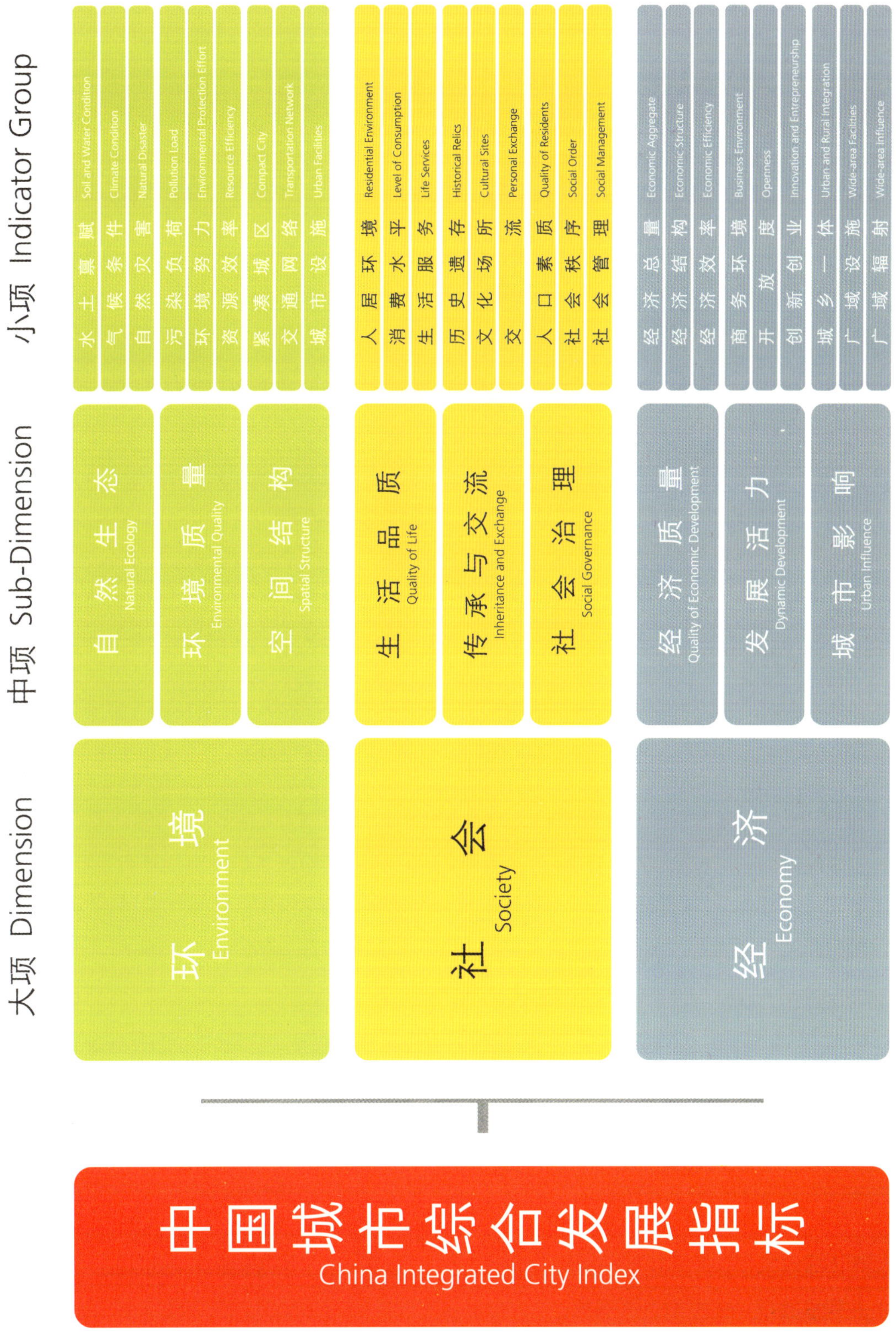

大项 Dimension　中项 Sub-Dimension　小项 Indicator Group

环境 Environment

自然生态 Natural Ecology
- 水土禀赋 Soil and Water Condition
- 气候条件 Climate Condition
- 自然灾害 Natural Disaster

环境质量 Environmental Quality
- 污染负荷 Pollution Load
- 环境努力 Environmental Protection Effort
- 资源效率 Resource Efficiency

空间结构 Spatial Structure
- 紧凑城区 Compact City
- 交通网络 Transportation Network
- 城市设施 Urban Facilities

社会 Society

生活品质 Quality of Life
- 人居环境 Residential Environment
- 消费水平 Level of Consumption
- 生活服务 Life Services

传承与交流 Inheritance and Exchange
- 历史遗存 Historical Relics
- 文化场所 Cultural Sites
- 交流 Personal Exchange

社会治理 Social Governance
- 人口素质 Quality of Residents
- 社会秩序 Social Order
- 社会管理 Social Management

经济 Economy

经济质量 Quality of Economic Development
- 经济总量 Economic Aggregate
- 经济结构 Economic Structure
- 经济效率 Economic Efficiency

发展活力 Dynamic Development
- 商务环境 Business Environment
- 开放度 Openness
- 创新创业 Innovation and Entrepreneurship

城市影响 Urban Influence
- 城乡一体 Urban and Rural Integration
- 广域设施 Wide-area Facilities
- 广域辐射 Wide-area Influence

中国城市综合发展指标
China Integrated City Index

图 1-2 指标结构图 | Index Structure Diagram

3. 指标评价方法 ｜ Ranking Method

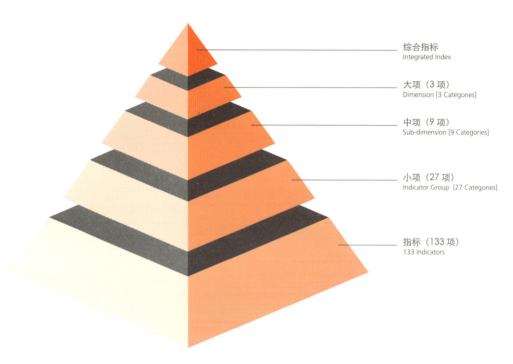

综合指标
Integrated Index

大项（3 项）
Dimension [3 Categories]

中项（9 项）
Sub-dimension [9 Categories]

小项（27 项）
Indicator Group [27 Categories]

指标（133 项）
133 Indicators

图 1-3　指标结构概念图 ｜ Index Structure Concept Diagram

数据采集

　　《中国城市综合发展指标 2016》以环境（49 个指标）、社会（39 个指标）、经济（45 个指标），合计 133 个指标构成，每一个指标由一组或数组数据组合而成。数据来源大致可分为三类：①各级政府公布的统计数据（2014 年度数据）；②互联网采集数据（2015 年度数据）；③卫星遥感数据（2014 年度数据）。

数据的指标化

　　中国城市综合发展指标利用偏差值概念将庞大繁杂的采集数据换算成可比较的指标数据，并设定偏差值最高值为 100，最小值为 0。

评价方法

　　中国城市综合发展指标利用偏差值进行评价。每一个指标由其构成数据的偏差值合成算出；小项指标由其构成的指标偏差值合成算出；中项指标由其构成小项指标偏差值合成算出；大项指标由其构成中项指标偏差值合成算出；综合指标由大项指标偏差值合成算出。中国城市综合发展指标的一个重要特点是可以将评价分解到各个层级，翔实而立体地剖析城市的发展状况。

4. 指标项目列表 │ List of Indicators

表 1-2　指标项目列表：环境 │ List of Indicators: Environment

大项 Dimension	中项 Sub-Dimension	小项 Indicator Group	ID	指标 Indicator
环境 Environment	自然生态 Natural Ecology	水土禀赋 Soil and Water Condition	1	每万人可利用国土面积 │ Available Land Area Per Ten Thousand People
			2	每万人森林面积 │ Forest Area Per Ten Thousand People
			3	每万人农田面积 │ Farmland Area Per Ten Thousand People
			4	每万人牧草面积 │ Pasture Area Per Ten Thousand People
			5	每万人水面面积 │ Water Area Per Ten Thousand People
			6	每万人水资源 │ Water Resources Per Ten Thousand People
			7	国家森林园林城市指数 │ National Forest Garden City Index
			8	国家公园指数 │ National Park Index
			9	国家景区指数 │ National Scenic Area Index
			10	国家保护区指数 │ National Conservation Area Index
		气候条件 Climate Condition	11	气候舒适度 │ Climate Comfort Index
			12	降雨量 │ Rainfall
		自然灾害 Natural Disaster	13	自然灾害指数 │ Natural Disaster Index
			14	地质灾害指数 │ Geological Hazard Index
	环境质量 Environmental Quality	污染负荷 Pollution Load	15	单位 GDP 二氧化碳排放量 │ CO_2 Emissions Per Unit of GDP
			16	国定、省定断面三类以上水质达标率 │ Proportion of National and Provincial Water Sections in Category III and Above Meeting the Quality Standard
			17	空气质量指数（AQI）│ Air Quality Index (AQI)
			18	$PM_{2.5}$ 指数 │ $PM_{2.5}$ Index
		环保努力 Environmental Protection Effort	19	环保投入财政收入比 │ Ratio of Environmental Protection Investment to Fiscal Revenue
			20	每万人生态环境社会团体 │ Social Organizations for Ecological Environment Per Ten Thousand People
			21	国家环境保护城市指数 │ State Environmental Protection City Index
			22	国家生态环境评价指数 │ National Ecological Environment Evaluation Index
		资源效率 Resource Efficiency	23	建成区土地产出率 │ Urban Built-up Areas Land Productivity
			24	农林牧水土地产出率 │ Land Productivity in Agriculture, Forestry, Animal Husbandry and Fisheries
			25	单位 GDP 能耗 │ Energy Consumption Per Unit of GDP
			26	绿色建筑设计评价标识项目 │ Projects Labeled with Green Building Design and Evaluation
			27	工业固体废物综合利用率 │ Comprehensive Utilization Rate of Industrial Solid Waste
	空间结构 Spatial Structure	紧凑城区 Compact City	28	人口集中地区（DID）人口 │ Population of Densely Inhabited Districts (DIDs)
			29	人口集中地区（DID）面积 │ Area of Densely Inhabited Districts (DIDs)
			30	人口集中地区（DID）人口比重 │ Proportion of the Population of Densely Inhabited Districts (DIDs)
			31	建成区人口集中地区（DID）比率 │ Proportion of Densely Inhabited Districts (DIDs) in Urban Built-up Areas
			32	超人口集中地区（超 DID）人口 │ Population of Super Densely Inhabited Districts (DIDs)
			33	超人口集中地区（超 DID）面积 │ Area of Super Densely Inhabited Districts (DIDs)
			34	超人口集中地区（超 DID）人口比重 │ Proportion of the Population of Super Densely Inhabited Districts (DIDs)
			35	建成区超人口集中地区（超 DID）比率 │ Urban Built-up Areas Turned into Super Densely Inhabited Districts (DIDs)
			36	平均通勤时间 │ Average Commute Time
		交通网络 Transportation Network	37	公共交通路网密度 │ Density of Public Transportation Network
			38	城市轨道交通运营里程指数 │ Urban Rail Transit Operating Mileage Index
			39	私人机动车拥有量指数 │ Private Vehicle Ownership Index
			40	公共汽车拥有量指数 │ Public Bus Ownership Index
			41	出租汽车拥有量指数 │ Taxi Ownership Index
			42	高峰期平均时速 │ Average Peak-hour Speed
		城市设施 Urban Facilities	43	固定资产投资指数 │ Fixed Asset Investment Index
			44	每万人公园绿地面积 │ Area of Park Green Land Per Ten Thousand People
			45	建成区绿化覆盖率 │ Green Coverage Rate in Urban Built-up Areas
			46	城镇居民人均住房建筑面积指数 │ Urban Residents' Per Capita Floor Space Index
			47	农村居民人均住房建筑面积指数 │ Rural Residents' Per Capita Floor Space Index
			48	燃气普及率 │ Gas Penetration
			49	建成区排水管道密度 │ Density of Drainage Pipelines in Urban Built-up Areas

表1-3 指标项目列表：社会 | List of Indicators: Society

大项 Dimension	中项 Sub-Dimension	小项 Indicator Group	ID	指标 Indicator
社会 Society	生活品质 Quality of Life	人居环境 Residential Environment	50	平均寿命 ｜Average Life Expectancy
			51	平均房价与收入比 ｜Ratio of Average House Prices to Income
			52	收入指数 ｜Income Index
			53	人居城市指数 ｜Habitat City Index
		消费水平 Level of Consumption	54	每万人社会消费品零售额 ｜Total Retail Sales of Consumer Goods Per Ten Thousand People
			55	每万人餐饮业营业收入 ｜Operating Revenue of the Catering Industry Per Ten Thousand People
			56	每万人电信消费 ｜Telecom Consumption Per Ten Thousand People
		生活服务 Life Service	57	每万人在园儿童数 ｜Number of Children in Kindergartens Per Ten Thousand People
			58	每万人养老服务机构年末床位数 ｜Year-end Number of Beds in Nursing Homes Per Ten Thousand People
			59	每万人执业（助理）医师数 ｜Number of Practicing (Assistant) Physicians Per Ten Thousand People
			60	每万人卫生机构床位数 ｜Number of Beds in Health Institutions Per Ten Thousand People
			61	三甲医院 ｜First-class Hospitals
	传承与交流 Inheritance and Exchange	历史遗存 Historical Relics	62	历史文化名城 ｜Famous Historical and Cultural Cities
			63	世界遗产 ｜World Heritage
			64	非物质文化遗产 ｜Intangible Cultural Heritage
			65	重点文物保护单位 ｜Key Cultural Relics Sites under the Protection
		文化场所 Cultural Sites	66	博物馆·美术馆 ｜Museums & Art Galleries
			67	影剧院 ｜Theaters
			68	体育场馆 ｜Sports Venues
			69	动物园·植物园·水族馆 ｜Zoos, Botanical Gardens, Aquariums
			70	公共图书馆藏书量 ｜Public Library Collection
		交流 Exchange	71	入境游客 ｜Inbound Tourists
			72	国内游客 ｜Domestic Tourists
			73	国际会议 ｜International Conferences
			74	展览业发展指数 ｜Exhibition Industry Development Index
			75	旅游城市指数 ｜Tourism City Index
	社会治理 Social Governance	人口素质 Quality of Residents	76	每万人受教育年限 ｜Years of Education Per Ten Thousand People
			77	大学毕业从业人员比 ｜Proportion of College Graduates among Employees
			78	每万人在校大学生数 ｜Number of College Students Per Ten Thousand People
			79	每万人在校中等职业学生数 ｜Number of Students in Secondary Vocational Schools Per Ten Thousand People
			80	每万人志愿者服务人次数 ｜Number of Volunteer Services Per Ten Thousand People
		社会秩序 Social Order	81	治安城市指数 ｜Urban Security Index
			82	交通安全指数 ｜Traffic Safety Index
			83	社会安全指数 ｜Social Security Index
		社会管理 Social Management	84	城市层级 ｜Urban Hierarchy
			85	每万人社会团体数 ｜Number of Social Organizations Per Ten Thousand People
			86	文明卫生城市指数 ｜Health and Civilized City Index
			87	政府网站绩效 ｜Government Website Performance
			88	示范社区卫生服务中心指数 ｜Demonstration Community Health Service Center Index

表 1-4 指标项目列表: 经济 | List of Indicators: Economy

大项 Dimension	中项 Sub-Dimension	小项 Indicator Group	ID	指标 Indicator
经济 Economy	经济质量 Quality of Economic Development	经济总量 Economic Aggregate	89	GDP 规模 | Size of GDP
			90	GDP 增长率 | GDP Growth
			91	常住人口规模 | Population Size of Permanent Residents
			92	常住人口增长率 | Growth Rate of Permanent Residents
		经济结构 Economic Structure	93	第一产业地区生产总值 | Gross Regional Product (GRP) of the Primary Industry
			94	第二产业地区生产总值 | Gross Regional Product (GRP) of the Secondary Industry
			95	第三产业地区生产总值 | Gross Regional Product (GRP) of the Tertiary Industry
			96	上市企业 | Listed Enterprises
			97	服务业就业人数比 | Proportion of Employees in the Service Sector
			98	规模以上工业比 | Proportion of Industrial Enterprises with Annual Revenue of 20 Million Yuan or More from Their Main Business Operations
		经济效率 Economic Efficiency	99	每万人 GDP | GDP Per Ten Thousand People
			100	每万人财政收入 | Fiscal Revenue Per Ten Thousand People
			101	单位建成区面积 GDP | GDP Per Unit Area of Urban Built-up Areas
			102	市辖区 GDP 比重 | The Share of Municipal Districts' GDP
			103	单位工业用地第二产业地区生产总值 | Gross Regional Product (GRP) of the Secondary Industry Per Unit Area of Industrial Land
	发展活力 Dynamic Development	商务环境 Business Environment	104	平均工资 | Average Salary
			105	对企业服务业从业人数 | Number of Employees of Enterprise Services
			106	高星级酒店 | High-star Hotel
			107	每万人登记失业人员数 | Number of Registered Unemployed Persons Per Ten Thousand People
			108	税收占财政收入比 | Ratio of Tax Revenue to Fiscal Revenue
		开放度 Openness	109	人口流动 | Population Fluidity
			110	货物出口 | Export of Goods
			111	货物进口 | Import of Goods
			112	实际使用外资 | Foreign Investment Utilized
			113	工业外资企业比 | Proportion of Foreign-funded Industrial Enterprises
			114	领事馆·大使馆 | Consulates & Embassies
		创新创业 Innovation and Entrepreneurship	115	R&D 内部经费支出 | Internal R&D Expenditure
			116	R&D 人力资源 | R&D Human Resources
			117	专利申请授权量 | The Amount of Patent Authorization
			118	民营创业指数 | Private Enterprise Entrepreneurship Index
			119	知识产业城市指数 | Knowledge Industry City Index
	城市影响 Urban Influence	一城一体乡 Urban and Rural Integration	120	城乡居民收入比 | Urban-rural Income Ratio
			121	义务教育发展均衡指数 | Balanced Development of Compulsory Education Index
		广域设施 Wide-area Facilities	122	机场便利性 | Airport Convenience
			123	集装箱港口便利性 | Container Port Convenience
			124	高速公路 | Expressway
			125	高铁车次 | High-speed Rail Service
			126	动车车次 | Electricity Multiple Unit (EMU) Train
			127	普通车车次 | Local Train
		广域辐射 Wide-area Radiation	128	零售业辐射力 | Retail Radiation
			129	文化体育辐射力 | Culture and Sports Radiation
			130	医疗辐射力 | Medical Radiation
			131	高等教育辐射力 | Higher Education Radiation
			132	金融辐射力 | Financial Radiation
			133	科学技术辐射力 | Science and Technology Radiation

第二章

中国城市综合发展指标2016
前20位城市排名

China Integrated City Index 2016 Ranking
Top 20 Cities

1. **综合排名** | Total Ranking

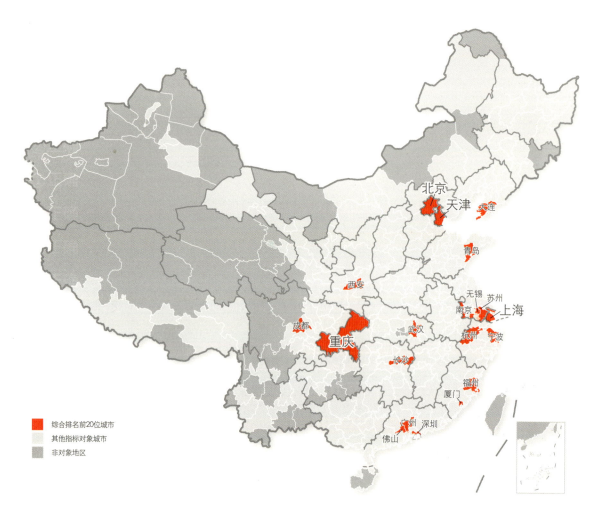

图 2-1　综合排名前 20 位城市示意图 │ Total Ranking Top 20 Cities

综合排名北京夺冠，上海和深圳分列第2位和第3位

　　北京之所以能在综合排名中超越上海位居第 1 位，得益于在社会大项，特别是在传承与交流中项指标北京的表现超出上海较多。不过，北京在经济大项的表现稍逊于上海，在环境大项的表现也与上海有一定的距离。

　　深圳紧随北京、上海之后，在综合排名中名列第 3 位。深圳的优势体现在环境大项和经济大项，特别在环境大项，深圳位居第 1 位。相对而言，作为新兴城市的深圳在社会大项的表现稍逊。

　　广州和天津分列第 4 位和第 5 位，两个城市在社会大项和经济大项的表现各有千秋，但广州在环境大项的表现超出天津。

　　苏州、杭州、重庆、南京和武汉分列第 6 位至第 10 位，在社会大项和经济大项，5 市的排名都在前 10 位之内，但在环境大项，即使是表现最好的苏州，其排名也只是第 20 位。

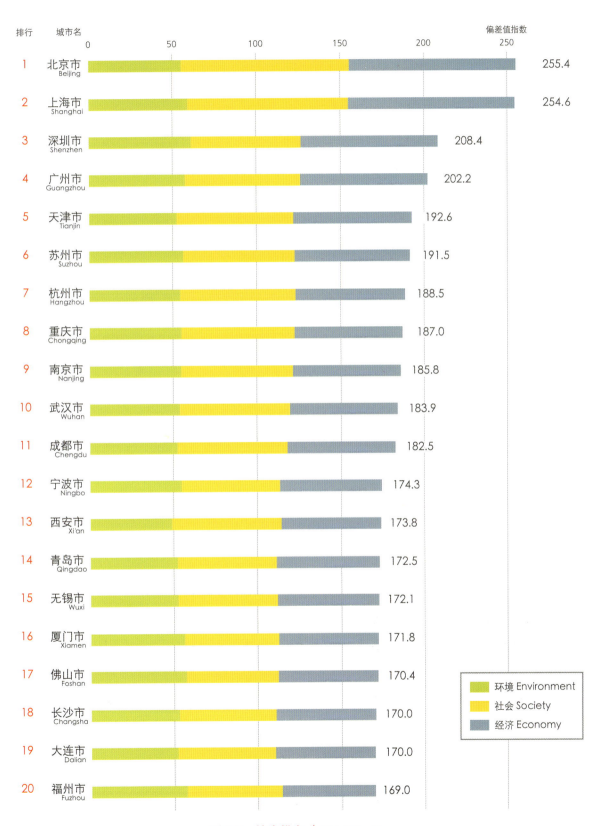

排行	城市名	偏差值指数
1	北京市 Beijing	255.4
2	上海市 Shanghai	254.6
3	深圳市 Shenzhen	208.4
4	广州市 Guangzhou	202.2
5	天津市 Tianjin	192.6
6	苏州市 Suzhou	191.5
7	杭州市 Hangzhou	188.5
8	重庆市 Chongqing	187.0
9	南京市 Nanjing	185.8
10	武汉市 Wuhan	183.9
11	成都市 Chengdu	182.5
12	宁波市 Ningbo	174.3
13	西安市 Xi'an	173.8
14	青岛市 Qingdao	172.5
15	无锡市 Wuxi	172.1
16	厦门市 Xiamen	171.8
17	佛山市 Foshan	170.4
18	长沙市 Changsha	170.0
19	大连市 Dalian	170.0
20	福州市 Fuzhou	169.0

环境 Environment
社会 Society
经济 Economy

图 2-2　综合排名 ｜ Total Ranking

2. **环境排名** | Environmental Ranking

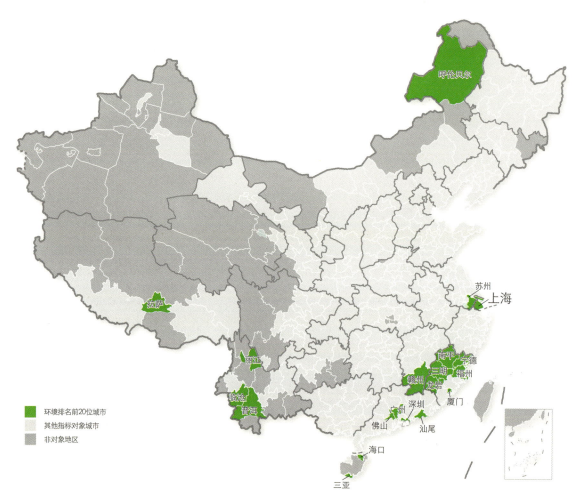

■ 环境排名前20位城市
  其他指标对象城市
  非对象地区

图 2-3　环境排名前 20 位城市示意图 | Environmental Ranking Top 20 Cities

环境排名深圳荣登榜首, 宁德和呼伦贝尔分列第2位和第3位

深圳在环境大项排名中居首位, 得益于各中项指标表现都较好, 其中空间结构名列第 3 位, 环境质量名列第 10 位, 表现相对不甚理想的自然生态也名列第 26 位。

宁德名列环境大项第 2 位。虽然对宁德有了解的人不是很多, 但宁德在气候舒适度、水资源、森林覆盖率和空气质量指数等指标上, 却有着骄人的表现。

呼伦贝尔在环境大项排名中位居第 3 位, 是整个北方进入环境大项排名前 20 位的唯一城市, 森林、草原, 还有清新的空气, 为其赢得了这一殊荣。

三亚、上海、南平、三明、汕尾、丽江、福州分别名列环境大项的第 4 位至第 10 位。

值得注意的是, 综合排名前 10 位城市中, 只有深圳和上海进入环境大项前 10 位, 表现次之的广州和苏州, 则分别名列第 11 位和第 20 位。

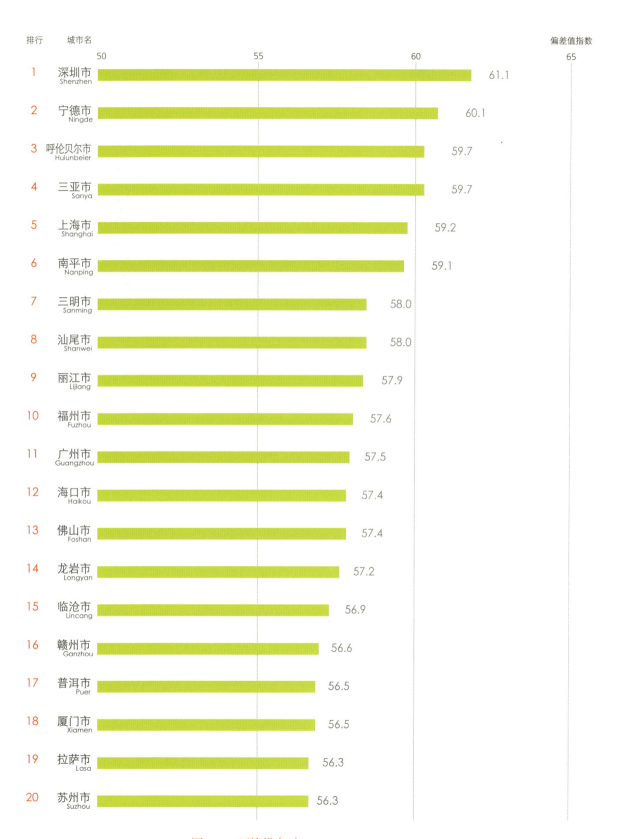

排行　城市名　　　　　　　　　　　　　　　　　　　　　　　　偏差值指数

排行	城市名	偏差值指数
1	深圳市 Shenzhen	61.1
2	宁德市 Ningde	60.1
3	呼伦贝尔市 Hulunbeier	59.7
4	三亚市 Sanya	59.7
5	上海市 Shanghai	59.2
6	南平市 Nanping	59.1
7	三明市 Sanming	58.0
8	汕尾市 Shanwei	58.0
9	丽江市 Lijiang	57.9
10	福州市 Fuzhou	57.6
11	广州市 Guangzhou	57.5
12	海口市 Haikou	57.4
13	佛山市 Foshan	57.4
14	龙岩市 Longyan	57.2
15	临沧市 Lincang	56.9
16	赣州市 Ganzhou	56.6
17	普洱市 Puer	56.5
18	厦门市 Xiamen	56.5
19	拉萨市 Lasa	56.3
20	苏州市 Suzhou	56.3

图 2-4 环境排名 | Environmental Ranking

3. **社会排名** | Social Ranking

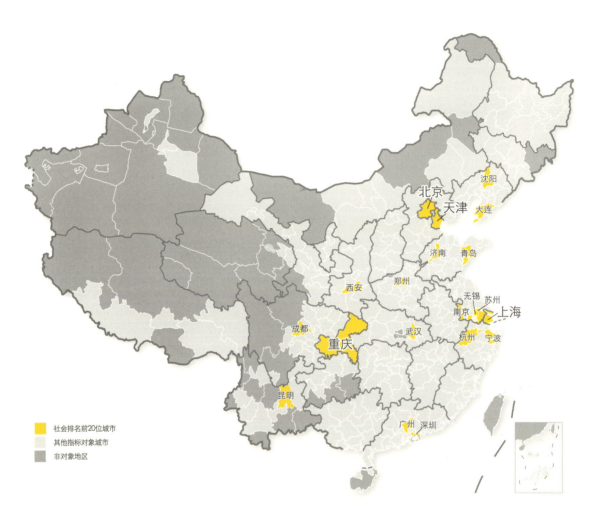

社会排名前20位城市
其他指标对象城市
非对象地区

图 2-5　社会排名前 20 位城市示意图 | Social Ranking Top 20 Cities

社会排名北京荣登榜首，上海和天津分列第2位和第3位

　　北京和上海在社会大项排名中分列第 1 位和第 2 位。在传承与交流中项指标，北京的表现优于上海；在社会治理中项指标，上海超出北京；在生活品质中项指标，两个城市的表现可谓难分伯仲。

　　天津、杭州、广州、重庆、南京、苏州、武汉和成都分列社会大项排名的第 3 位至第 10 位，8 个城市的偏差值差别不是很大，偏差值最大的天津为 69.4，最小的成都为 65.5。

　　传承与交流中项指标是天津、广州、重庆的优势所在，生活品质中项指标对杭州、苏州的贡献较为出色，南京、武汉和成都在生活品质、传承与交流、社会治理三个中项指标的表现比较均衡。

排行	城市名	偏差值指数
1	北京市 Beijing	100.0
2	上海市 Shanghai	95.5
3	天津市 Tianjin	69.4
4	杭州市 Hangzhou	68.7
5	广州市 Guangzhou	68.6
6	重庆市 Chongqing	67.3
7	南京市 Nanjing	66.5
8	苏州市 Suzhou	66.3
9	武汉市 Wuhan	65.7
10	成都市 Chengdu	65.5
11	深圳市 Shenzhen	65.4
12	西安市 Xi'an	65.3
13	郑州市 Zhengzhou	60.9
14	沈阳市 Shenyang	59.7
15	无锡市 Wuxi	59.4
16	青岛市 Qingdao	59.1
17	宁波市 Ningbo	58.7
18	大连市 Dalian	58.3
19	济南市 Jinan	58.0
20	昆明市 Kunming	57.8

图 2-6　社会排名 | Social Ranking

4. **经济排名** | Economic Ranking

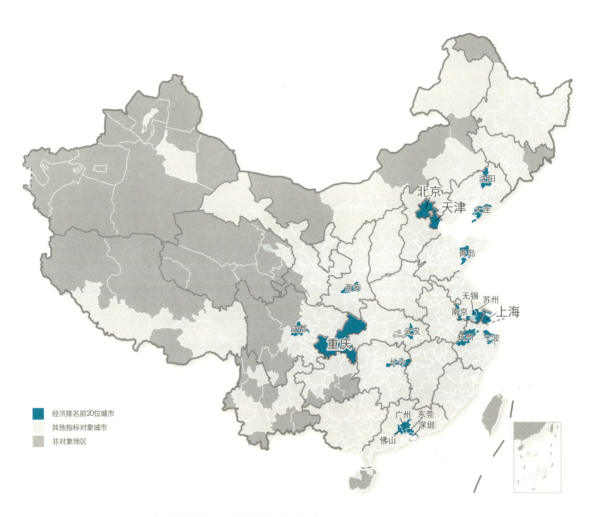

图 2-7　经济排名前 20 位城市示意图 ｜ Economic Ranking Top 20 Cities

经济排名上海荣登榜首，北京和深圳分列第2位和第3位

上海和北京在经济大项排名中分列第 1 位和第 2 位。在经济质量和发展活力两个中项指标，上海的表现很为出色，但在城市影响中项指标，上海的表现则较北京略逊一筹。

深圳、广州、天津和苏州分列经济大项排名的第 3 位至第 6 位。深圳在经济质量和发展活力两个中项指标都有上乘的表现，广州在城市影响中项指标的表现较为抢眼，天津和苏州在经济质量、发展活力、城市影响三个中项指标的表现较为均衡。

杭州、重庆、南京、成都在经济大项中分列第 7 位至第 10 位，尽管 4 个城市的偏差值没有太大的差别，但在经济质量中项指标，重庆的表现要更好一些，列第 4 位；在城市影响中项指标，杭州和成都的排名则靠前一些，分列第 5 位和第 9 位。

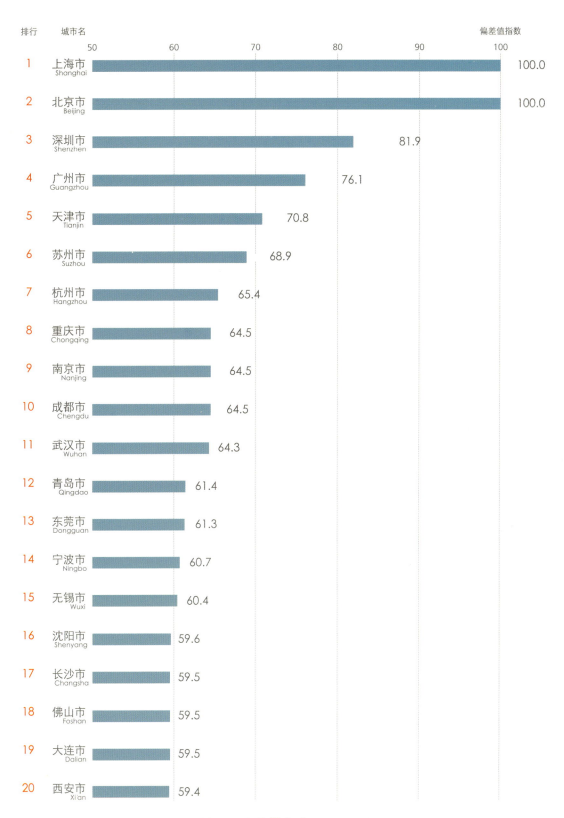

图 2-8　经济排名 ｜ Economic Ranking

第三章

中国城市综合发展指标2016
综合排名前10位城市分析

Analysis of Top 10 Cities

1. 北京
Beijing

北京，综合排名雄居首位。

在社会大项，北京的表现远超出其他城市，名列首位。之所以如此，一个重要的方面是作为全国的政治文化中心和历史名城，北京的世界遗产、非物质文化遗产、重点文物保护单位，以及博物馆、美术馆、影剧院的数量非其他城市可以比拟。因此，在社会大项的三个中项指标中，北京在生活品质、传承与交流两项都名列第 1 位，社会管理名列第 2 位。

在经济大项，北京名列第 2 位。这是因为在 R&D 内部经费支出、R&D 人员数、专利申请授权量，以及文化体育、医疗、高等教育等领域的辐射力方面，北京的表现很为出色，导致在城市影响中项指标排名中，稳居第 1 位；北京在经济质量和发展活力两个中项指标也表现甚佳，均居第 2 位。

在环境大项，北京屈居第 23 位。这是因为，北京在空气质量、水资源、交通拥堵等问题上一直饱受诟病。实际上，北京在自然生态和环境质量两个中项指标的表现不尽如人意，只名列第 148 位和第 110 位；不过，由于交通网络、城市设施等小项指标表现的支持，北京的空间结构中项指标名列第 1 位。

表 3-1　主要指标 ｜ Key Index

环 境 Environment

常住人口	2152 万人
行政区域土地面积	16411平方公里
人均可利用国土面积全国排名	280 位
森林覆盖率全国排名	96 位
人均水资源全国排名	208 位
气候舒适度全国排名	209 位
空气质量指数（AQI）全国排名	269 位
PM2.5指数全国排名	269 位
人口集中地区（DID）人口比重全国排名	4 位
轨道交通线路里程全国排名	2 位

社 会 Society

平均房价全国排名	1 位
国内游客数	25722 万人次
入境游客数	428 万人次
世界遗产数全国排名	1 位
国际会议数全国排名	2 位

经 济 Economy

GDP规模	21331亿元
人均GDP	99121 元/人
GDP增长率	9.4 %
人均财政收入全国排名	5 位
平均工资全国排名	1 位
对企业服务业从业人员数全国排名	1 位
高星级酒店指数全国排名	2 位
货物出口额全国排名	6 位
机场便利性全国排名	2 位
集装箱港口便利性全国排名	60 位
零售业辐射力全国排名	2 位
医疗辐射力全国排名	1 位
高等教育辐射力全国排名	1 位
科学技术辐射力全国排名	1 位
文化体育辐射力全国排名	1 位
金融业辐射力全国排名	2 位

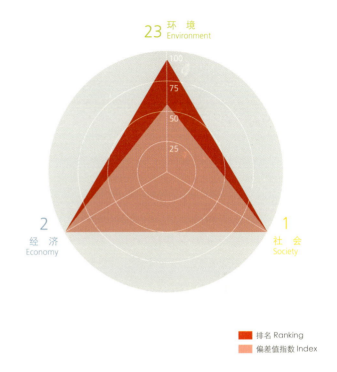

图 3-1　大项指标表现 ｜ Scores of Dimension

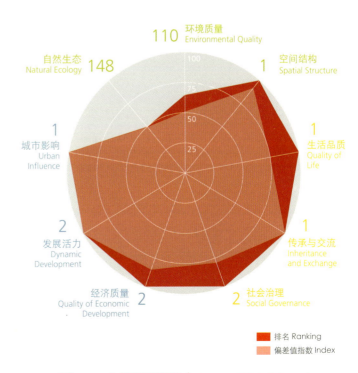

图 3-2　中项指标表现 ｜ Scores of Sub-Dimension

北京 | Beijing

大项 Dimension	中项 Sub-Dimension	小项 Indicator Group	偏差值指数
环境 Environment	自然生态 Natural Ecology	水土禀赋 Soil and Water Condition	51.3
		气候条件 Climate Condition	44.1
		自然灾害 Natural Disaster	62.5
	环境质量 Environmental Quality	污染负荷 Pollution Load	44.4
		环境努力 Environmental Protection Effort	49.3
		资源效率 Resource Efficiency	59.67
	空间结构 Spatial Structure	紧凑城区 Compact City	70.9
		交通网络 Transportation Network	100.0
		城市设施 Urban Facilities	81.2
社会 Society	生活品质 Quality of Life	人居环境 Residential Environment	75.0
		消费水平 Level of Consumption	80.5
		生活服务 Life Services	63.3
	传承与交流 Inheritance and Exchange	历史遗存 Historical Relics	100.0
		文化场所 Cultural Sites	100.0
		交流 Exchange	100.0
	社会治理 Social Governance	人口素质 Quality of Residents	84.6
		社会秩序 Social Order	50.9
		社会管理 Social Management	90.6
经济 Economy	经济质量 Quality of Economic Development	经济总量 Economic Aggregate	91.9
		经济结构 Economic Structure	99.4
		经济效率 Economic Efficiency	63.9
	发展活力 Dynamic Development	商务环境 Business Environment	100.0
		开放度 Openness	100.0
		创新创业 Innovation and Entrepreneurship	100.0
	城市影响 Urban Influence	城乡一体 Urban and Rural Integration	49.2
		广域设施 Wide-area Facilities	88.2
		广域辐射 Wide-area Radiation	100.0

图 3-3 小项偏差值 | Deviation Value of Indicator Group

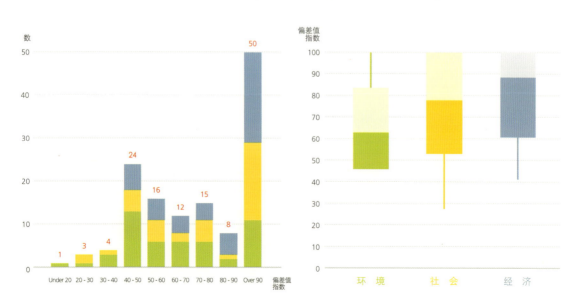

图 3-4 指标偏差值分
Deviation Value Distribution of Indicators

图 3-5 指标偏差值箱形图分析
Box Plot Distribution of Indicators

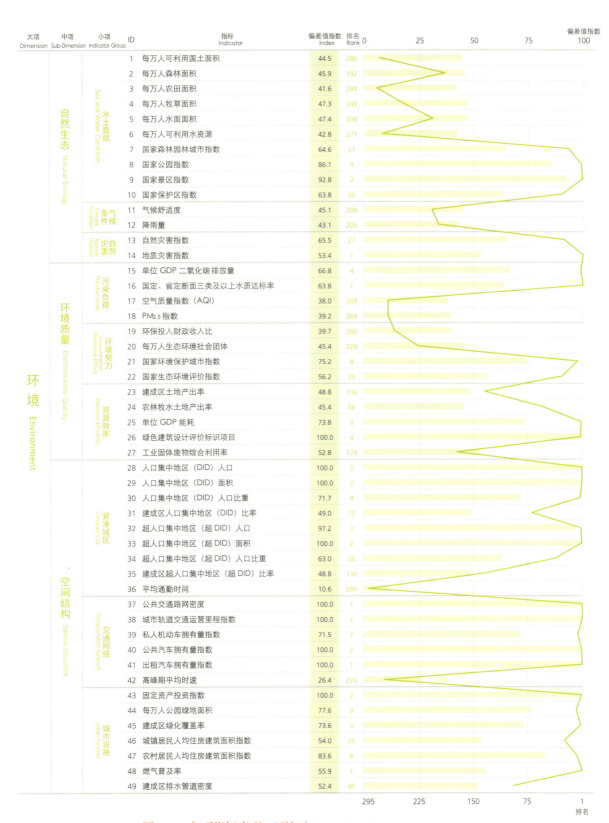

大项 Dimension	中项 Sub-Dimension	小项 Indicator Group	ID	指标 Indicator	偏差值指数 Index	排名 Rank
环境 Environment	自然生态 Natural Ecology	水土禀赋 Soil and Water Condition	1	每万人可利用国土面积	44.5	280
			2	每万人森林面积	45.9	192
			3	每万人农田面积	41.6	284
			4	每万人牧草面积	47.3	249
			5	每万人水面面积	47.4	208
			6	每万人可利用水资源	42.8	277
			7	国家森林园林城市指数	64.6	21
			8	国家公园指数	86.1	4
			9	国家景区指数	92.8	2
			10	国家保护区指数	63.8	30
	气候条件 Climate Condition		11	气候舒适度	45.1	209
			12	降雨量	43.1	200
	自然灾害 Natural Disaster		13	自然灾害指数	65.5	27
			14	地质灾害指数	53.4	1
	环境质量 Environmental Quality	污染负荷 Pollution Load	15	单位 GDP 二氧化碳排放量	66.8	4
			16	国定、省定断面三类及以上水质达标率	63.8	1
			17	空气质量指数（AQI）	38.0	269
			18	PM₂.₅ 指数	39.2	269
		环境努力 Environmental Protection Efforts	19	环保投入财政收入比	39.7	260
			20	每万人生态环境社会团体	45.4	228
			21	国家环境保护城市指数	75.2	8
			22	国家生态环境评价指数	56.2	29
		资源效率 Resource Efficiency	23	建成区土地产出率	48.8	136
			24	农林牧水土地产出率	45.4	56
			25	单位 GDP 能耗	73.8	3
			26	绿色建筑设计评价标识项目	100.0	4
			27	工业固体废物综合利用率	52.8	174
	空间结构 Spatial Structure	紧凑城区 Compact City	28	人口集中地区（DID）人口	100.0	2
			29	人口集中地区（DID）面积	100.0	2
			30	人口集中地区（DID）人口比重	71.7	4
			31	建成区人口集中地区（DID）比率	49.0	70
			32	超人口集中地区（超 DID）人口	97.2	3
			33	超人口集中地区（超 DID）面积	100.0	2
			34	超人口集中地区（超 DID）人口比重	63.0	38
			35	建成区超人口集中地区（超 DID）比率	48.8	136
			36	平均通勤时间	10.6	295
		交通网络 Transportation Network	37	公共交通路网密度	100.0	1
			38	城市轨道交通运营里程指数	100.0	2
			39	私人机动车拥有量指数	71.5	7
			40	公共汽车拥有量指数	100.0	2
			41	出租汽车拥有量指数	100.0	1
			42	高峰期平均时速	26.4	274
		城市设施 Urban Facilities	43	固定资产投资指数	100.0	2
			44	每万人公园绿地面积	77.6	9
			45	建成区绿化覆盖率	73.6	3
			46	城镇居民人均住房建筑面积指数	54.0	25
			47	农村居民人均住房建筑面积指数	83.6	8
			48	燃气普及率	55.9	1
			49	建成区排水管道密度	52.4	95

图 3-6 各项指标表现：环境 | Index Ranking: Environment

北京 | Beijing

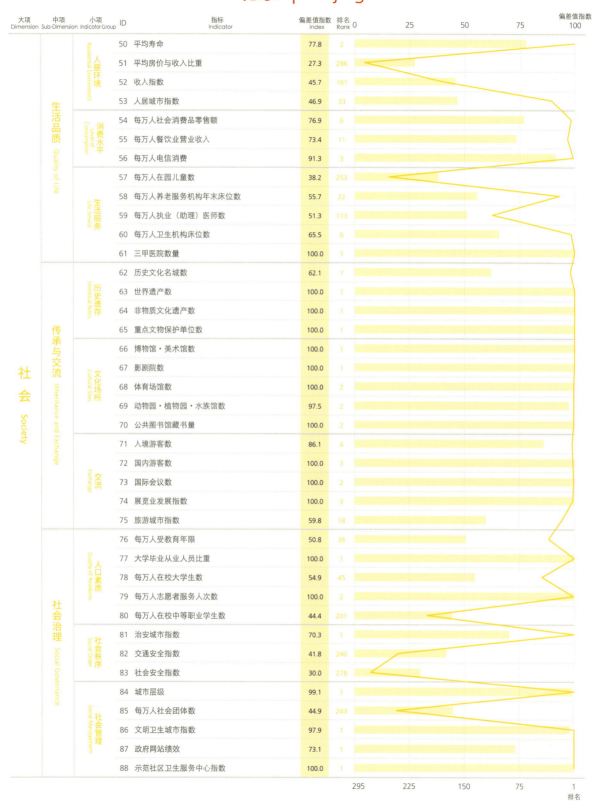

大项 Dimension	中项 Sub-Dimension	小项 Indicator Group	ID	指标 Indicator	偏差值指数 Index	排名 Rank
生活品质 Quality of Life	人居环境 Residential Environment		50	平均寿命	77.8	2
			51	平均房价与收入比重	27.3	286
			52	收入指数	45.7	181
			53	人居城市指数	46.9	33
	消费水平 Level of Consumption		54	每万人社会消费品零售额	76.9	6
			55	每万人餐饮业营业收入	73.4	11
			56	每万人电信消费	91.3	3
	生活服务 Life Service		57	每万人在园儿童数	38.2	253
			58	每万人养老服务机构年末床位数	55.7	22
			59	每万人执业（助理）医师数	51.3	113
			60	每万人卫生机构床位数	65.5	6
			61	三甲医院数量	100.0	1
传承与交流 Inheritance and Exchange	历史遗存 Historical Relics		62	历史文化名城数	62.1	7
			63	世界遗产数	100.0	1
			64	非物质文化遗产数	100.0	1
			65	重点文物保护单位数	100.0	1
	文化场所 Cultural Sites		66	博物馆·美术馆数	100.0	1
			67	影剧院数	100.0	1
			68	体育场馆数	100.0	2
			69	动物园·植物园·水族馆数	97.5	2
			70	公共图书馆藏书量	100.0	2
	交流 Exchange		71	入境游客数	86.1	4
			72	国内游客数	100.0	3
			73	国际会议数	100.0	1
			74	展览业发展指数	100.0	3
			75	旅游城市指数	59.8	18
社会治理 Social Governance	人口素质 Quality of Residents		76	每万人受教育年限	50.8	36
			77	大学毕业从业人员比重	100.0	1
			78	每万人在校大学生数	54.9	45
			79	每万人志愿者服务人次数	100.0	2
			80	每万人在校中等职业学生数	44.4	201
	社会秩序 Social Order		81	治安城市指数	70.3	1
			82	交通安全指数	41.8	240
			83	社会安全指数	30.0	278
	社会管理 Social Management		84	城市层级	99.1	1
			85	每万人社会团体数	44.9	243
			86	文明卫生城市指数	97.9	1
			87	政府网站绩效	73.1	1
			88	示范社区卫生服务中心指数	100.0	1

大项 社会 Society

图 3-7　各项指标表现：社会 | Index Ranking: Society

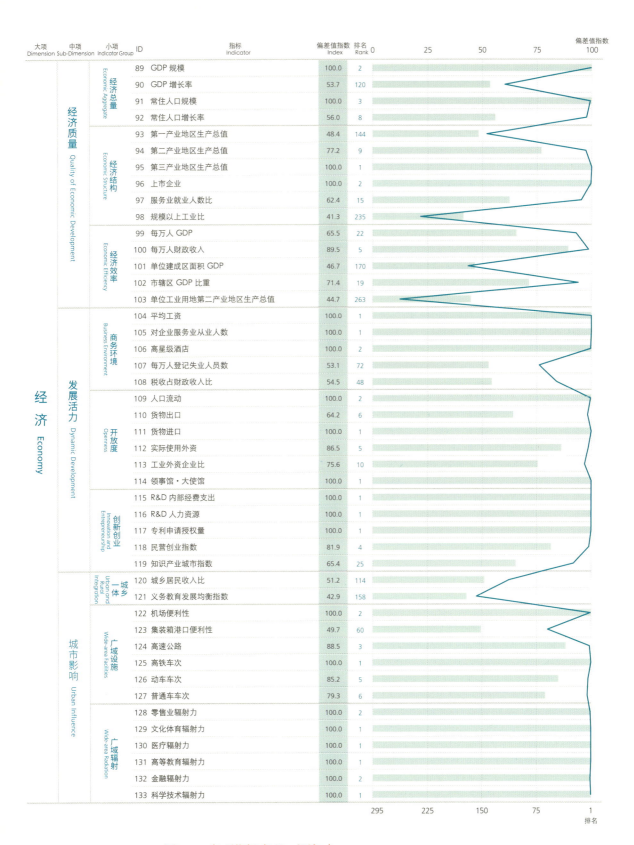

大项 Dimension	中项 Sub-Dimension	小项 Indicator Group	ID	指标 Indicator	偏差值指数 Index	排名 Rank
经济 Economy	经济质量 Quality of Economic Development	经济总量 Economic Aggregate	89	GDP 规模	100.0	2
			90	GDP 增长率	53.7	120
			91	常住人口规模	100.0	3
			92	常住人口增长率	56.0	8
		经济结构 Economic Structure	93	第一产业地区生产总值	48.4	144
			94	第二产业地区生产总值	77.2	9
			95	第三产业地区生产总值	100.0	1
			96	上市企业	100.0	2
			97	服务业就业人数比	62.4	15
			98	规模以上工业比	41.3	235
		经济效率 Economic Efficiency	99	每万人 GDP	65.5	22
			100	每万人财政收入	89.5	5
			101	单位建成区面积 GDP	46.7	170
			102	市辖区 GDP 比重	71.4	19
			103	单位工业用地第二产业地区生产总值	44.7	263
	发展活力 Dynamic Development	商务环境 Business Environment	104	平均工资	100.0	1
			105	对企业服务业从业人数	100.0	1
			106	高星级酒店	100.0	2
			107	每万人登记失业人员数	53.1	72
			108	税收占财政收入比	54.5	48
		开放度 Openness	109	人口流动	100.0	2
			110	货物出口	64.2	6
			111	货物进口	100.0	1
			112	实际使用外资	86.5	5
			113	工业外资企业比	75.6	10
			114	领事馆·大使馆	100.0	1
		创新创业 Innovation and Entrepreneurship	115	R&D 内部经费支出	100.0	1
			116	R&D 人力资源	100.0	1
			117	专利申请授权量	100.0	1
			118	民营创业指数	81.9	4
			119	知识产业城市指数	65.4	25
	城市影响 Urban Influence	一城乡体 Urban and Rural Integration	120	城乡居民收入比	51.2	114
			121	义务教育发展均衡指数	42.9	158
		广域设施 Wide-area Facilities	122	机场便利性	100.0	2
			123	集装箱港口便利性	49.7	60
			124	高速公路	88.5	3
			125	高铁车次	85.2	5
			126	动车车次	85.2	5
			127	普通车车次	79.3	6
		广域辐射 Wide-area Radiation	128	零售业辐射力	100.0	2
			129	文化体育辐射力	100.0	1
			130	医疗辐射力	100.0	1
			131	高等教育辐射力	100.0	1
			132	金融辐射力	100.0	2
			133	科学技术辐射力	100.0	1

图 3-8　各项指标表现：经济 | Index Ranking: Economic

2. 上海
Shanghai

上海，综合排名亚军。

虽然经济大项的排名上海是当仁不让的老大，但在综合排名中上海略逊于北京，屈居第 2 位。

在社会大项，上海名列第 2 位。和北京相比，上海在传承与交流方面有相当大的差距，居第 2 位；生活品质也排名第 2 位。值得注意的是在社会管理领域，上海名列首位。

在经济大项，上海独占鳌头。这是因为发展活力和经济质量两个中项指标上海都占据了第 1 的位置。城市影响项指标上海也名列第 2 位。

在环境大项，上海列第 5 位。上海在空间结构中项指标的表现很出色，名列第 2 位，特别是紧凑城区小项指标名列第 1 位；自然生态和环境质量中项指标分别排名第 64 位和第 24 位。

表 3-2 主要指标 | Key Index

环 境 Environment

常住人口	2426 万人
行政区域土地面积	6340平方公里
人均可利用国土面积全国排名	288 位
森林覆盖率全国排名	269 位
人均水资源全国排名	151 位
气候舒适度全国排名	21 位
空气质量指数（AQI）全国排名	161 位
PM2.5指数全国排名	178 位
人口集中地区（DID）人口比重全国排名	3 位
轨道交通线路里程全国排名	1 位

社 会 Society

平均房价全国排名	2 位
国内游客数	26818 万人次
入境游客数	791 万人次
世界遗产数全国排名	60 位
国际会议数全国排名	1 位

经 济 Economy

GDP规模	23568亿元
人均GDP	97146 元/人
GDP增长率	9.1 %
人均财政收入全国排名	4 位
平均工资全国排名	2 位
对企业服务业从业人员数全国排名	2 位
高星级酒店指数全国排名	1 位
货物出口额全国排名	1 位
机场便利性全国排名	1 位
集装箱港口便利性全国排名	1 位
零售业辐射力全国排名	1 位
医疗辐射力全国排名	2 位
高等教育辐射力全国排名	2 位
科学技术辐射力全国排名	2 位
文化体育辐射力全国排名	2 位
金融业辐射力全国排名	1 位

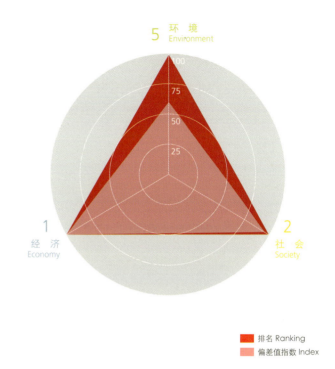

排名 Ranking
偏差值指数 Index

图 3-9 大项指标表现 | Scores of Dimension

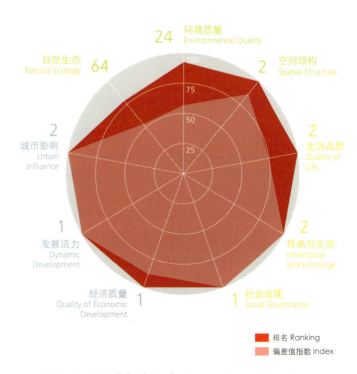

排名 Ranking
偏差值指数 Index

图 3-10 中项指标表现 | Scores of Sub-Dimension

上海 | Shanghai

图 3-11　小项偏差值 | Deviation Value of Indicator Group

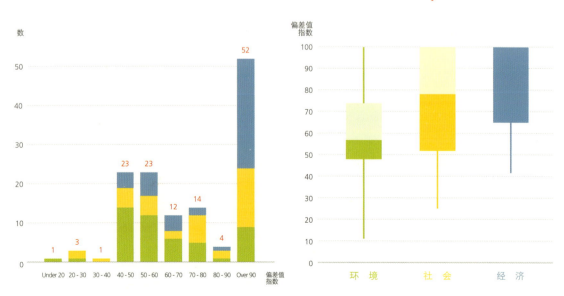

图 3-12　指标偏差值分布
Deviation Value Distribution of Indicators

图 3-13　指标偏差值箱形图分析
Box Plot Distribution of Indicators

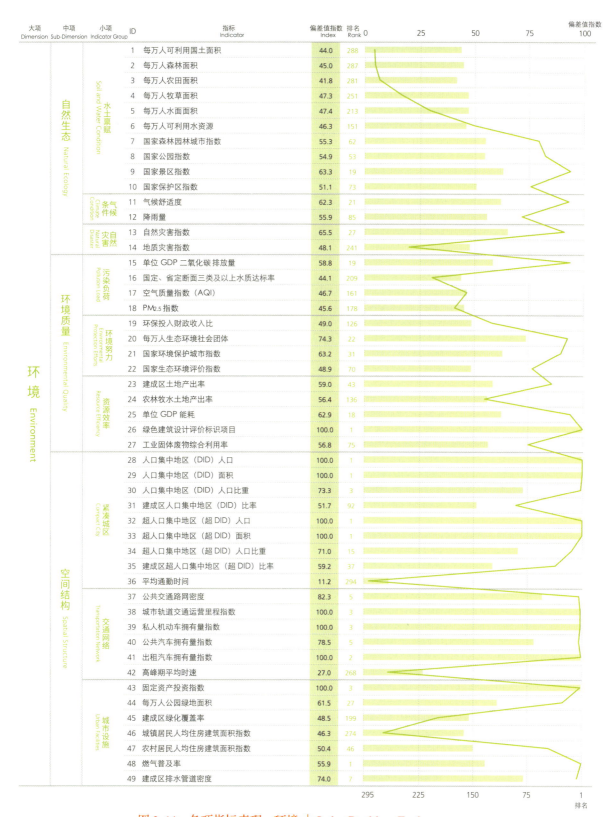

大项 Dimension	中项 Sub-Dimension	小项 Indicator Group	ID	指标 Indicator	偏差值指数 Index	排名 Rank
环境 Environment	自然生态 Natural Ecology	水土禀赋 Soil and Water Condition	1	每万人可利用国土面积	44.0	288
			2	每万人森林面积	45.0	287
			3	每万人农田面积	41.8	281
			4	每万人牧草面积	47.3	251
			5	每万人水面面积	47.4	213
			6	每万人可利用水资源	46.3	151
			7	国家森林园林城市指数	55.3	62
			8	国家公园指数	54.9	53
			9	国家景区指数	63.3	19
			10	国家保护区指数	51.1	73
		气候条件 Climate Condition	11	气候舒适度	62.3	21
			12	降雨量	55.9	85
		自然灾害 Natural Disaster	13	自然灾害指数	65.5	27
			14	地质灾害指数	48.1	241
	环境质量 Environmental Quality	污染负荷 Pollution Load	15	单位 GDP 二氧化碳 排放量	58.8	19
			16	国定、省定断面三类及以上水质达标率	44.1	209
			17	空气质量指数（AQI）	46.7	161
			18	PM$_{2.5}$ 指数	45.6	178
		环保努力 Environmental Protection Efforts	19	环保投入财政收入比	49.0	126
			20	每万人生态环境社会团体	74.3	22
			21	国家环境保护城市指数	63.2	31
			22	国家生态环境评价指数	48.9	70
		资源效率 Resource Efficiency	23	建成区土地产出率	59.0	43
			24	农林牧水土地产出率	56.4	136
			25	单位 GDP 能耗	62.9	18
			26	绿色建筑设计评价标识项目	100.0	1
			27	工业固体废物综合利用率	56.8	75
	空间结构 Spatial Structure	紧凑城区 Compact City	28	人口集中地区（DID）人口	100.0	1
			29	人口集中地区（DID）面积	100.0	1
			30	人口集中地区（DID）人口比重	73.3	1
			31	建成区人口集中地区（DID）比率	51.7	92
			32	超人口集中地区（超DID）人口	100.0	1
			33	超人口集中地区（超DID）面积	100.0	1
			34	超人口集中地区（超DID）人口比重	71.0	15
			35	建成区超人口集中地区（超DID）比率	59.2	37
			36	平均通勤时间	11.2	294
		交通网络 Transportation Network	37	公共交通路网密度	82.3	5
			38	城市轨道交通运营里程指数	100.0	3
			39	私人机动车拥有量指数	100.0	3
			40	公共汽车拥有量指数	78.5	5
			41	出租汽车拥有量指数	100.0	2
			42	高峰期平均时速	27.0	268
		城市设施 Urban Facilities	43	固定资产投资指数	100.0	3
			44	每万人公园绿地面积	61.5	27
			45	建成区绿化覆盖率	48.5	199
			46	城镇居民人均住房建筑面积指数	46.3	274
			47	农村居民人均住房建筑面积指数	50.4	46
			48	燃气普及率	55.9	1
			49	建成区排水管道密度	74.0	7

图 3-14 各项指标表现：环境 | Index Ranking: Environment

上海 | Shanghai

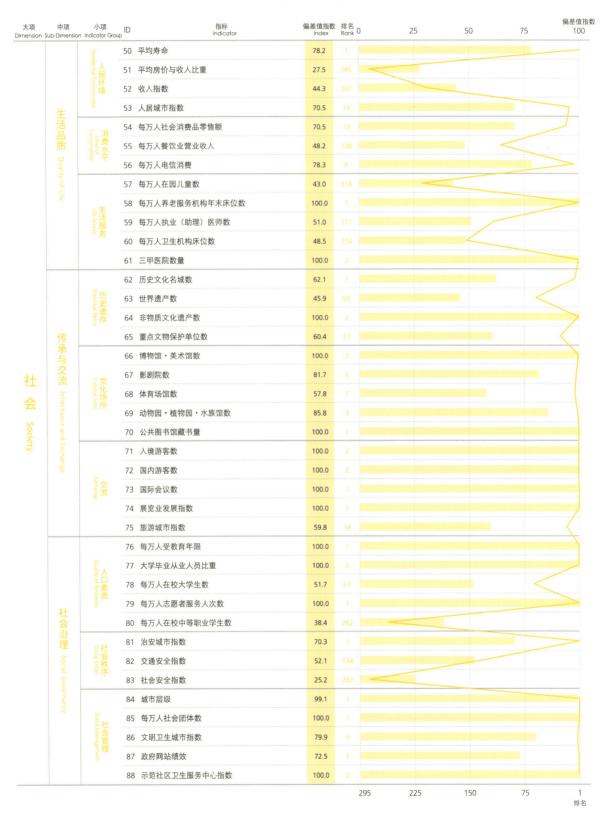

大项 Dimension	中项 Sub-Dimension	小项 Indicator Group	ID	指标 Indicator	偏差值指数 Index	排名 Rank
社会 Society	生活品质 Quality of Life	人居环境 Residential Environment	50	平均寿命	78.2	1
			51	平均房价与收入比重	27.5	285
			52	收入指数	44.3	207
			53	人居城市指数	70.5	14
		消费水平 Level of Consumption	54	每万人社会消费品零售额	70.5	19
			55	每万人餐饮业营业收入	48.2	108
			56	每万人电信消费	78.3	8
		生活服务 Life Service	57	每万人在园儿童数	43.0	214
			58	每万人养老服务机构年末床位数	100.0	1
			59	每万人执业（助理）医师数	51.0	117
			60	每万人卫生机构床位数	48.5	154
			61	三甲医院数量	100.0	2
	传承与交流 Inheritance and Exchange	历史遗存 Historical Relics	62	历史文化名城数	62.1	7
			63	世界遗产数	45.9	60
			64	非物质文化遗产数	100.0	2
			65	重点文物保护单位数	60.4	27
		文化场所 Cultural Sites	66	博物馆·美术馆数	100.0	2
			67	影剧院数	81.7	5
			68	体育场馆数	57.8	7
			69	动物园·植物园·水族馆数	85.8	3
			70	公共图书馆藏书量	100.0	1
		交流 Exchange	71	入境游客数	100.0	1
			72	国内游客数	100.0	2
			73	国际会议数	100.0	1
			74	展览业发展指数	100.0	1
			75	旅游城市指数	59.8	18
	社会治理 Social Governance	人口素质 Quality of Residents	76	每万人受教育年限	100.0	1
			77	大学毕业从业人员比重	100.0	2
			78	每万人在校大学生数	51.7	63
			79	每万人志愿者服务人次数	100.0	1
			80	每万人在校中等职业学生数	38.4	262
		社会秩序 Social Order	81	治安城市指数	70.3	1
			82	交通安全指数	52.1	134
			83	社会安全指数	25.2	287
		社会管理 Social Management	84	城市层级	99.1	1
			85	每万人社会团体数	100.0	1
			86	文明卫生城市指数	79.9	4
			87	政府网站绩效	72.5	2
			88	示范社区卫生服务中心指数	100.0	2

图 3-15　各项指标表现：社会 | Index Ranking: Society

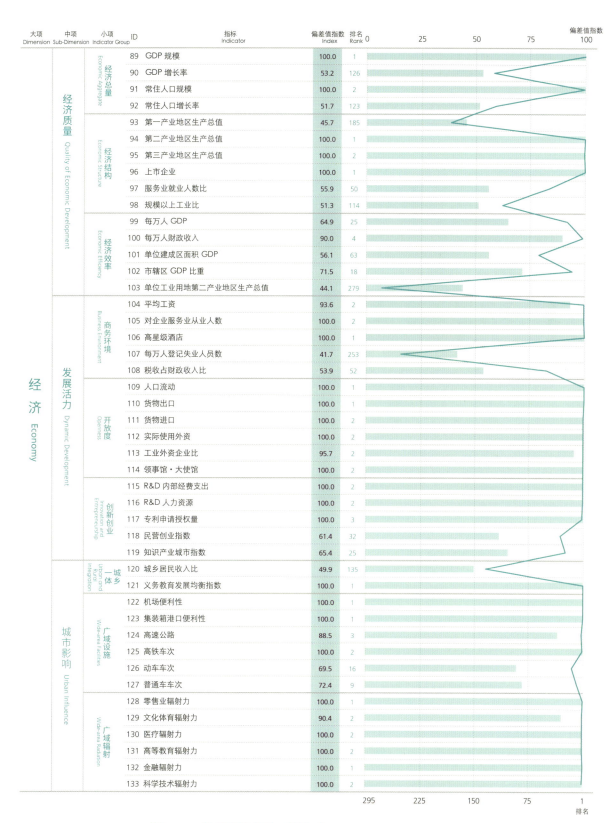

大项 Dimension	中项 Sub-Dimension	小项 Indicator Group	ID	指标 Indicator	偏差值指数 Index	排名 Rank
经济 Economy	经济质量 Quality of Economic Development	经济总量 Economic Aggregate	89	GDP 规模	100.0	1
			90	GDP 增长率	53.2	126
			91	常住人口规模	100.0	2
			92	常住人口增长率	51.7	123
		经济结构 Economic Structure	93	第一产业地区生产总值	45.7	185
			94	第二产业地区生产总值	100.0	1
			95	第三产业地区生产总值	100.0	2
			96	上市企业	100.0	1
			97	服务业就业人数比	55.9	50
			98	规模以上工业比	51.3	114
		经济效率 Economic Efficiency	99	每万人 GDP	64.9	25
			100	每万人财政收入	90.0	4
			101	单位建成区面积 GDP	56.1	63
			102	市辖区 GDP 比重	71.5	18
			103	单位工业用地第二产业地区生产总值	44.1	279
	发展活力 Dynamic Development	商务环境 Business Environment	104	平均工资	93.6	2
			105	对企业服务业从业人数	100.0	2
			106	高星级酒店	100.0	1
			107	每万人登记失业人员数	41.7	253
			108	税收占财政收入比	53.9	52
		开放度 Openness	109	人口流动	100.0	1
			110	货物出口	100.0	1
			111	货物进口	100.0	2
			112	实际使用外资	100.0	2
			113	工业外资企业比	95.7	2
			114	领事馆·大使馆	100.0	2
		创新创业 Innovation and Entrepreneurship	115	R&D 内部经费支出	100.0	2
			116	R&D 人力资源	100.0	2
			117	专利申请授权量	100.0	3
			118	民营创业指数	61.4	32
			119	知识产业城市指数	65.4	25
	城市影响 Urban Influence	一城乡一体 Urban and Rural Integration	120	城乡居民收入比	49.9	135
			121	义务教育发展均衡指数	100.0	1
		广域设施 Wide-area Facilities	122	机场便利性	100.0	1
			123	集装箱港口便利性	100.0	1
			124	高速公路	88.5	3
			125	高铁车次	100.0	1
			126	动车车次	69.5	16
			127	普通车车次	72.4	9
		广域辐射 Wide-area Radiation	128	零售业辐射力	100.0	1
			129	文化体育辐射力	90.4	2
			130	医疗辐射力	100.0	1
			131	高等教育辐射力	100.0	1
			132	金融辐射力	100.0	1
			133	科学技术辐射力	100.0	2

图 3-16　各项指标表现：经济 ｜ Index Ranking: Economic

3. 深圳
Shenzhen

深圳，综合排名季军。

在环境大项，深圳的表现最为出色，居第 1 位。这其中贡献最大的是空间结构中项指标，排名第 3 位。贡献次之的是环境质量，排名第 10 位，自然生态排名第 26 位。

在经济大项，深圳居第 3 位。由于有排名均为第 3 位的经济结构和经济效率两小项指标的支撑，经济质量中项指标深圳排名第 3 位；发展活力中项指标因为有排名第 2 位的创新创业和排名第 3 位的开放度两个小项指标支撑，因此深圳排名第 3 位；城市影响中项指标深圳排名第 4 位。

在社会大项，新兴城市的深圳只名列第 11 位。虽然其生活品质中项指标位居第 3 位，但传承与交流中项指标深圳排名仅为第 10 位；也许是外来人口数量庞大的原因，社会治理中项指标，深圳的排名较为不尽如人意。

表 3-3　主要指标 ｜ Key Index

环 境 Environment

常住人口	1078 万人
行政区域土地面积	1997 平方公里
人均可利用国土面积全国排名	290 位
森林覆盖率全国排名	161 位
人均水资源全国排名	239 位
气候舒适度全国排名	39 位
空气质量指数（AQI）全国排名	14 位
PM2.5指数全国排名	30 位
人口集中地区（DID）人口比重全国排名	3 位
轨道交通线路里程全国排名	5 位

社 会 Society

平均房价全国排名	3 位
国内游客数	3809 万人次
入境游客数	1183 万人次
世界遗产数全国排名	60 位
国际会议数全国排名	3 位

经 济 Economy

GDP规模	16002亿元
人均GDP	148455 元/人
GDP增长率	10.4 %
人均财政收入全国排名	6 位
平均工资全国排名	7 位
对企业服务业从业人员数全国排名	5 位
高星级酒店指数全国排名	6 位
货物出口额全国排名	2 位
机场便利性全国排名	3 位
集装箱港口便利性全国排名	2 位
零售业辐射力全国排名	3 位
医疗辐射力全国排名	39 位
高等教育辐射力全国排名	288 位
科学技术辐射力全国排名	3 位
文化体育辐射力全国排名	7 位
金融业辐射力全国排名	3 位

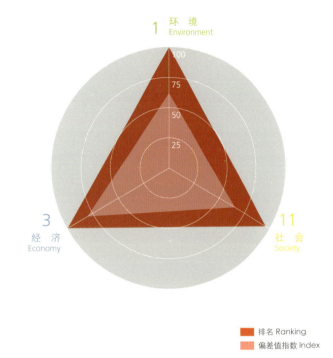

图 3-17　大项指标表现 ｜ Scores of Dimension

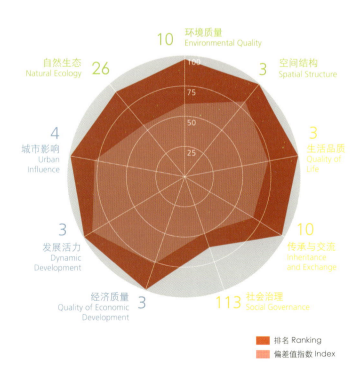

图 3-18　中项指标表现 ｜ Scores of Sub-Dimension

深圳 | Shenzhen

图 3-19　小项偏差值 | Deviation Value of Indicator Group

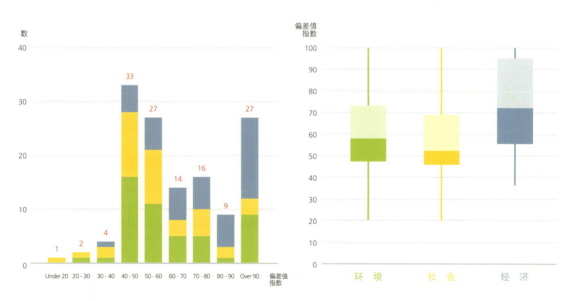

图 3-20　指标偏差值分布
Deviation Value Distribution of Indicators

图 3-21　指标偏差值箱形图分析
Box Plot Distribution of Indicators

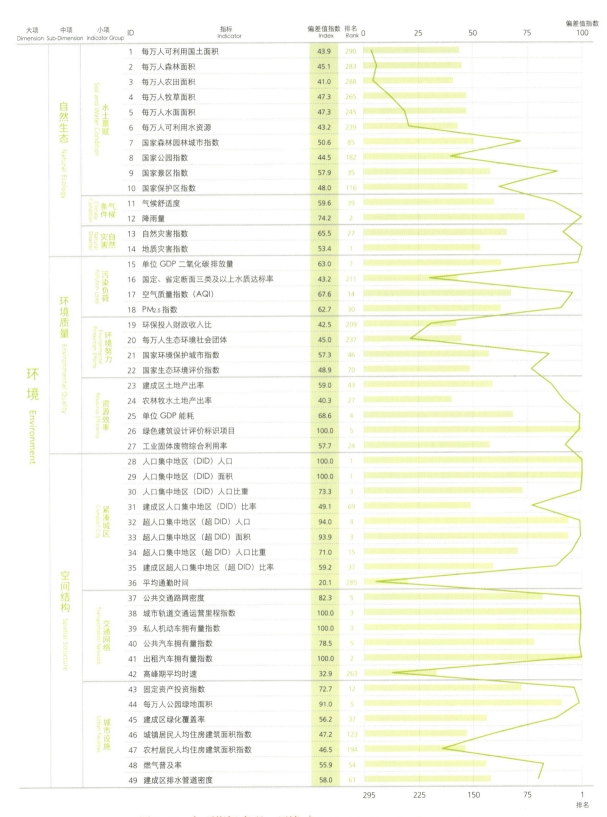

大项 Dimension	中项 Sub-Dimension	小项 Indicator Group	ID	指标 Indicator	偏差值指数 Index	排名 Rank
环境 Environment	自然生态 Natural Ecology	水土禀赋 Soil and Water Condition	1	每万人可利用国土面积	43.9	290
			2	每万人森林面积	45.1	283
			3	每万人农田面积	41.0	288
			4	每万人牧草面积	47.3	265
			5	每万人水面面积	47.3	245
			6	每万人可利用水资源	43.2	239
			7	国家森林园林城市指数	50.6	85
			8	国家公园指数	44.5	182
			9	国家景区指数	57.9	35
			10	国家保护区指数	48.0	116
		气候条件 Climate Condition	11	气候舒适度	59.6	39
			12	降雨量	74.2	2
		自然灾害 Natural Disaster	13	自然灾害指数	65.5	27
			14	地质灾害指数	53.4	1
	环境质量 Environmental Quality	污染负荷 Pollution Load	15	单位 GDP 二氧化碳排放量	63.0	7
			16	国定、省定断面三类及以上水质达标率	43.2	211
			17	空气质量指数（AQI）	67.6	14
			18	PM2.5 指数	62.7	30
		环境努力 Environmental Protection Efforts	19	环保投入财政收入比	42.5	209
			20	每万人生态环境社会团体	45.0	237
			21	国家环境保护城市指数	57.3	46
			22	国家生态环境评价指数	48.9	70
		资源效率 Resource Efficiency	23	建成区土地产出率	59.0	43
			24	农林牧水土地产出率	40.3	27
			25	单位 GDP 能耗	68.6	4
			26	绿色建筑设计评价标识项目	100.0	5
			27	工业固体废物综合利用率	57.7	24
	空间结构 Spatial Structure	紧凑城区 Compact City	28	人口集中地区（DID）人口	100.0	1
			29	人口集中地区（DID）面积	100.0	1
			30	人口集中地区（DID）人口比重	73.3	3
			31	建成区人口集中地区（DID）比率	49.1	69
			32	超人口集中地区（超 DID）人口	94.0	4
			33	超人口集中地区（超 DID）面积	93.9	4
			34	超人口集中地区（超 DID）人口比重	71.0	15
			35	建成区超人口集中地区（超 DID）比率	59.2	37
			36	平均通勤时间	20.1	285
		交通网络 Transportation Network	37	公共交通路网密度	82.3	5
			38	城市轨道交通运营里程指数	100.0	3
			39	私人机动车拥有量指数	100.0	3
			40	公共汽车拥有量指数	78.5	5
			41	出租汽车拥有量指数	100.0	2
			42	高峰期平均时速	32.9	263
		城市设施 Urban Facilities	43	固定资产投资指数	72.7	12
			44	每万人公园绿地面积	91.0	5
			45	建成区绿化覆盖率	56.2	37
			46	城镇居民人均住房建筑面积指数	47.2	123
			47	农村居民人均住房建筑面积指数	46.5	194
			48	燃气普及率	55.9	54
			49	建成区排水管道密度	58.0	61

图 3-22　各项指标表现：环境 | Index Ranking: Environment

深圳 | Shenzhen

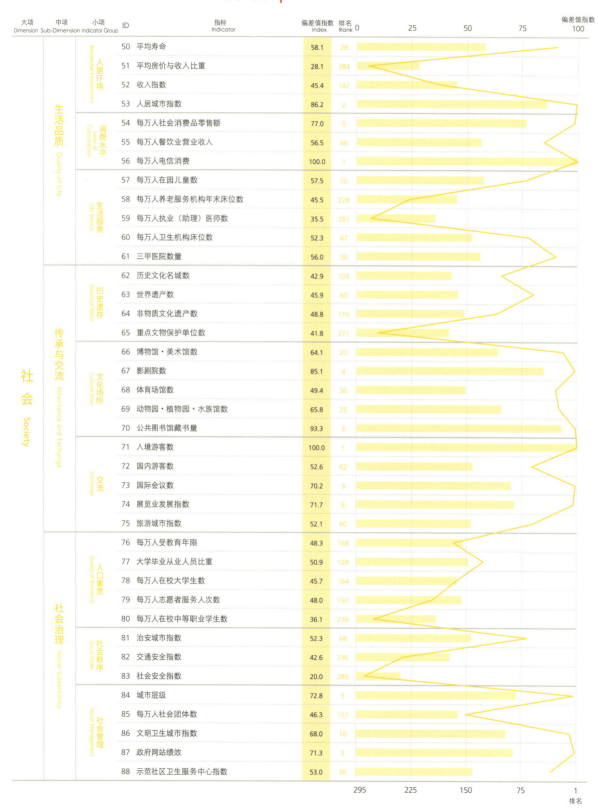

大项 Dimension	中项 Sub-Dimension	小项 Indicator Group	ID	指标 Indicator	偏差值指数 Index	排名 Rank
社会 Society	生活品质 Quality of Life	人居环境 Residential Environment	50	平均寿命	58.1	28
			51	平均房价与收入比重	28.1	284
			52	收入指数	45.4	187
			53	人居城市指数	86.2	2
		消费水平 Level of Consumption	54	每万人社会消费品零售额	77.0	5
			55	每万人餐饮业营业收入	56.5	46
			56	每万人电信消费	100.0	1
		生活服务 Life Service	57	每万人在园儿童数	57.5	70
			58	每万人养老服务机构年末床位数	45.5	228
			59	每万人执业（助理）医师数	35.5	281
			60	每万人卫生机构床位数	52.3	67
			61	三甲医院数量	56.0	30
	传承与交流 Inheritance and Exchange	历史遗存 Historical Relics	62	历史文化名城数	42.9	104
			63	世界遗产数	45.9	60
			64	非物质文化遗产数	48.8	110
			65	重点文物保护单位数	41.8	271
		文化场所 Cultural Sites	66	博物馆·美术馆数	64.1	20
			67	影剧院数	85.1	4
			68	体育场馆数	49.4	30
			69	动物园·植物园·水族馆数	65.8	25
			70	公共图书馆藏书量	93.3	3
		交流 Exchange	71	入境游客数	100.0	1
			72	国内游客数	52.6	62
			73	国际会议数	70.2	3
			74	展览业发展指数	71.7	6
			75	旅游城市指数	52.1	60
	社会治理 Social Governance	人口素质 Quality of Residents	76	每万人受教育年限	48.3	168
			77	大学毕业从业人员比重	50.9	128
			78	每万人在校大学生数	45.7	164
			79	每万人志愿者服务人次数	48.0	197
			80	每万人在校中等职业学生数	36.1	276
		社会秩序 Social Order	81	治安城市指数	52.3	68
			82	交通安全指数	42.6	236
			83	社会安全指数	20.0	289
		社会管理 Social Management	84	城市层级	72.8	5
			85	每万人社会团体数	46.3	151
			86	文明卫生城市指数	68.0	10
			87	政府网站绩效	71.3	3
			88	示范社区卫生服务中心指数	53.0	36

图 3-23　各项指标表现：社会 | Index Ranking: Society

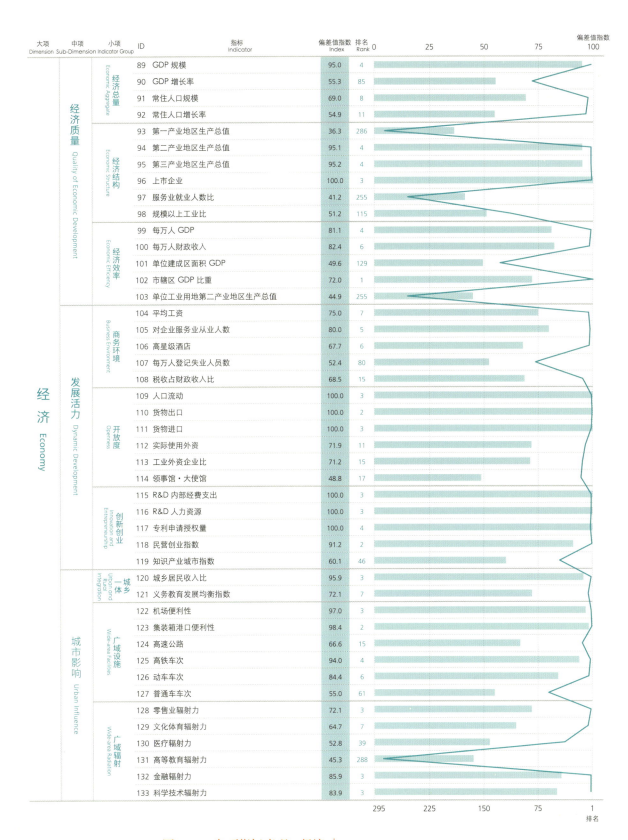

大项 Dimension	中项 Sub-Dimension	小项 Indicator Group	ID	指标 Indicator	偏差值指数 Index	排名 Rank
经济 Economy	经济质量 Quality of Economic Development	经济总量 Economic Aggregate	89	GDP 规模	95.0	4
			90	GDP 增长率	55.3	85
			91	常住人口规模	69.0	8
			92	常住人口增长率	54.9	11
		经济结构 Economic Structure	93	第一产业地区生产总值	36.3	286
			94	第二产业地区生产总值	95.1	4
			95	第三产业地区生产总值	95.2	4
			96	上市企业	100.0	3
			97	服务业就业人数比	41.2	255
			98	规模以上工业比	51.2	115
		经济效率 Economic Efficiency	99	每万人 GDP	81.1	4
			100	每万人财政收入	82.4	6
			101	单位建成区面积 GDP	49.6	129
			102	市辖区 GDP 比重	72.0	1
			103	单位工业用地第二产业地区生产总值	44.9	255
	发展活力 Dynamic Development	商务环境 Business Environment	104	平均工资	75.0	7
			105	对企业服务业从业人数	80.0	5
			106	高星级酒店	67.7	6
			107	每万人登记失业人员数	52.4	80
			108	税收占财政收入比	68.5	15
		开放度 Openness	109	人口流动	100.0	3
			110	货物出口	100.0	3
			111	货物进口	100.0	3
			112	实际使用外资	71.9	11
			113	工业外资企业比	71.2	15
			114	领事馆·大使馆	48.8	17
		创新创业 Innovation and Entrepreneurship	115	R&D 内部经费支出	100.0	3
			116	R&D 人力资源	100.0	3
			117	专利申请授权量	100.0	4
			118	民营创业指数	91.2	2
			119	知识产业城市指数	60.1	46
	城市影响 Urban Influence	一城乡 Urban and Rural Integration	120	城乡居民收入比	95.9	3
			121	义务教育发展均衡指数	72.1	7
		广域设施 Wide-area Facilities	122	机场便利性	97.0	3
			123	集装箱港口便利性	98.4	3
			124	高速公路	66.6	15
			125	高铁车次	94.0	4
			126	动车车次	84.4	6
			127	普通车车次	55.0	61
		广域辐射 Wide-area Radiation	128	零售业辐射力	72.1	3
			129	文化体育辐射力	64.7	7
			130	医疗辐射力	52.8	39
			131	高等教育辐射力	45.3	288
			132	金融辐射力	85.9	3
			133	科学技术辐射力	83.9	3

图 3-24　各项指标表现：经济 ｜ Index Ranking: Economic

4. 广州
Guangzhou

广州，在综合排名中，居第 4 位。

在环境大项，广州居第 11 位。其中表现最好的当属空间结构中项指标，名列第 4 位；环境质量与自然生态两个中项指标分别排名第 36 位和第 70 位。

在社会大项，广州居第 5 位。其中生活品质、传承与交流两个中项指标表现不错，分别名列第 7 位和第 5 位；也许是外来人口庞大的原因，社会治理只名列第 19 位。

在经济大项，广州居第 4 位。其中经济质量和发展活力两个中项指标表现俱佳，均名列第 5 位；城市影响方面，更是名列第 3 位。

表 3-4 主要指标 | Key Index

环 境 Environment

常住人口	1308 万人
行政区域土地面积	7434 平方公里
人均可利用国土面积全国排名	283 位
森林覆盖率全国排名	111 位
人均水资源全国排名	186 位
气候舒适度全国排名	99 位
空气质量指数（AQI）全国排名	61 位
PM2.5指数全国排名	78 位
人口集中地区（DID）人口比重全国排名	6 位
轨道交通线路里程全国排名	3 位

社 会 Society

平均房价全国排名	7 位
国内游客数	4547 万人次
入境游客数	783 万人次
世界遗产数全国排名	60 位
国际会议数全国排名	12 位

经 济 Economy

GDP规模	16707亿元
人均GDP	127723 元/人
GDP增长率	8.3 %
人均财政收入全国排名	28 位
平均工资全国排名	6 位
对企业服务业从业人员数全国排名	4 位
高星级酒店指数全国排名	4 位
货物出口额全国排名	7 位
机场便利性全国排名	4 位
集装箱港口便利性全国排名	6 位
零售业辐射力全国排名	6 位
医疗辐射力全国排名	3 位
高等教育辐射力全国排名	7 位
科学技术辐射力全国排名	4 位
文化体育辐射力全国排名	3 位
金融业辐射力全国排名	7 位

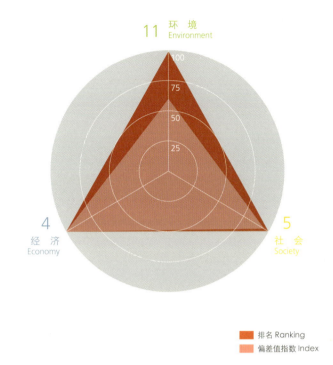

图 3-25 大项指标表现 | Scores of Dimension

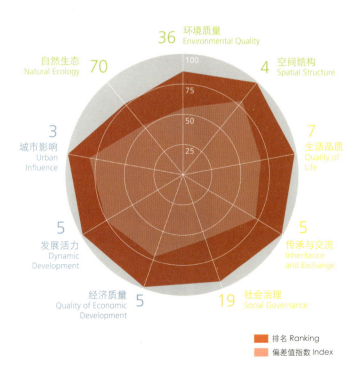

图 3-26 中项指标表现 | Scores of Sub-Dimension

广州 | Guangzhou

图 3-27　小项偏差值 | Deviation Value of Indicator Group

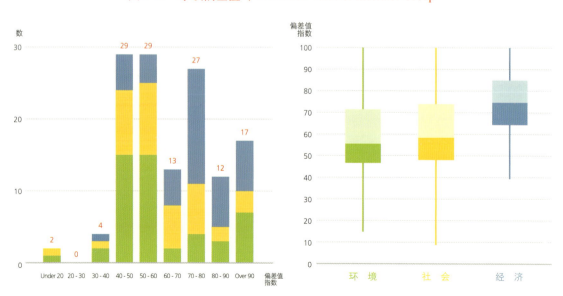

图 3-28　指标偏差值分布
Deviation Value Distribution of Indicators

图 3-29　指标偏差值箱形图分析
Box Plot Distribution of Indicators

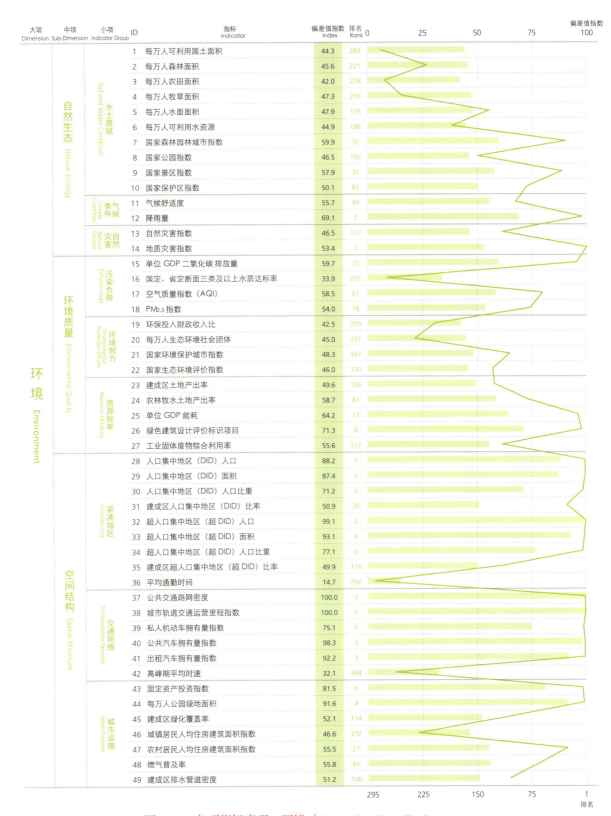

大项 Dimension	中项 Sub-Dimension	小项 Indicator Group	ID	指标 Indicator	偏差值指数 Index	排名 Rank
环境 Environment	自然生态 Natural Ecology	水土禀赋 Soil and Water Condition	1	每万人可利用国土面积	44.3	283
			2	每万人森林面积	45.6	221
			3	每万人农田面积	42.0	278
			4	每万人牧草面积	47.3	255
			5	每万人水面面积	47.9	135
			6	每万人可利用水资源	44.9	186
			7	国家森林园林城市指数	59.9	30
			8	国家公园指数	46.5	150
			9	国家景区指数	57.9	35
			10	国家保护区指数	50.1	83
		气候条件 Climate Condition	11	气候舒适度	55.7	99
			12	降雨量	69.1	7
		自然灾害 Natural Disaster	13	自然灾害指数	46.5	117
			14	地质灾害指数	53.4	1
	环境质量 Environmental Quality	污染负荷 Pollution Load	15	单位 GDP 二氧化碳 排放量	59.7	15
			16	国定、省定断面三类及以上水质达标率	33.9	275
			17	空气质量指数（AQI）	58.5	61
			18	PM2.5 指数	54.0	78
		环境努力 Environmental Protection Efforts	19	环保投入财政收入比	42.5	209
			20	每万人生态环境社会团体	45.0	237
			21	国家环境保护城市指数	48.3	107
			22	国家生态环境评价指数	46.0	130
		资源效率 Resource Efficiency	23	建成区土地产出率	49.6	128
			24	农林牧水土地产出率	58.7	83
			25	单位 GDP 能耗	64.2	13
			26	绿色建筑设计评价标识项目	71.3	8
			27	工业固体废物综合利用率	55.6	117
	空间结构 Spatial Structure	紧凑城区 Compact City	28	人口集中地区（DID）人口	88.2	3
			29	人口集中地区（DID）面积	87.4	3
			30	人口集中地区（DID）人口比重	71.2	6
			31	建成区人口集中地区（DID）比率	50.9	28
			32	超人口集中地区（超DID）人口	99.1	2
			33	超人口集中地区（超DID）面积	93.1	4
			34	超人口集中地区（超DID）人口比重	77.1	6
			35	建成区超人口集中地区（超DID）比率	49.9	116
			36	平均通勤时间	14.7	292
		交通网络 Transportation Network	37	公共交通路网密度	100.0	3
			38	城市轨道交通运营里程指数	100.0	2
			39	私人机动车拥有量指数	75.1	5
			40	公共汽车拥有量指数	98.3	3
			41	出租汽车拥有量指数	92.2	3
			42	高峰期平均时速	32.1	264
		城市设施 Urban Facilities	43	固定资产投资指数	81.5	6
			44	每万人公园绿地面积	91.6	4
			45	建成区绿化覆盖率	52.1	114
			46	城镇居民人均住房建筑面积指数	46.6	232
			47	农村居民人均住房建筑面积指数	55.5	27
			48	燃气普及率	55.8	65
			49	建成区排水管道密度	51.2	106

图 3-30　各项指标表现：环境 | Index Ranking: Environment

广州 | Guangzhou

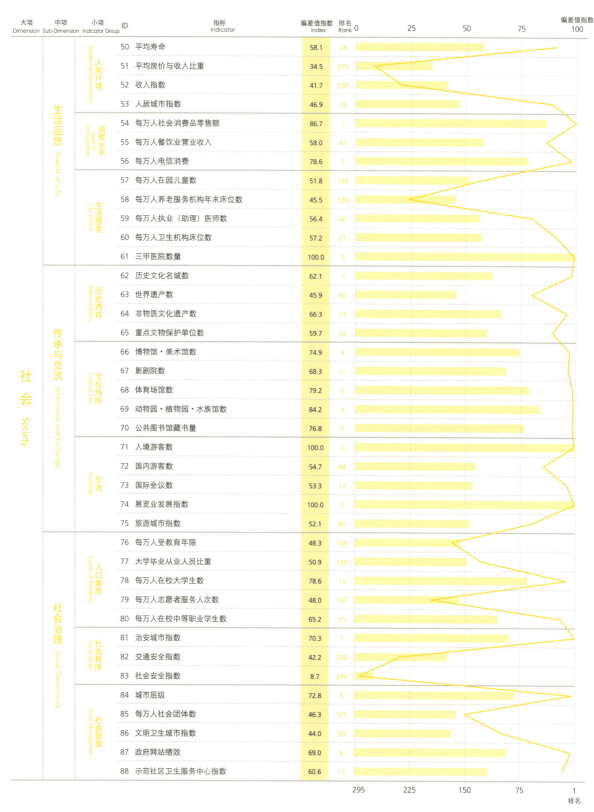

大项 Dimension	中项 Sub-Dimension	小项 Indicator Group	ID	指标 Indicator	偏差值指数 Index	排名 Rank
社会 Society	生活品质 Quality of Life	人居环境 Residential Environment	50	平均寿命	58.1	28
			51	平均房价与收入比重	34.5	275
			52	收入指数	41.7	238
			53	人居城市指数	46.9	33
		消费水平 Level of Consumption	54	每万人社会消费品零售额	86.7	1
			55	每万人餐饮业营业收入	58.0	41
			56	每万人电信消费	78.6	7
		生活服务 Life Service	57	每万人在园儿童数	51.8	128
			58	每万人养老服务机构年末床位数	45.5	228
			59	每万人执业（助理）医师数	56.4	60
			60	每万人卫生机构床位数	57.2	27
			61	三甲医院数量	100.0	3
	传承与交流 Inheritance and Exchange	历史遗存 Historical Relics	62	历史文化名城数	62.1	7
			63	世界遗产数	45.9	60
			64	非物质文化遗产数	66.3	13
			65	重点文物保护单位数	59.7	32
		文化场所 Cultural Sites	66	博物馆·美术馆数	74.9	9
			67	影剧院数	68.3	11
			68	体育场馆数	79.2	8
			69	动物园·植物园·水族馆数	84.2	4
			70	公共图书馆藏书量	76.8	5
		交流 Exchange	71	入境游客数	100.0	3
			72	国内游客数	54.7	44
			73	国际会议数	53.3	12
			74	展览业发展指数	100.0	2
			75	旅游城市指数	52.1	60
	社会治理 Social Governance	人口素质 Quality of Residents	76	每万人受教育年限	48.3	168
			77	大学毕业从业人员比重	50.9	128
			78	每万人在校大学生数	78.6	13
			79	每万人志愿者服务人次数	48.0	197
			80	每万人在校中等职业学生数	65.2	20
		社会秩序 Social Order	81	治安城市指数	70.3	1
			82	交通安全指数	42.2	238
			83	社会安全指数	8.7	294
		社会管理 Social Management	84	城市层级	72.8	5
			85	每万人社会团体数	46.3	151
			86	文明卫生城市指数	44.0	99
			87	政府网站绩效	69.0	6
			88	示范社区卫生服务中心指数	60.6	17

图 3-31　各项指标表现：社会 | Index Ranking: Society

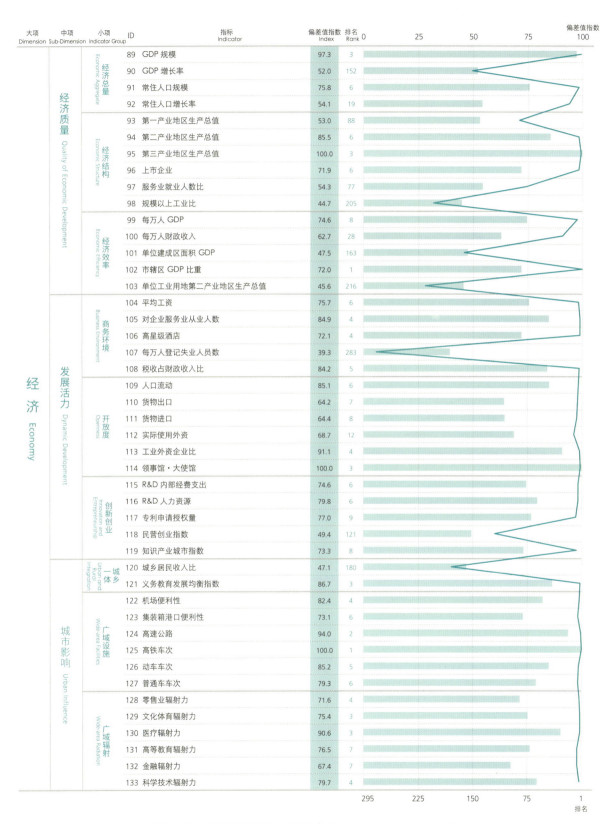

大项 Dimension	中项 Sub-Dimension	小项 Indicator Group	ID	指标 Indicator	偏差值指数 Index	排名 Rank
经济 Economy	经济质量 Quality of Economic Development	经济总量 Economic Aggregate	89	GDP 规模	97.3	3
			90	GDP 增长率	52.0	152
			91	常住人口规模	75.8	6
			92	常住人口增长率	54.1	19
		经济结构 Economic Structure	93	第一产业地区生产总值	53.0	88
			94	第二产业地区生产总值	85.5	6
			95	第三产业地区生产总值	100.0	3
			96	上市企业	71.9	6
			97	服务业就业人数比	54.3	77
			98	规模以上工业比	44.7	205
		经济效率 Economic Efficiency	99	每万人 GDP	74.6	8
			100	每万人财政收入	62.7	28
			101	单位建成区面积 GDP	47.5	163
			102	市辖区 GDP 比重	72.0	1
			103	单位工业用地第二产业地区生产总值	45.6	216
	发展活力 Dynamic Development	商务环境 Business Environment	104	平均工资	75.7	6
			105	对企业服务业从业人数	84.9	4
			106	高星级酒店	72.1	4
			107	每万人登记失业人员数	39.3	283
			108	税收占财政收入比	84.2	5
		开放度 Openness	109	人口流动	85.1	6
			110	货物出口	64.2	7
			111	货物进口	64.4	8
			112	实际使用外资	68.7	12
			113	工业外资企业比	91.1	4
			114	领事馆·大使馆	100.0	3
		创新创业 Innovation and Entrepreneurship	115	R&D 内部经费支出	74.6	6
			116	R&D 人力资源	79.8	6
			117	专利申请授权量	77.0	9
			118	民营创业指数	49.4	121
			119	知识产业城市指数	73.3	8
	城市影响 Urban Influence	一城乡一体 Urban and Rural Integration	120	城乡居民收入比	47.1	180
			121	义务教育发展均衡指数	86.7	3
		广域设施 Wide-area Facilities	122	机场便利性	82.4	4
			123	集装箱港口便利性	73.1	6
			124	高速公路	94.0	2
			125	高铁车次	100.0	1
			126	动车车次	85.2	5
			127	普通车车次	79.3	6
		广域辐射 Wide-area Radiation	128	零售业辐射力	71.6	4
			129	文化体育辐射力	75.4	3
			130	医疗辐射力	90.6	3
			131	高等教育辐射力	76.5	3
			132	金融辐射力	67.4	7
			133	科学技术辐射力	79.7	4

图 3-32　各项指标表现：经济 ｜ Index Ranking: Economic

5. 天津
Tianjin

天津，在综合排名中，居第 5 位。

在环境大项，天津排名较靠后，屈居第 74 位。其中表现较好的中项指标当属空间结构，名列第 5 位。但是自然生态和环境质量两个中项指标的表现则不理想，分别名列第 195 位和第 75 位。

在社会大项，作为直辖市的天津表现不错，居第 3 位。其中传承与交流中项指标名列第 4 位；社会治理中项指标名列第 6 位；生活品质中项指标排名第 14 位。

在经济大项，天津排名第 5 位。其中经济质量和发展活力两个中项指标表现不错，均名列第 6 位；城市影响中项指标，天津名列第 8 位；主要原因是城乡一体小项指标表现不尽理想，只列第 77 位。

表 3-5 主要指标 | Key Index

环 境 Environment

常住人口	1517 万人
行政区域土地面积	11917 平方公里
人均可利用国土面积全国排名	279 位
森林覆盖率全国排名	178 位
人均水资源全国排名	281 位
气候舒适度全国排名	186 位
空气质量指数（AQI）全国排名	254 位
PM2.5指数全国排名	256 位
人口集中地区（DID）人口比重全国排名	20 位
轨道交通线路里程全国排名	12 位

社 会 Society

平均房价全国排名	19 位
国内游客数	15300 万人次
入境游客数	296 万人次
世界遗产数全国排名	60 位
国际会议数全国排名	8 位

经 济 Economy

GDP规模	15727亿元
人均GDP	103671 元/人
GDP增长率	9.4 %
人均财政收入全国排名	7 位
平均工资全国排名	4 位
对企业服务业从业人员数全国排名	9 位
高星级酒店指数全国排名	6 位
货物出口额全国排名	8 位
机场便利性全国排名	20 位
集装箱港口便利性全国排名	10 位
零售业辐射力全国排名	13 位
医疗辐射力全国排名	11 位
高等教育辐射力全国排名	9 位
科学技术辐射力全国排名	8 位
文化体育辐射力全国排名	22 位
金融业辐射力全国排名	19 位

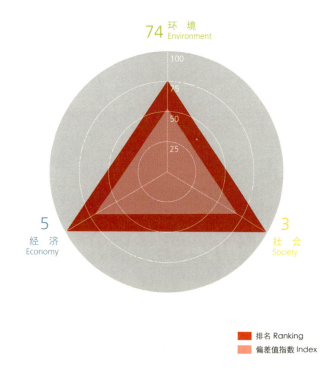

排名 Ranking
偏差值指数 Index

图 3-33 大项指标表现 | Scores of Dimension

排名 Ranking
偏差值指数 Index

图 3-34 中项指标表现 | Scores of Sub-Dimension

天津 | Tianjin

图 3-35 小项偏差值 | Deviation Value of Indicator Group

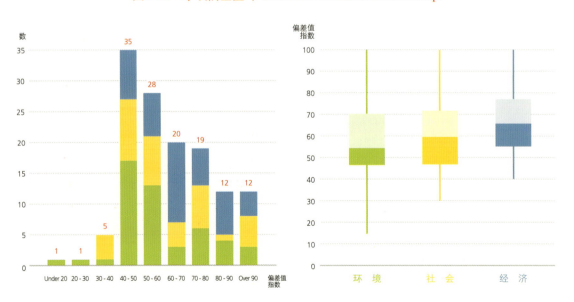

图 3-36 指标偏差值分布
Deviation Value Distribution of Indicators

图 3-37 指标偏差值箱形图分析
Box Plot Distribution of Indicators

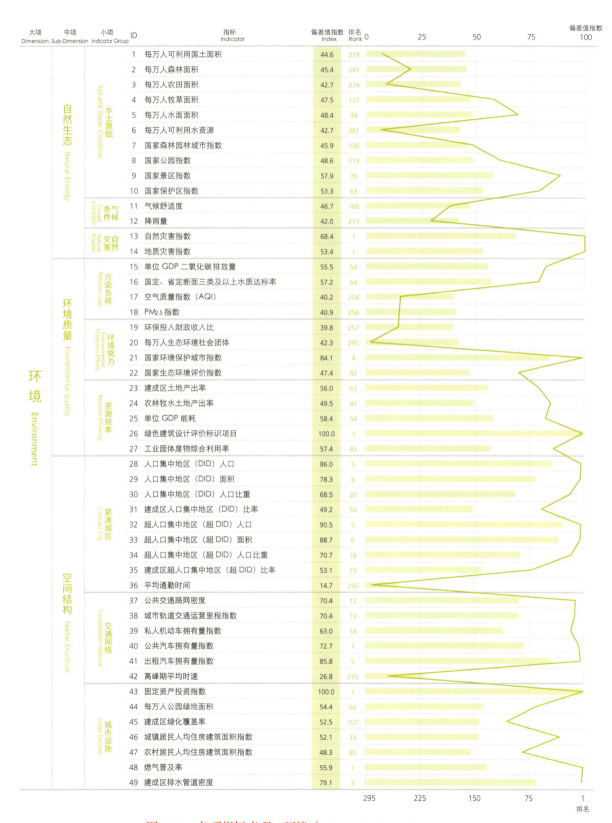

大项 Dimension	中项 Sub-Dimension	小项 Indicator Group	ID	指标 Indicator	偏差值指数 Index	排名 Rank
环境 Environment	自然生态 Natural Ecology	水土禀赋 Soil and Water Condition	1	每万人可利用国土面积	44.6	279
			2	每万人森林面积	45.4	241
			3	每万人农田面积	42.7	274
			4	每万人牧草面积	47.5	127
			5	每万人水面面积	48.4	94
			6	每万人可利用水资源	42.7	281
			7	国家森林园林城市指数	45.9	156
			8	国家公园指数	48.6	119
			9	国家景区指数	57.9	35
			10	国家保护区指数	53.3	63
		气候条件 Climate Condition	11	气候舒适度	46.7	186
			12	降雨量	42.0	213
		自然灾害 Natural Disaster	13	自然灾害指数	68.4	1
			14	地质灾害指数	53.4	1
	环境质量 Environmental Quality	污染负荷 Pollution Load	15	单位 GDP 二氧化碳排放量	55.5	54
			16	国定、省定断面三类及以上水质达标率	57.2	64
			17	空气质量指数（AQI）	40.2	254
			18	PM2.5 指数	40.9	256
		环境努力 Environmental Protection Efforts	19	环保投入财政收入比	39.8	257
			20	每万人生态环境社会团体	42.3	295
			21	国家环境保护城市指数	84.1	4
			22	国家生态环境评价指数	47.4	92
		资源效率 Resource Efficiency	23	建成区土地产出率	56.0	63
			24	农林牧水土地产出率	49.5	47
			25	单位 GDP 能耗	58.4	54
			26	绿色建筑设计评价标识项目	100.0	3
			27	工业固体废物综合利用率	57.4	43
	空间结构 Spatial Structure	紧凑城区 Compact City	28	人口集中地区（DID）人口	86.0	5
			29	人口集中地区（DID）面积	78.3	6
			30	人口集中地区（DID）人口比重	68.5	20
			31	建成区人口集中地区（DID）比率	49.2	59
			32	超人口集中地区（超 DID）人口	90.5	5
			33	超人口集中地区（超 DID）面积	88.7	6
			34	超人口集中地区（超 DID）人口比重	70.7	18
			35	建成区超人口集中地区（超 DID）比率	53.1	73
			36	平均通勤时间	14.7	292
		交通网络 Transportation Network	37	公共交通路网密度	70.4	12
			38	城市轨道交通运营里程指数	70.4	13
			39	私人机动车拥有量指数	63.0	18
			40	公共汽车拥有量指数	72.7	7
			41	出租汽车拥有量指数	85.8	5
			42	高峰期平均时速	26.8	270
		城市设施 Urban Facilities	43	固定资产投资指数	100.0	1
			44	每万人公园绿地面积	54.4	66
			45	建成区绿化覆盖率	52.5	107
			46	城镇居民人均住房建筑面积指数	52.1	33
			47	农村居民人均住房建筑面积指数	48.3	85
			48	燃气普及率	55.9	1
			49	建成区排水管道密度	79.1	3

图 3-38　各项指标表现：环境 | Index Ranking: Environment

天津 | Tianjin

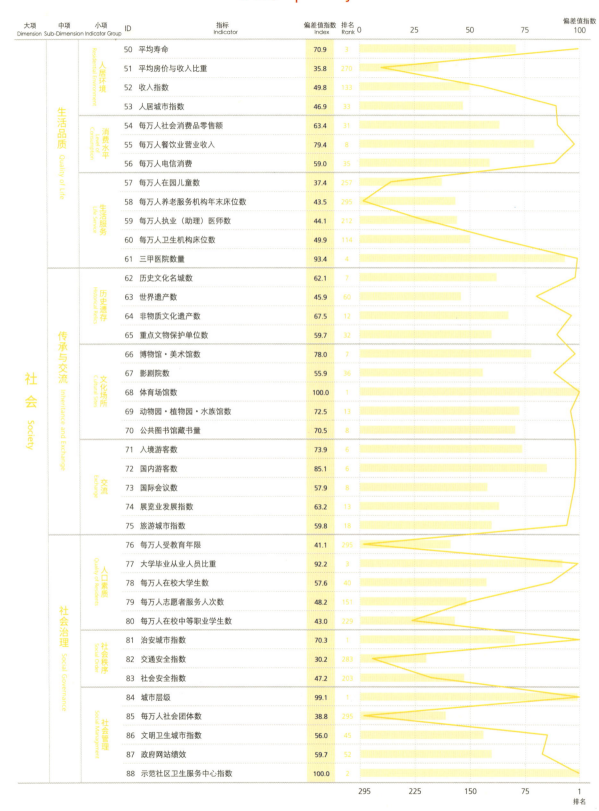

大项 Dimension	中项 Sub-Dimension	小项 Indicator Group	ID	指标 Indicator	偏差值指数 Index	排名 Rank
社会 Society	生活品质 Quality of Life	人居环境 Residential Environment	50	平均寿命	70.9	3
			51	平均房价与收入比重	35.8	270
			52	收入指数	49.8	133
			53	人居城市指数	46.9	33
		消费水平 Level of Consumption	54	每万人社会消费品零售额	63.4	31
			55	每万人餐饮业营业收入	79.4	8
			56	每万人电信消费	59.0	35
		生活服务 Life Service	57	每万人在园儿童数	37.4	257
			58	每万人养老服务机构年末床位数	43.5	295
			59	每万人执业（助理）医师数	44.1	212
			60	每万人卫生机构床位数	49.9	114
			61	三甲医院数量	93.4	4
	传承与交流 Inheritance and Exchange	历史遗存 Historical Relics	62	历史文化名城数	62.1	7
			63	世界遗产数	45.9	60
			64	非物质文化遗产数	67.5	12
			65	重点文物保护单位数	59.7	32
		文化场所 Cultural Sites	66	博物馆·美术馆数	78.0	7
			67	影剧院数	55.9	36
			68	体育场馆数	100.0	1
			69	动物园·植物园·水族馆数	72.5	13
			70	公共图书馆藏书量	70.5	8
		交流 Exchange	71	入境游客数	73.9	6
			72	国内游客数	85.1	6
			73	国际会议数	57.9	8
			74	展览业发展指数	63.2	13
			75	旅游城市指数	59.8	18
	社会治理 Social Governance	人口素质 Quality of Resident	76	每万人受教育年限	41.1	295
			77	大学毕业从业人员比重	92.2	3
			78	每万人在校大学生数	57.6	40
			79	每万人志愿者服务人次数	48.2	151
			80	每万人在校中等职业学生数	43.0	229
		社会秩序 Social Order	81	治安城市指数	70.3	1
			82	交通安全指数	30.2	283
			83	社会安全指数	47.2	203
		社会管理 Social Management	84	城市层级	99.1	1
			85	每万人社会团体数	38.8	295
			86	文明卫生城市指数	56.0	45
			87	政府网站绩效	59.7	52
			88	示范社区卫生服务中心指数	100.0	2

图 3-39　各项指标表现：社会 | Index Ranking: Society

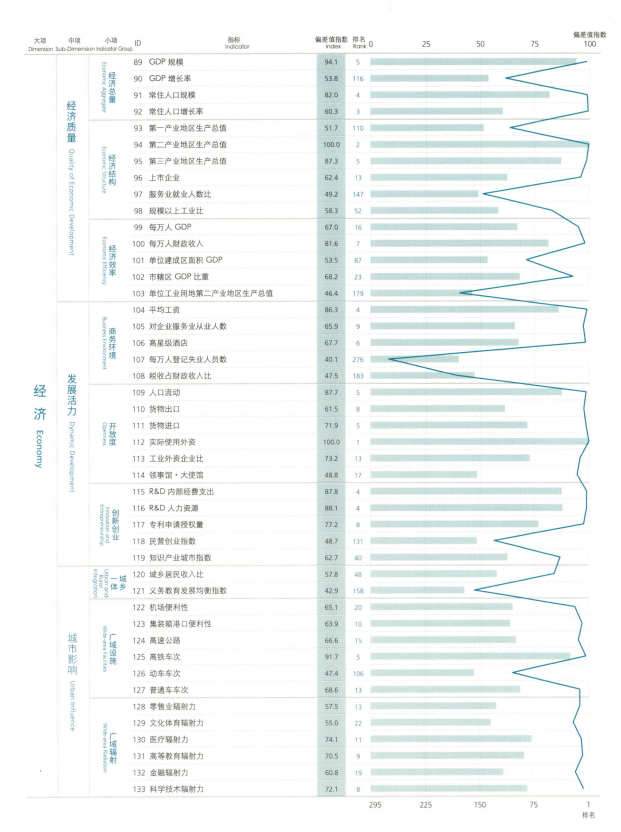

大项 Dimension	中项 Sub-Dimension	小项 Indicator Group	ID	指标 Indicator	偏差值指数 Index	排名 Rank
经济 Economy	经济质量 Quality of Economic Development	经济总量 Economic Aggregate	89	GDP 规模	94.1	5
			90	GDP 增长率	53.8	116
			91	常住人口规模	82.0	4
			92	常住人口增长率	60.3	3
		经济结构 Economic Structure	93	第一产业地区生产总值	51.7	110
			94	第二产业地区生产总值	100.0	2
			95	第三产业地区生产总值	87.3	6
			96	上市企业	62.4	13
			97	服务业就业人数比	49.2	147
			98	规模以上工业比	58.3	52
		经济效率 Economic Efficiency	99	每万人 GDP	67.0	16
			100	每万人财政收入	81.6	7
			101	单位建成区面积 GDP	53.5	87
			102	市辖区 GDP 比重	68.2	23
			103	单位工业用地第二产业地区生产总值	46.4	179
	发展活力 Dynamic Development	商务环境 Business Environment	104	平均工资	86.3	4
			105	对企业服务业从业人数	65.9	9
			106	高星级酒店	67.7	6
			107	每万人登记失业人员数	40.1	276
			108	税收占财政收入比	47.5	183
		开放度 Openness	109	人口流动	87.7	5
			110	货物出口	61.5	8
			111	货物进口	71.9	9
			112	实际使用外资	100.0	1
			113	工业外资企业比	73.2	13
			114	领事馆·大使馆	48.8	17
		创新创业 Innovation and Entrepreneurship	115	R&D 内部经费支出	87.8	4
			116	R&D 人力资源	88.1	4
			117	专利申请授权量	77.2	9
			118	民营创业指数	48.7	131
			119	知识产业城市指数	62.7	40
	城市影响 Urban Influence	一城乡一体 Urban and Rural Integration	120	城乡居民收入比	57.8	48
			121	义务教育发展均衡指数	42.9	158
		广域设施 Wide-area Facilities	122	机场便利性	65.1	20
			123	集装箱港口便利性	63.9	10
			124	高速公路	66.6	15
			125	高铁车次	91.7	5
			126	动车车次	47.4	106
			127	普通车车次	68.6	13
		广域辐射 Wide-area Radiation	128	零售业辐射力	57.5	13
			129	文化体育辐射力	55.0	22
			130	医疗辐射力	74.1	11
			131	高等教育辐射力	70.5	9
			132	金融辐射力	60.8	19
			133	科学技术辐射力	72.1	8

图 3-40　各项指标表现：经济 ｜ Index Ranking: Economic

6. 苏州
Suzhou

苏州，在综合排名中，居第 6 位。

在经济大项，苏州也是第 6 位。其中经济质量和发展活力两个中项指标表现出色，分列第 7 位和第 4 位；但城市影响中项指标只列第 17 位，与其在城乡一体领域小项指标的表现不尽理想高度关联。同时，广域辐射小项指标表现不够强大也是一个重要原因。在经济大项中，创新创业和开放度两个小项指标的贡献较为突出。

在社会大项，苏州居第 8 位。其中表现最好的中项指标是生活品质，名列第 4 位；社会治理中项指标表现不尽理想，只列第 36 位，也许外来人口较多是重要的原因。在社会大项中，人居环境小项指标的贡献最为突出。

在环境大项，苏州居第 20 位，其中自然生态、环境质量和空间结构三个中项指标分别排名第 39 位、第 23 位和第 23 位。

表 3-6　主要指标 ｜ Key Index

环 境 Environment

常住人口	1059 万人
行政区域土地面积	8567 平方公里
人均可利用国土面积全国排名	281 位
森林覆盖率全国排名	231 位
人均水资源全国排名	146 位
气候舒适度全国排名	43 位
空气质量指数（AQI）全国排名	180 位
PM2.5指数全国排名	203 位
人口集中地区（DID）人口比重全国排名	50 位
轨道交通线路里程全国排名	22 位

社 会 Society

平均房价全国排名	15 位
国内游客数	10029 万人次
入境游客数	145 万人次
世界遗产数全国排名	2 位
国际会议数全国排名	9 位

经 济 Economy

GDP规模	13761亿元
人均GDP	129771 元/人
GDP增长率	5.7 %
人均财政收入全国排名	7 位
平均工资全国排名	15 位
对企业服务业从业人员数全国排名	12 位
高星级酒店指数全国排名	12 位
货物出口额全国排名	3 位
机场便利性全国排名	127 位
集装箱港口便利性全国排名	13 位
零售业辐射力全国排名	17 位
医疗辐射力全国排名	43 位
高等教育辐射力全国排名	237 位
科学技术辐射力全国排名	5 位
文化体育辐射力全国排名	160 位
金融业辐射力全国排名	13 位

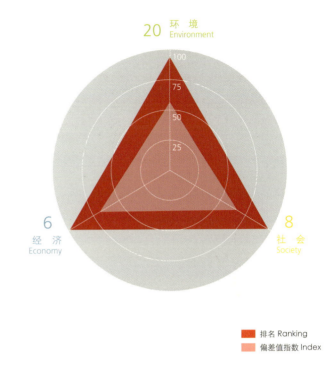

图 3-41　大项指标表现 ｜ Scores of Dimension

图 3-42　中项指标表现 ｜ Scores of Sub-Dimension

苏州 | Suzhou

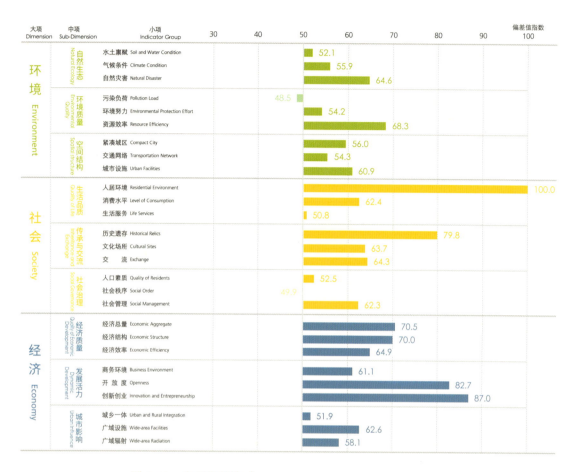

大项 Dimension	中项 Sub-Dimension	小项 Indicator Group	偏差值指数
环境 Environment	自然生态 Natural Ecology	水土禀赋 Soil and Water Condition	52.1
		气候条件 Climate Condition	55.9
		自然灾害 Natural Disaster	64.6
	环境质量 Environmental Quality	污染负荷 Pollution Load	48.5
		环境努力 Environmental Protection Effort	54.2
		资源效率 Resource Efficiency	68.3
	空间结构 Spatial Structure	紧凑城区 Compact City	56.0
		交通网络 Transportation Network	54.3
		城市设施 Urban Facilities	60.9
社会 Society	生活品质 Quality of Life	人居环境 Residential Environment	100.0
		消费水平 Level of Consumption	62.4
		生活服务 Life Services	50.8
	传承与交流 Inheritance and Exchange	历史遗存 Historical Relics	79.8
		文化场所 Cultural Sites	63.7
		交流 Exchange	64.3
	社会治理 Social Governance	人口素质 Quality of Residents	52.5
		社会秩序 Social Order	49.9
		社会管理 Social Management	62.3
经济 Economy	经济质量 Quality of Economic Development	经济总量 Economic Aggregate	70.5
		经济结构 Economic Structure	70.0
		经济效率 Economic Efficiency	64.9
	发展活力 Dynamic Development	商务环境 Business Environment	61.1
		开放度 Openness	82.7
		创新创业 Innovation and Entrepreneurship	87.0
	城市影响 Urban Influence	城乡一体 Urban and Rural Integration	51.9
		广域设施 Wide-area Facilities	62.6
		广域辐射 Wide-area Radiation	58.1

图 3-43　小项偏差值 | Deviation Value of Indicator Group

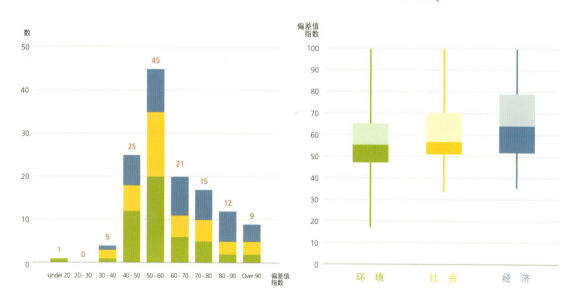

图 3-44　指标偏差值分布
Deviation Value Distribution of Indicators

图 3-45　指标偏差值箱形图分析
Box Plot Distribution of Indicators

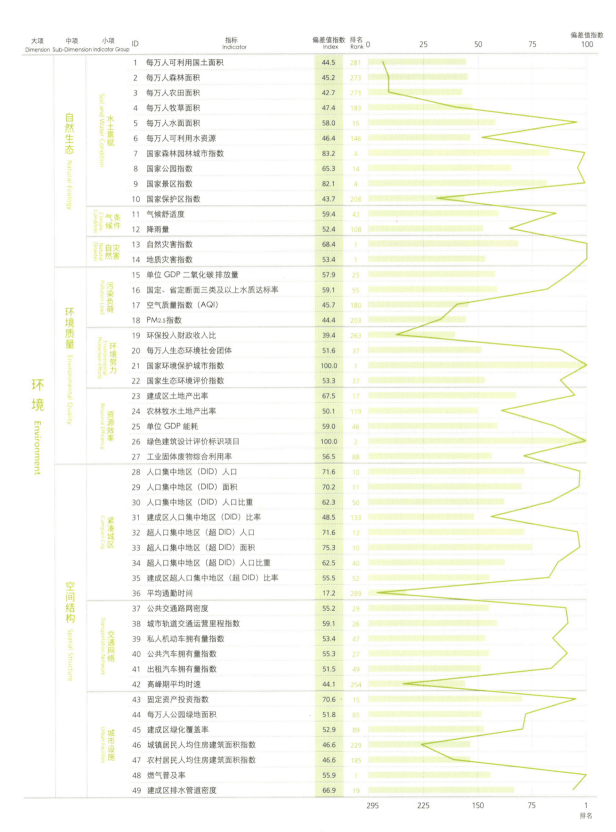

大项 Dimension	中项 Sub-Dimension	小项 Indicator Group	ID	指标 Indicator	偏差值指数 Index	排名 Rank
环境 Environment	自然生态 Natural Ecology	水土禀赋 Soil and Water Condition	1	每万人可利用国土面积	44.5	281
			2	每万人森林面积	45.2	273
			3	每万人农田面积	42.7	273
			4	每万人牧草面积	47.4	183
			5	每万人水面面积	58.0	15
			6	每万人可利用水资源	46.4	146
			7	国家森林园林城市指数	83.2	4
			8	国家公园指数	65.3	14
			9	国家景区指数	82.1	4
			10	国家保护区指数	43.7	208
		气候条件 Climate Condition	11	气候舒适度	59.4	43
			12	降雨量	52.4	108
		自然灾害 Natural Disaster	13	自然灾害指数	68.4	1
			14	地质灾害指数	53.4	14
	环境质量 Environmental Quality	污染负荷 Pollution Load	15	单位GDP二氧化碳排放量	57.9	25
			16	国定、省定断面三类及以上水质达标率	59.1	55
			17	空气质量指数（AQI）	45.7	180
			18	PM2.5指数	44.4	203
		环境努力 Environmental Protection Efforts	19	环保投入财政收入比	39.4	263
			20	每万人生态环境社会团体	51.6	37
			21	国家环境保护城市指数	100.0	1
			22	国家生态环境评价指数	53.3	37
		资源效率 Resource Efficiency	23	建成区土地产出率	67.5	17
			24	农林牧水土地产出率	50.1	119
			25	单位GDP能耗	59.0	46
			26	绿色建筑设计评价标识项目	100.0	2
			27	工业固体废物综合利用率	56.5	88
	空间结构 Spatial Structure	紧凑城区 Compact City	28	人口集中地区（DID）人口	71.6	10
			29	人口集中地区（DID）面积	70.2	11
			30	人口集中地区（DID）人口比重	62.3	50
			31	建成区人口集中地区（DID）比率	48.5	133
			32	超人口集中地区（超DID）人口	71.6	13
			33	超人口集中地区（超DID）面积	75.3	10
			34	超人口集中地区（超DID）人口比重	62.5	40
			35	建成区超人口集中地区（超DID）比率	55.5	52
			36	平均通勤时间	17.2	289
		交通网络 Transportation Network	37	公共交通路网密度	55.2	29
			38	城市轨道交通运营里程指数	59.1	26
			39	私人机动车拥有量指数	53.4	47
			40	公共汽车拥有量指数	55.3	27
			41	出租汽车拥有量指数	51.5	49
			42	高峰期平均时速	44.1	254
		城市设施 Urban Facilities	43	固定资产投资指数	70.6	15
			44	每万人公园绿地面积	51.8	85
			45	建成区绿化覆盖率	52.9	89
			46	城镇居民人均住房建筑面积指数	46.6	229
			47	农村居民人均住房建筑面积指数	46.6	185
			48	燃气普及率	55.9	1
			49	建成区排水管道密度	66.9	19

图3-46　各项指标表现：环境 | Index Ranking: Environment

苏州 | Suzhou

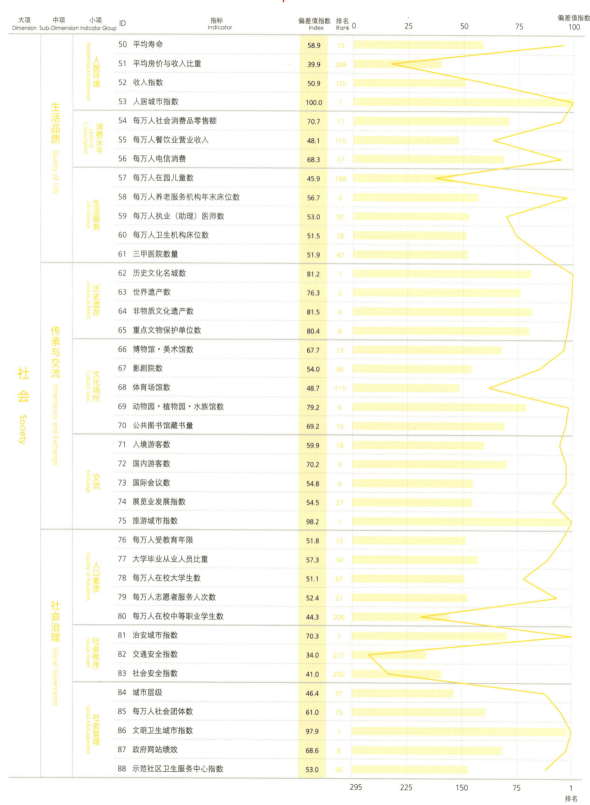

大项 Dimension	中项 Sub-Dimension	小项 Indicator Group	ID	指标 Indicator	偏差值指数 Index	排名 Rank
社会 Society	生活品质 Quality of Life	人居环境 Residential Environment	50	平均寿命	58.9	15
			51	平均房价与收入比重	39.9	248
			52	收入指数	50.9	120
			53	人居城市指数	100.0	1
		消费水平 Level of Consumption	54	每万人社会消费品零售额	70.7	17
			55	每万人餐饮业营业收入	48.1	110
			56	每万人电信消费	68.3	17
		生活服务 life Service	57	每万人在园儿童数	45.9	188
			58	每万人养老服务机构年末床位数	56.7	9
			59	每万人执业（助理）医师数	53.0	92
			60	每万人卫生机构床位数	51.5	78
			61	三甲医院数量	51.9	42
	传承与交流 Inheritance and Exchange	历史遗存 Historical Relics	62	历史文化名城数	81.2	1
			63	世界遗产数	76.3	2
			64	非物质文化遗产数	81.5	4
			65	重点文物保护单位数	80.4	8
		文化场所 Cultural Sites	66	博物馆·美术馆数	67.7	13
			67	影剧院数	54.0	46
			68	体育场馆数	48.7	115
			69	动物园·植物园·水族馆数	79.2	6
			70	公共图书馆藏书量	69.2	10
		交流 Exchange	71	入境游客数	59.9	18
			72	国内游客数	70.2	9
			73	国际会议数	54.8	9
			74	展览业发展指数	54.5	27
			75	旅游城市指数	98.2	1
	社会治理 Social Governance	人口素质 Quality of Residents	76	每万人受教育年限	51.8	15
			77	大学毕业从业人员比重	57.3	34
			78	每万人在校大学生数	51.1	67
			79	每万人志愿者服务人次数	52.4	21
			80	每万人在校中等职业学生数	44.3	206
		社会秩序 Social Order	81	治安城市指数	70.3	1
			82	交通安全指数	34.0	277
			83	社会安全指数	41.0	250
		社会管理 Social Management	84	城市层级	46.4	37
			85	每万人社会团体数	61.0	15
			86	文明卫生城市指数	97.9	1
			87	政府网站绩效	68.6	8
			88	示范社区卫生服务中心指数	53.0	36

图 3-47　各项指标表现：社会 | Index Ranking：Society

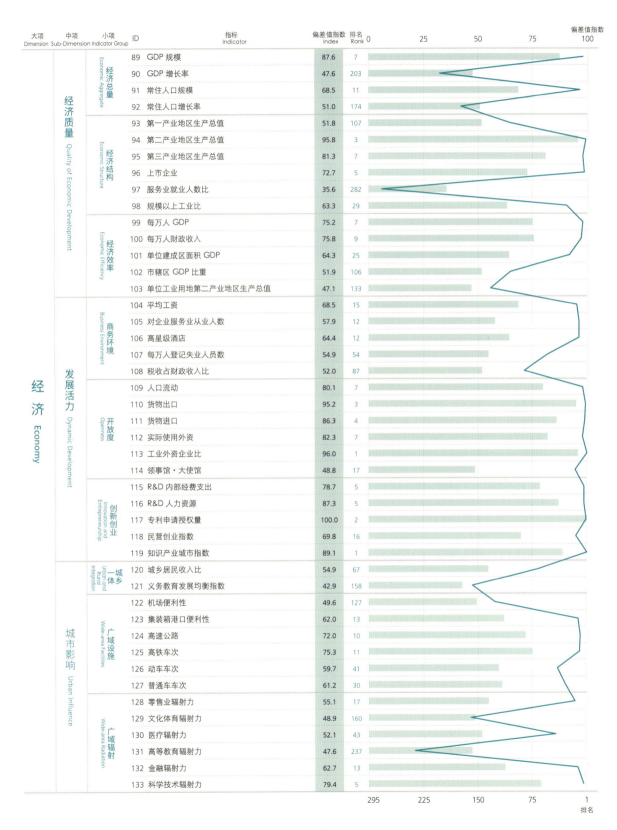

大项 Dimension	中项 Sub-Dimension	小项 Indicator Group	ID	指标 Indicator	偏差值指数 Index	排名 Rank
经济 Economy	经济质量 Quality of Economic Development	经济总量 Economic Aggregate	89	GDP 规模	87.6	7
			90	GDP 增长率	47.6	203
			91	常住人口规模	68.5	11
			92	常住人口增长率	51.0	174
		经济结构 Economic Structure	93	第一产业地区生产总值	51.8	107
			94	第二产业地区生产总值	95.8	3
			95	第三产业地区生产总值	81.3	7
			96	上市企业	72.7	5
			97	服务业就业人数比	35.6	282
			98	规模以上工业比	63.3	29
		经济效率 Economic Efficiency	99	每万人 GDP	75.2	7
			100	每万人财政收入	75.8	9
			101	单位建成区面积 GDP	64.3	25
			102	市辖区 GDP 比重	51.9	106
			103	单位工业用地第二产业地区生产总值	47.1	133
	发展活力 Dynamic Development	商务环境 Business Environment	104	平均工资	68.5	15
			105	对企业服务业从业人数	57.9	12
			106	高星级酒店	64.4	12
			107	每万人登记失业人员数	54.9	54
			108	税收占财政收入比	52.0	87
		开放度 Openness	109	人口流动	80.1	7
			110	货物出口	95.2	3
			111	货物进口	86.3	4
			112	实际使用外资	82.3	7
			113	工业外资企业比	96.0	1
			114	领事馆·大使馆	48.8	17
		创新创业 Innovation and Entrepreneurship	115	R&D 内部经费支出	78.7	5
			116	R&D 人力资源	87.3	5
			117	专利申请授权量	100.0	2
			118	民营创业指数	69.8	16
			119	知识产业城市指数	89.1	1
	城市影响 Urban Influence	一城一体乡 Urban and Rural Integration	120	城乡居民收入比	54.9	67
			121	义务教育发展均衡指数	42.9	158
		广域设施 Wide-area Facilities	122	机场便利性	49.6	127
			123	集装箱港口便利性	62.0	13
			124	高速公路	72.0	10
			125	高铁车次	75.3	11
			126	动车车次	59.7	41
			127	普通车车次	61.2	30
		广域辐射 Wide-area Radiation	128	零售业辐射力	55.1	17
			129	文化体育辐射力	48.9	160
			130	医疗辐射力	52.1	43
			131	高等教育辐射力	47.6	237
			132	金融辐射力	62.7	13
			133	科学技术辐射力	79.4	5

图 3-48　各项指标表现：经济 ｜ Index Ranking：Economic

7. 杭州

Hangzhou

　　杭州，在综合排名中，居第 7 位。

　　在经济大项，杭州居第 7 位。其中，因为经济结构和经济总量两小项指标表现较佳，经济质量中项指标排名第 9 位。由于商务环境和创新创业两个小项指标表现优良，发展活力中项指标，杭州排名第 10 位。因为广域设施和广域辐射两个小项指标表现的牵引，城市影响中项指标，杭州名列第 5 位。

　　在社会大项，杭州居第 4 位。其中人居环境小项指标表现卓越，导致生活品质中项指标排名居第 5 位。历史存遗、文化场所、交流三个小项指标表现俱佳，支持杭州在传承与交流中项指标排名中获得第 6 位。

　　在环境大项，杭州的表现不佳，屈居第 36 位。其中拖累最多的是环境质量中项指标，落到第 66 位。不过，因为相对较为理想的交通网络和城市设施，杭州的空间结构名列第 11 位，自然生态中项指标排名第 47 位。

表 3-7 主要指标 | Key Index

环 境 Environment

常住人口	889 万人
行政区域土地面积	16596 平方公里
人均可利用国土面积全国排名	197 位
森林覆盖率全国排名	47 位
人均水资源全国排名	101 位
气候舒适度全国排名	70 位
空气质量指数（AQI）全国排名	148 位
PM2.5指数全国排名	186 位
人口集中地区（DID）人口比重全国排名	30 位
轨道交通线路里程全国排名	26 位

社 会 Society

平均房价全国排名	8 位
国内游客数	10606 万人次
入境游客数	326 万人次
世界遗产数全国排名	2 位
国际会议数全国排名	4 位

经 济 Economy

GDP规模	9206 亿元
人均GDP	103533 元/人
GDP增长率	10.3 %
人均财政收入全国排名	13 位
平均工资全国排名	9 位
对企业服务业从业人员数全国排名	6 位
高星级酒店指数全国排名	5 位
货物出口额全国排名	10 位
机场便利性全国排名	12 位
集装箱港口便利性全国排名	23 位
零售业辐射力全国排名	6 位
医疗辐射力全国排名	8 位
高等教育辐射力全国排名	13 位
科学技术辐射力全国排名	7 位
文化体育辐射力全国排名	8 位
金融业辐射力全国排名	4 位

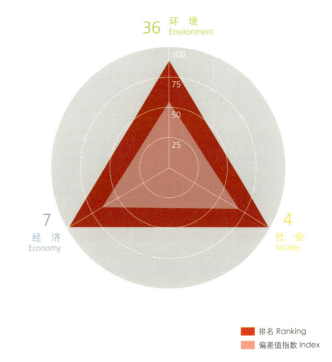

图 3-49 大项指标表现 | Scores of Dimension

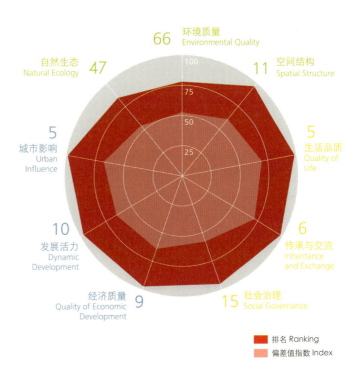

图 3-50 中项指标表现 | Scores of Sub-Dimension

杭州 | Hangzhou

图 3-51　小项偏差值 | Deviation Value of Indicator Group

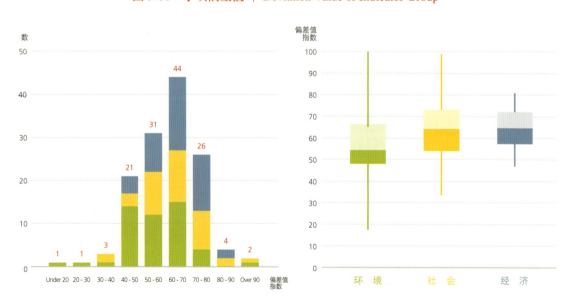

图 3-52　指标偏差值分布
Deviation Value Distribution of Indicators

图 3-53　指标偏差值箱形图分析
Box Plot Distribution of Indicators

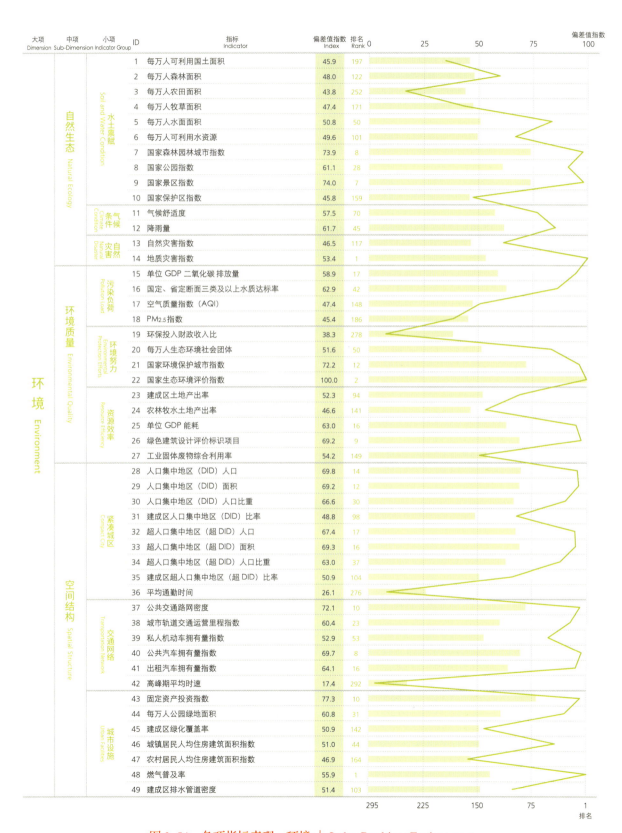

大项 Dimension	中项 Sub-Dimension	小项 Indicator Group	ID	指标 Indicator	偏差值指数 Index	排名 Rank
环境 Environment	自然生态 Natural Ecology	水土禀赋 Soil and Water Condition	1	每万人可利用国土面积	45.9	197
			2	每万人森林面积	48.0	122
			3	每万人农田面积	43.8	252
			4	每万人牧草面积	47.4	171
			5	每万人水面面积	50.8	50
			6	每万人可利用水资源	49.6	101
			7	国家森林园林城市指数	73.9	8
			8	国家公园指数	61.1	28
			9	国家景区指数	74.0	7
			10	国家保护区指数	45.8	159
		气候条件 Climate Condition	11	气候舒适度	57.5	70
			12	降雨量	61.7	45
		自然灾害 Natural Disaster	13	自然灾害指数	46.5	117
			14	地质灾害指数	53.4	1
	环境质量 Environmental Quality	污染负荷 Pollution Load	15	单位 GDP 二氧化碳 排放量	58.9	17
			16	国定、省定断面三类及以上水质达标率	62.9	42
			17	空气质量指数（AQI）	47.4	148
			18	PM2.5指数	45.4	186
		环境努力 Environmental Protection Efforts	19	环保投入财政收入比	38.3	278
			20	每万人生态环境社会团体	51.6	50
			21	国家环境保护城市指数	72.2	12
			22	国家生态环境评价指数	100.0	2
		资源效率 Resource Efficiency	23	建成区土地产出率	52.3	94
			24	农林牧水土地产出率	46.6	141
			25	单位 GDP 能耗	63.0	16
			26	绿色建筑设计评价标识项目	69.2	9
			27	工业固体废物综合利用率	54.2	149
	空间结构 Spatial Structure	紧凑城区 Compact City	28	人口集中地区（DID）人口	69.8	14
			29	人口集中地区（DID）面积	69.2	12
			30	人口集中地区（DID）人口比重	66.6	30
			31	建成区人口集中地区（DID）比率	48.8	98
			32	超人口集中地区（超 DID）人口	67.4	17
			33	超人口集中地区（超 DID）面积	69.3	16
			34	超人口集中地区（超 DID）人口比重	63.0	37
			35	建成区超人口集中地区（超 DID）比率	50.9	104
			36	平均通勤时间	26.1	276
		交通网络 Transportation Network	37	公共交通路网密度	72.1	10
			38	城市轨道交通运营里程指数	60.4	23
			39	私人机动车拥有量指数	52.9	53
			40	公共汽车拥有量指数	69.7	8
			41	出租汽车拥有量指数	64.1	16
			42	高峰期平均时速	17.4	292
		城市设施 Urban Facilities	43	固定资产投资指数	77.3	10
			44	每万人公园绿地面积	60.8	31
			45	建成区绿化覆盖率	50.9	142
			46	城镇居民人均住房建筑面积指数	51.0	44
			47	农村居民人均住房建筑面积指数	46.9	164
			48	燃气普及率	55.9	1
			49	建成区排水管道密度	51.4	103

图3-54 各项指标表现：环境 | Index Ranking: Environment

杭州 | Hangzhou

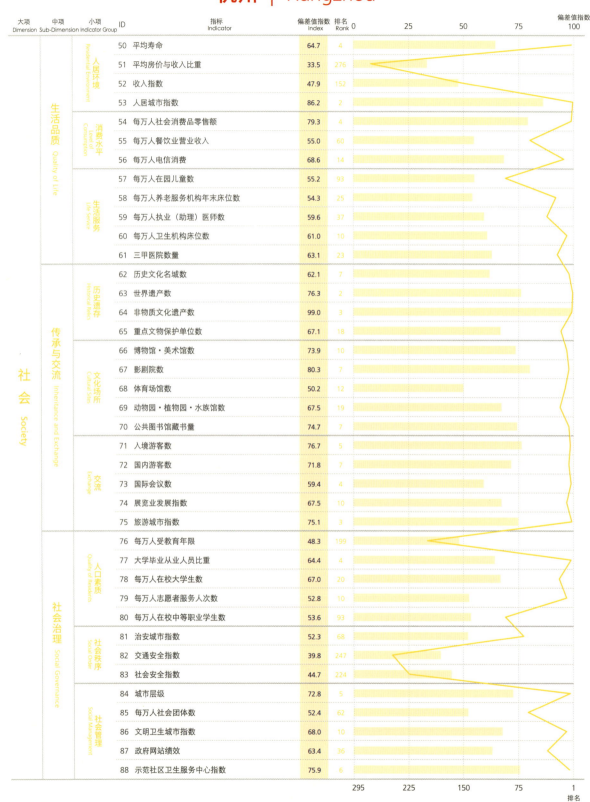

大项 Dimension	中项 Sub-Dimension	小项 Indicator Group	ID	指标 Indicator	偏差值指数 Index	排名 Rank
社会 Society	生活品质 Quality of Life	人居环境 Residential Environment	50	平均寿命	64.7	4
			51	平均房价与收入比重	33.5	276
			52	收入指数	47.9	152
			53	人居城市指数	86.2	2
		消费水平 Level of Consumption	54	每万人社会消费品零售额	79.3	4
			55	每万人餐饮业营业收入	55.0	60
			56	每万人电信消费	68.6	14
		生活服务 Life Service	57	每万人在园儿童数	55.2	93
			58	每万人养老服务机构年末床位数	54.3	25
			59	每万人执业（助理）医师数	59.6	37
			60	每万人卫生机构床位数	61.0	10
			61	三甲医院数量	63.1	23
	传承与交流 Inheritance and Exchange	历史遗存 Historical Relics	62	历史文化名城数	62.1	7
			63	世界遗产数	76.3	2
			64	非物质文化遗产数	99.0	3
			65	重点文物保护单位数	67.1	18
		文化场所 Cultural Sites	66	博物馆·美术馆数	73.9	10
			67	影剧院数	80.3	7
			68	体育场馆数	50.2	77
			69	动物园·植物园·水族馆数	67.5	19
			70	公共图书馆藏书量	74.7	7
		交流 Exchange	71	入境游客数	76.7	5
			72	国内游客数	71.8	7
			73	国际会议数	59.4	7
			74	展览业发展指数	67.5	10
			75	旅游城市指数	75.1	3
	社会治理 Social Governance	人口素质 Quality of Residents	76	每万人受教育年限	48.3	199
			77	大学毕业从业人员比重	64.4	4
			78	每万人在校大学生数	67.0	20
			79	每万人志愿者服务人次数	52.8	10
			80	每万人在校中等职业学生数	53.6	93
		社会秩序 Social Order	81	治安城市指数	52.3	68
			82	交通安全指数	39.8	247
			83	社会安全指数	44.7	224
		社会管理 Social Management	84	城市层级	72.8	5
			85	每万人社会团体数	52.4	62
			86	文明卫生城市指数	68.0	10
			87	政府网站绩效	63.4	36
			88	示范社区卫生服务中心指数	75.9	6

图 3-55 各项指标表现：社会 | Index Ranking: Society

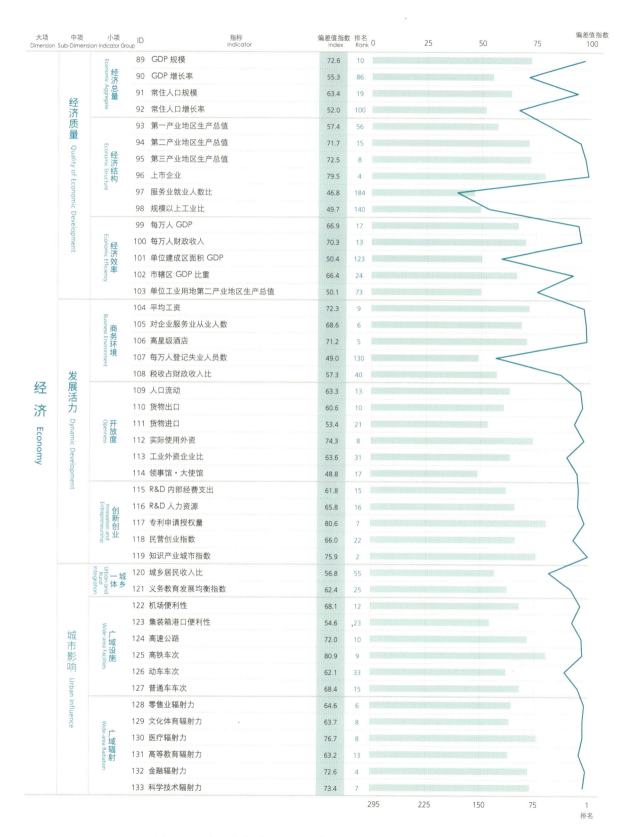

大项 Dimension	中项 Sub-Dimension	小项 Indicator Group	ID	指标 Indicator	偏差值指数 Index	排名 Rank
经济 Economy	经济质量 Quality of Economic Development	经济总量 Economic Aggregate	89	GDP 规模	72.6	10
			90	GDP 增长率	55.3	86
			91	常住人口规模	63.4	19
			92	常住人口增长率	52.0	100
		经济结构 Economic Structure	93	第一产业地区生产总值	57.4	56
			94	第二产业地区生产总值	71.7	15
			95	第三产业地区生产总值	72.5	8
			96	上市企业	79.5	4
			97	服务业就业人数比	46.8	184
			98	规模以上工业比	49.7	140
		经济效率 Economic Efficiency	99	每万人 GDP	66.9	17
			100	每万人财政收入	70.3	13
			101	单位建成区面积 GDP	50.4	123
			102	市辖区 GDP 比重	66.4	24
			103	单位工业用地第二产业地区生产总值	50.1	73
	发展活力 Dynamic Development	商务环境 Business Environment	104	平均工资	72.3	9
			105	对企业服务业从业人数	68.6	6
			106	高星级酒店	71.2	5
			107	每万人登记失业人员数	49.0	130
			108	税占财政收入比	57.3	40
		开放度 Openness	109	人口流动	63.3	13
			110	货物出口	60.6	10
			111	货物进口	53.4	21
			112	实际使用外资	74.3	8
			113	工业外资企业比	63.6	31
			114	领事馆·大使馆	48.8	17
		创新创业 Innovation and Entrepreneurship	115	R&D 内部经费支出	61.8	15
			116	R&D 人力资源	65.8	16
			117	专利申请授权量	80.6	7
			118	民营创业指数	66.0	22
			119	知识产业城市指数	75.9	2
	城市影响 Urban Influence	一城乡 Urban and Rural Integration	120	城乡居民收入比	56.8	55
			121	义务教育发展均衡指数	62.4	25
		广域设施 Wide-area Facilities	122	机场便利性	68.1	12
			123	集装箱港口便利性	54.6	23
			124	高速公路	72.0	10
			125	高铁车次	80.9	10
			126	动车车次	62.1	33
			127	普通车车次	68.4	15
		广域辐射 Wide-area Radiation	128	零售业辐射力	64.6	6
			129	文化体育辐射力	63.7	8
			130	医疗辐射力	76.7	3
			131	高等教育辐射力	63.2	7
			132	金融辐射力	72.6	4
			133	科学技术辐射力	73.4	7

图 3-56　各项指标表现：经济 ｜ Index Ranking: Economic

8. 重庆
Chongqing

重庆，在综合排名中，居第 8 位。

在经济大项，重庆居第 8 位。其中由于经济总量和经济结构两个小项指标表现较佳，经济质量中项指标，重庆列第 4 位；发展活力和城市影响两个中项指标，分列第 20 位和第 14 位。在经济大项中，经济效率、开放度、城乡一体三个小项指标表现较逊，分别名列第 94 位、第 58 位、第 110 位。

在社会大项，重庆居第 6 位。其中，表现最好的中项指标当属传承与交流，名列第 3 位。而表现不尽理想的中项指标是生活品质，名列第 126 位。社会治理中项指标名列第 26 位。

在环境大项，重庆居第 25 位。其中环境质量中项指标表现不佳，排名第 129 位。自然生态和空间结构两个中项指标，分别列第 9 位和第 8 位。

表 3-8　主要指标 | Key Index

环 境 Environment

常住人口	2991 万人
行政区域土地面积	82374 平方公里
人均可利用国土面积全国排名	154 位
森林覆盖率全国排名	84 位
人均水资源全国排名	90 位
气候舒适度全国排名	13 位
空气质量指数（AQI）全国排名	138 位
PM2.5指数全国排名	179 位
人口集中地区（DID）人口比重全国排名	50 位
轨道交通线路里程全国排名	8 位

社 会 Society

平均房价全国排名	243 位
国内游客数	30538 万人次
入境游客数	264 万人次
世界遗产数全国排名	2 位
国际会议数全国排名	9 位

经 济 Economy

GDP规模	14263 亿元
人均GDP	47679 元/人
GDP增长率	12.7 %
人均财政收入全国排名	61 位
平均工资全国排名	47 位
对企业服务业从业人员数全国排名	3 位
高星级酒店指数全国排名	3 位
货物出口额全国排名	11 位
机场便利性全国排名	16 位
集装箱港口便利性全国排名	223 位
零售业辐射力全国排名	9 位
医疗辐射力全国排名	7 位
高等教育辐射力全国排名	11 位
科学技术辐射力全国排名	30 位
文化体育辐射力全国排名	208 位
金融业辐射力全国排名	48 位

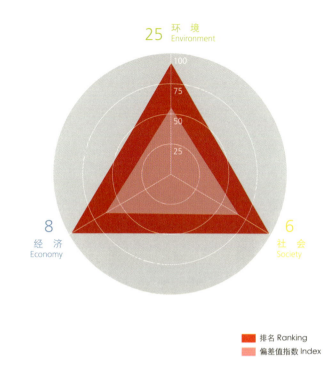

图 3-57　大项指标表现 | Scores of Dimension

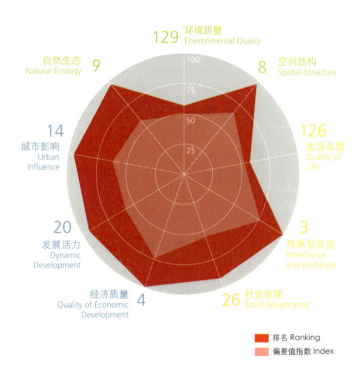

图 3-58　中项指标表现 | Scores of Sub-Dimension

重庆 | Chongqing

大项 Dimension	中项 Sub-Dimension	小项 Indicator Group	偏差值指数
环境 Environment	自然生态 Natural Ecology	水土禀赋 Soil and Water Condition	62.8
		气候条件 Climate Condition	59.3
		自然灾害 Natural Disaster	34.4
	环境质量 Environmental Quality	污染负荷 Pollution Load	50.5
		环境努力 Environmental Protection Effort	46.2
		资源效率 Resource Efficiency	47.2
	空间结构 Spatial Structure	紧凑城区 Compact City	55.6
		交通网络 Transportation Network	84.9
		城市设施 Urban Facilities	63.8
社会 Society	生活品质 Quality of life	人居环境 Residential Environment	63.8
		消费水平 Level of Consumption	48.7
		生活服务 Life Services	43.9
	传承与交流 Inheritance and Exchange	历史遗存 Historical Relics	72.2
		文化场所 Cultural Sites	69.3
		交流 Exchange	87.3
	社会治理 Social Governance	人口素质 Quality of Residents	51.5
		社会秩序 Social Order	44.1
		社会管理 Social Management	76.1
经济 Economy	经济质量 Quality of Economic Development	经济总量 Economic Aggregate	89.9
		经济结构 Economic Structure	80.4
		经济效率 Economic Efficiency	51.0
	发展活力 Dynamic Development	商务环境 Business Environment	68.1
		开放度 Openness	50.6
		创新创业 Innovation and Entrepreneurship	62.2
	城市影响 Urban Influence	城乡一体 Urban and Rural Integration	51.3
		广域设施 Wide-area Facilities	66.0
		广域辐射 Wide-area Radiation	59.8

图 3-59　小项偏差值 | Deviation Value of Indicator Group

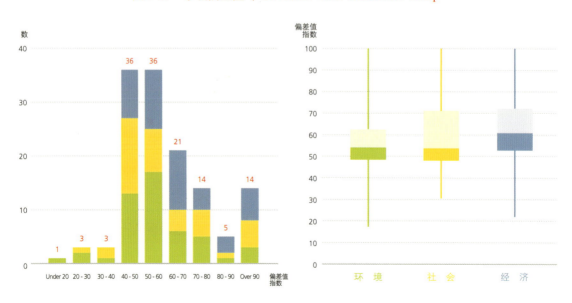

图 3-60　指标偏差值分布
Deviation Value Distribution of Indicators

图 3-61　指标偏差值箱形图分析
Box Plot Distribution of Indicators

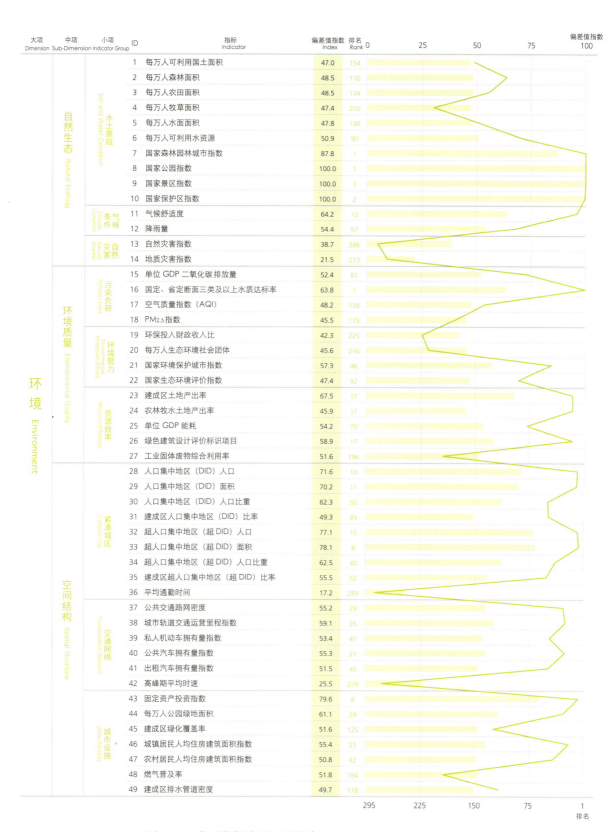

大项 Dimension	中项 Sub-Dimension	小项 Indicator Group	ID	指标 Indicator	偏差值指数 Index	排名 Rank
环境 Environment	自然生态 Natural Ecology	水土禀赋 Soil and Water Condition	1	每万人可利用国土面积	47.0	154
			2	每万人森林面积	48.5	110
			3	每万人农田面积	48.5	134
			4	每万人牧草面积	47.4	210
			5	每万人水面面积	47.8	148
			6	每万人可利用水资源	50.9	90
			7	国家森林园林城市指数	87.8	1
			8	国家公园指数	100.0	1
			9	国家景区指数	100.0	1
			10	国家保护区指数	100.0	2
		气候条件 Climate Condition	11	气候舒适度	64.2	13
			12	降雨量	54.4	97
		自然灾害 Natural Disaster	13	自然灾害指数	38.7	286
			14	地质灾害指数	21.5	273
	环境质量 Environmental Quality	污染负荷 Pollution Load	15	单位 GDP 二氧化碳 排放量	52.4	81
			16	国定、省定断面三类及以上水质达标率	63.8	1
			17	空气质量指数（AQI）	48.2	138
			18	PM2.5指数	45.5	179
		环境努力 Environmental Protection Efforts	19	环保投入财政收入比	42.3	225
			20	每万人生态环境社会团体	45.6	216
			21	国家环境保护城市指数	57.3	46
			22	国家生态环境评价指数	47.4	92
		资源效率 Resource Efficiency	23	建成区土地产出率	67.5	17
			24	农林牧水土地产出率	45.9	17
			25	单位 GDP 能耗	54.2	79
			26	绿色建筑设计评价标识项目	58.9	17
			27	工业固体废物综合利用率	51.6	196
	空间结构 Spatial Structure	紧凑城区 Compact City	28	人口集中地区（DID）人口	71.6	10
			29	人口集中地区（DID）面积	70.2	11
			30	人口集中地区（DID）人口比重	62.3	50
			31	建成区人口集中地区（DID）比率	49.3	50
			32	超人口集中地区（超 DID）人口	77.1	10
			33	超人口集中地区（超 DID）面积	78.1	8
			34	超人口集中地区（超 DID）人口比重	62.5	40
			35	建成区超人口集中地区（超 DID）比率	55.5	52
			36	平均通勤时间	17.2	289
		交通网络 Transportation Network	37	公共交通路网密度	55.2	29
			38	城市轨道交通运营里程指数	59.1	26
			39	私人机动车拥有量指数	53.4	47
			40	公共汽车拥有量指数	55.3	27
			41	出租汽车拥有量指数	51.5	49
			42	高峰期平均时速	25.5	279
		城市设施 Urban Facilities	43	固定资产投资指数	79.6	8
			44	每万人公园绿地面积	61.1	29
			45	建成区绿化覆盖率	51.6	125
			46	城镇居民人均住房建筑面积指数	55.4	21
			47	农村居民人均住房建筑面积指数	50.8	42
			48	燃气普及率	51.8	194
			49	建成区排水管道密度	49.7	118

图 3-62　各项指标表现：环境 ｜ Index Ranking: Environment

重庆 | Chongqing

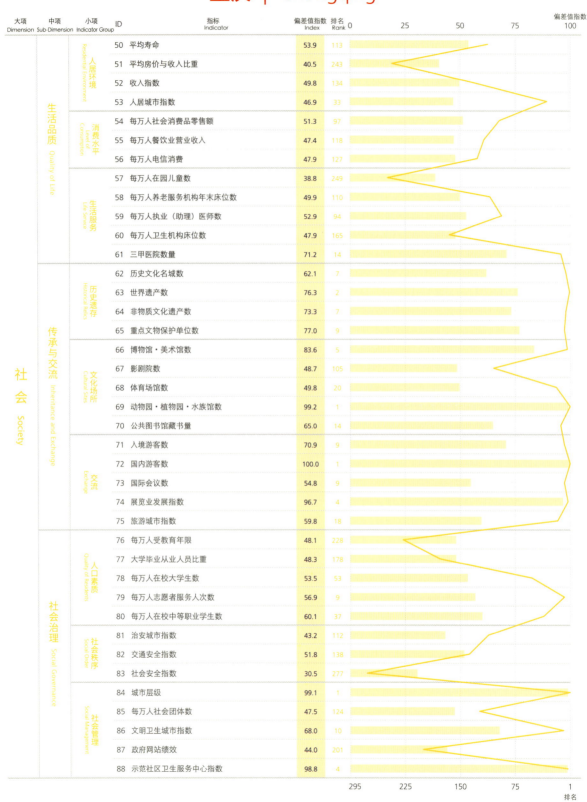

大项 Dimension	中项 Sub-Dimension	小项 Indicator Group	ID	指标 Indicator	偏差值指数 Index	排名 Rank
社 会 Society	生活品质 Quality of Life	人居环境 Residential Environment	50	平均寿命	53.9	113
			51	平均房价与收入比重	40.5	243
			52	收入指数	49.8	134
			53	人居城市指数	46.9	33
		消费水平 Level of Consumption	54	每万人社会消费品零售额	51.3	97
			55	每万人餐饮业营业收入	47.4	118
			56	每万人电信消费	47.9	127
		生活服务 Life Service	57	每万人在园儿童数	38.8	249
			58	每万人养老服务机构年末床位数	49.9	110
			59	每万人执业（助理）医师数	52.9	94
			60	每万人卫生机构床位数	47.9	165
			61	三甲医院数量	71.2	14
	传承与交流 Inheritance and Exchange	历史遗存 Historical Relics	62	历史文化名城数	62.1	7
			63	世界遗产数	76.3	2
			64	非物质文化遗产数	73.3	7
			65	重点文物保护单位数	77.0	9
		文化场所 Cultural Sites	66	博物馆·美术馆数	83.6	5
			67	影剧院数	48.7	105
			68	体育场馆数	49.8	20
			69	动物园·植物园·水族馆数	99.2	1
			70	公共图书馆藏书量	65.0	14
		交流 Exchange	71	入境游客数	70.9	9
			72	国内游客数	100.0	1
			73	国际会议数	54.8	9
			74	展览业发展指数	96.7	4
			75	旅游城市指数	59.8	18
	社会治理 Social Governance	人口素质 Quality of Residents	76	每万人受教育年限	48.1	228
			77	大学毕业从业人员比重	48.3	178
			78	每万人在校大学生数	53.5	53
			79	每万人志愿者服务人次数	56.9	9
			80	每万人在校中等职业学生数	60.1	37
		社会秩序 Social Order	81	治安城市指数	43.2	112
			82	交通安全指数	51.8	138
			83	社会安全指数	30.5	277
		社会管理 Social Management	84	城市层级	99.1	1
			85	每万人社会团体数	47.5	124
			86	文明卫生城市指数	68.0	10
			87	政府网站绩效	44.0	201
			88	示范社区卫生服务中心指数	98.8	4

图 3-63　各项指标表现：社会 | Index Ranking: Society

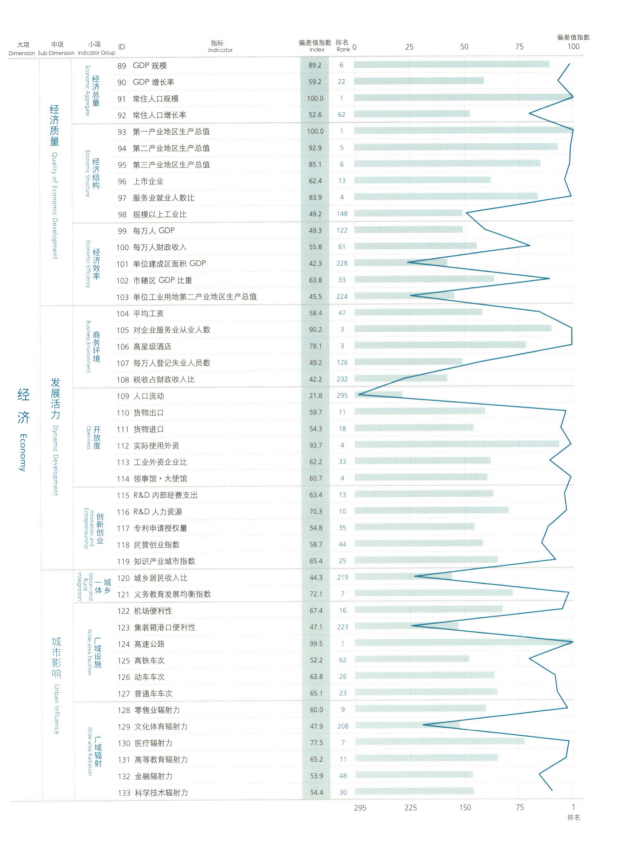

大项 Dimension	中项 Sub-Dimension	小项 Indicator Group	ID	指标 Indicator	偏差值指数 Index	排名 Rank
经济 Economy	经济质量 Quality of Economic Development	经济总量 Economic Aggregate	89	GDP 规模	89.2	6
			90	GDP 增长率	59.2	22
			91	常住人口规模	100.0	1
			92	常住人口增长率	52.6	62
		经济结构 Economic Structure	93	第一产业地区生产总值	100.0	1
			94	第二产业地区生产总值	92.9	5
			95	第三产业地区生产总值	85.1	6
			96	上市企业	62.4	13
			97	服务业就业人数比	83.9	4
			98	规模以上工业比	49.2	148
		经济效率 Economic Efficiency	99	每万人 GDP	49.3	122
			100	每万人财政收入	55.8	61
			101	单位建成区面积 GDP	42.3	228
			102	市辖区 GDP 比重	63.8	33
			103	单位工业用地第二产业地区生产总值	45.5	224
	发展活力 Dynamic Development	商务环境 Business Environment	104	平均工资	58.4	47
			105	对企业服务业从业人数	90.2	3
			106	高星级酒店	78.1	3
			107	每万人登记失业人员数	49.2	126
			108	税收占财政收入比	42.2	232
		开放度 Openness	109	人口流动	21.8	295
			110	货物出口	59.7	11
			111	货物进口	54.3	18
			112	实际使用外资	93.7	4
			113	工业外资企业比	62.2	33
			114	领事馆·大使馆	60.7	4
		创新创业 Innovation and Entrepreneurship	115	R&D 内部经费支出	63.4	13
			116	R&D 人力资源	70.3	10
			117	专利申请授权量	54.8	35
			118	民营创业指数	58.7	44
			119	知识产业城市指数	65.4	25
	城市影响 Urban Influence	一城乡体 Urban and Rural Integration	120	城乡居民收入比	44.3	219
			121	义务教育发展均衡指数	72.1	7
		广域设施 Wide-area Facilities	122	机场便利性	67.4	16
			123	集装箱港口便利性	47.1	223
			124	高速公路	99.5	1
			125	高铁车次	52.2	62
			126	动车车次	63.8	26
			127	普通车车次	65.1	23
		广域辐射 Wide-area Radiation	128	零售业辐射力	60.0	9
			129	文化体育辐射力	47.9	208
			130	医疗辐射力	77.5	7
			131	高等教育辐射力	65.2	11
			132	金融辐射力	53.9	48
			133	科学技术辐射力	54.4	30

图 3-64 各项指标表现：经济 | Index Ranking: Economic

9. 南京
Nanjing

南京，在综合排名中，居第9位。

在社会大项，南京居第7位。其中生活品质、传承与交流、社会治理三个中项指标表现都不错，分别列第8位、第9位和第8位。在社会大项中贡献最大的小项指标当属人居环境。

在经济大项，南京居第9位。其中经济质量、发展活力、城市影响三个中项指标都表现优良，分别名列第10位、第9位、第7位。在经济大项中贡献最突出的小项指标当属创新创业和广域辐射。

在环境大项，南京的表现不尽理想，只居第32位。其中自然生态、环境质量两个中项指标分别位居第73位和第68位。不过，空间结构中项指标南京的表现还算不错，居第6位。

表 3-9　主要指标 ｜ Key Index

环 境 Environment

常住人口	822 万人
行政区域土地面积	6587 平方公里
人均可利用国土面积全国排名	276 位
森林覆盖率全国排名	211 位
人均水资源全国排名	160 位
气候舒适度全国排名	47 位
空气质量指数（AQI）全国排名	201 位
PM2.5指数全国排名	200 位
人口集中地区（DID）人口比重全国排名	13 位
轨道交通线路里程全国排名	7 位

社 会 Society

平均房价全国排名	10 位
国内游客数	9419 万人次
入境游客数	57 万人次
世界遗产数全国排名	16 位
国际会议数全国排名	4 位

经 济 Economy

GDP规模	8821亿元
人均GDP	107359 元/人
GDP增长率	10.1 %
人均财政收入全国排名	16 位
平均工资全国排名	5 位
对企业服务业从业人员数全国排名	10 位
高星级酒店指数全国排名	17 位
货物出口额全国排名	17 位
机场便利性全国排名	38 位
集装箱港口便利性全国排名	27 位
零售业辐射力全国排名	5 位
医疗辐射力全国排名	12 位
高等教育辐射力全国排名	4 位
科学技术辐射力全国排名	11 位
文化体育辐射力全国排名	5 位
金融业辐射力全国排名	8 位

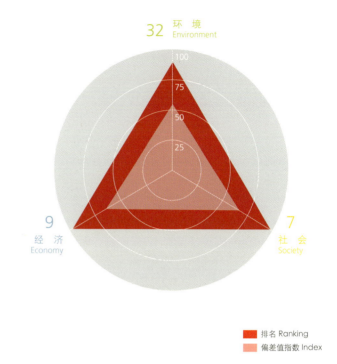

图 3-65　大项指标表现 ｜ Scores of Dimension

图 3-66　中项指标表现 ｜ Scores of Sub-Dimension

南京 | Nanjing

图 3-67 小项偏差值 | Deviation Value of Indicator Group

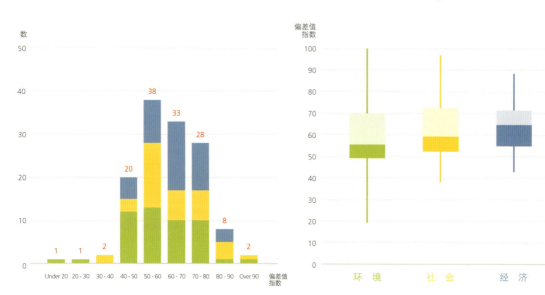

图 3-68 指标偏差值分布
Deviation Value Distribution of Indicators

图 3-69 指标偏差值箱形图分析
Box Plot Distribution of Indicators

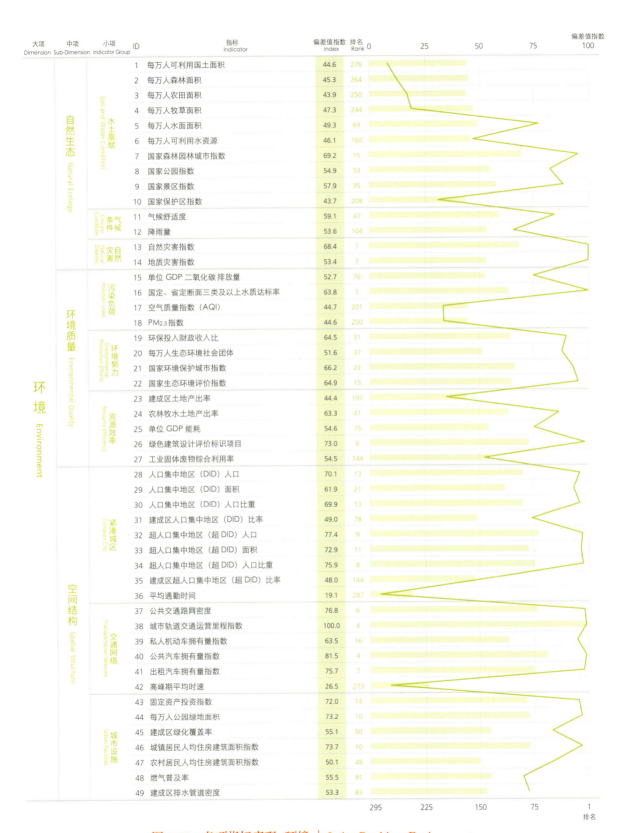

大项 Dimension	中项 Sub-Dimension	小项 Indicator Group	ID	指标 Indicator	偏差值指数 Index	排名 Rank
环境 Environment	自然生态 Natural Ecology	水土禀赋 Soil and Water Condition	1	每万人可利用国土面积	44.6	276
			2	每万人森林面积	45.3	264
			3	每万人农田面积	43.9	250
			4	每万人牧草面积	47.3	244
			5	每万人水面面积	49.3	69
			6	每万人可利用水资源	46.1	160
			7	国家森林园林城市指数	69.2	15
			8	国家公园指数	54.9	53
			9	国家景区指数	57.9	35
			10	国家保护区指数	43.7	208
		气候条件 Climate Condition	11	气候舒适度	59.1	47
			12	降雨量	53.6	104
		自然灾害 Natural Disaster	13	自然灾害指数	68.4	1
			14	地质灾害指数	53.4	1
	环境质量 Environmental Quality	污染负荷 Pollution Load	15	单位 GDP 二氧化碳 排放量	52.7	76
			16	国定、省定断面三类及以上水质达标率	63.8	1
			17	空气质量指数（AQI）	44.7	201
			18	PM2.5 指数	44.6	200
		环境努力 Environmental Protection Efforts	19	环保投入财政收入比	64.5	31
			20	每万人生态环境社会团体	51.6	37
			21	国家环境保护城市指数	66.2	22
			22	国家生态环境评价指数	64.9	15
		资源效率 Resource Efficiency	23	建成区土地产出率	44.4	197
			24	农林牧水土地产出率	63.3	41
			25	单位 GDP 能耗	54.6	75
			26	绿色建筑设计评价标识项目	73.0	6
			27	工业固体废物综合利用率	54.5	144
	空间结构 Spatial Structure	紧凑城区 Compact City	28	人口集中地区（DID）人口	70.1	13
			29	人口集中地区（DID）面积	61.9	21
			30	人口集中地区（DID）人口比重	69.9	13
			31	建成区人口集中地区（DID）比率	49.0	78
			32	超人口集中地区（超 DID）人口	77.4	9
			33	超人口集中地区（超 DID）面积	72.9	11
			34	超人口集中地区（超 DID）人口比重	75.9	8
			35	建成区超人口集中地区（超 DID）比率	48.0	144
			36	平均通勤时间	19.1	287
		交通网络 Transportation Network	37	公共交通路网密度	76.8	6
			38	城市轨道交通运营里程指数	100.0	4
			39	私人机动车拥有量指数	63.5	16
			40	公共汽车拥有量指数	81.5	4
			41	出租汽车拥有量指数	75.7	7
			42	高峰期平均时速	26.5	273
		城市设施 Urban Facilities	43	固定资产投资指数	72.0	14
			44	每万人公园绿地面积	73.2	10
			45	建成区绿化覆盖率	55.1	50
			46	城镇居民人均住房建筑面积指数	73.7	10
			47	农村居民人均住房建筑面积指数	50.1	48
			48	燃气普及率	55.5	91
			49	建成区排水管道密度	53.3	83

图 3-70　各项指标表现：环境 ｜ Index Ranking: Environment

南京 | Nanjing

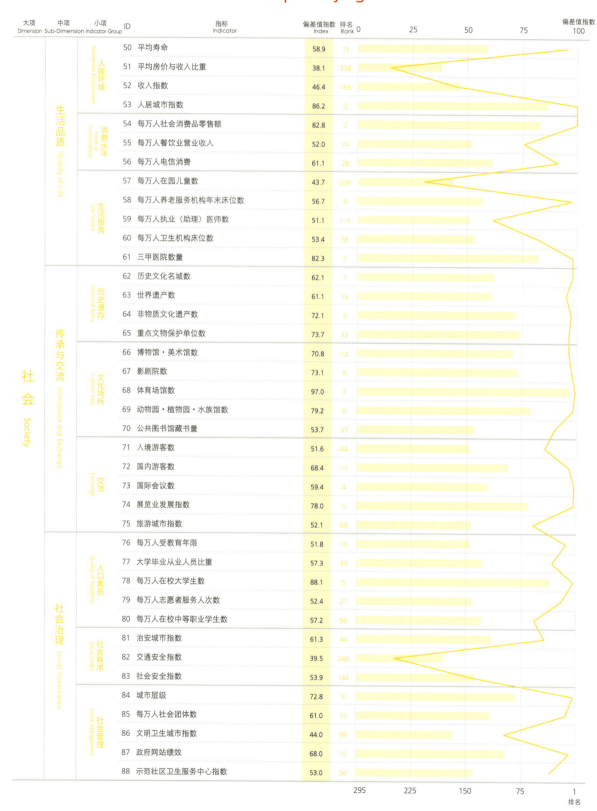

大项 Dimension	中项 Sub-Dimension	小项 Indicator Group	ID	指标 Indicator	偏差值指数 Index	排名 Rank
社会 Society	生活品质 Quality of Life	人居环境 Residential Environment	50	平均寿命	58.9	15
			51	平均房价与收入比重	38.1	256
			52	收入指数	46.4	166
			53	人居城市指数	86.2	2
		消费水平 Level of Consumption	54	每万人社会消费品零售额	82.8	2
			55	每万人餐饮业营业收入	52.0	74
			56	每万人电信消费	61.1	28
		生活服务 Life Service	57	每万人在园儿童数	43.7	209
			58	每万人养老服务机构年末床位数	56.7	9
			59	每万人执业（助理）医师数	51.1	116
			60	每万人卫生机构床位数	53.4	55
			61	三甲医院数量	82.3	7
	传承与交流 Inheritance and Exchange	历史遗存 Historical Relics	62	历史文化名城数	62.1	7
			63	世界遗产数	61.1	16
			64	非物质文化遗产数	72.1	9
			65	重点文物保护单位数	73.7	12
		文化场所 Cultural Sites	66	博物馆·美术馆数	70.8	12
			67	影剧院数	73.1	8
			68	体育场馆数	97.0	3
			69	动物园·植物园·水族馆数	79.2	6
			70	公共图书馆藏书量	53.7	31
		交流 Exchange	71	入境游客数	51.6	44
			72	国内游客数	68.4	11
			73	国际会议数	59.4	4
			74	展览业发展指数	78.0	5
			75	旅游城市指数	52.1	60
	社会治理 Social Governance	人口素质 Quality of Residents	76	每万人受教育年限	51.8	15
			77	大学毕业从业人员比重	57.3	34
			78	每万人在校大学生数	88.1	5
			79	每万人志愿者服务人次数	52.4	21
			80	每万人在校中等职业学生数	57.2	58
		社会秩序 Social Order	81	治安城市指数	61.3	44
			82	交通安全指数	39.5	248
			83	社会安全指数	53.9	144
		社会管理 Social Management	84	城市层级	72.8	5
			85	每万人社会团体数	61.0	15
			86	文明卫生城市指数	44.0	99
			87	政府网站绩效	68.0	10
			88	示范社区卫生服务中心指数	53.0	36

图 3-71 各项指标表现：社会 | Index Ranking: Society

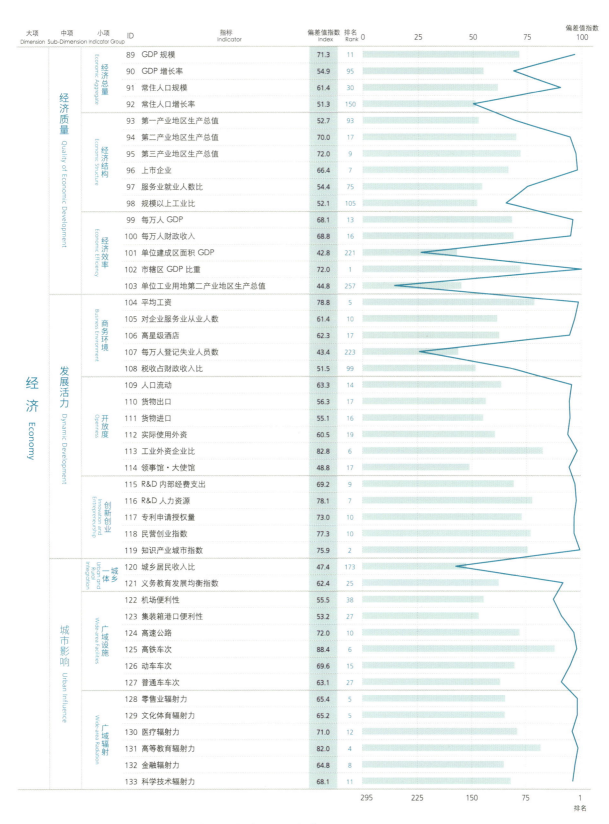

大项 Dimension	中项 Sub-Dimension	小项 Indicator Group	ID	指标 Indicator	偏差值指数 Index	排名 Rank
经济 Economy	经济质量 Quality of Economic Development	经济总量 Economic Aggregate	89	GDP 规模	71.3	11
			90	GDP 增长率	54.9	95
			91	常住人口规模	61.4	30
			92	常住人口增长率	51.3	150
		经济结构 Economic Structure	93	第一产业地区生产总值	52.7	93
			94	第二产业地区生产总值	70.0	17
			95	第三产业地区生产总值	72.0	9
			96	上市企业	66.4	7
			97	服务业就业人数比	54.4	75
			98	规模以上工业比	52.1	105
		经济效率 Economic Efficiency	99	每万人 GDP	68.1	13
			100	每万人财政收入	68.8	16
			101	单位建成区面积 GDP	42.8	221
			102	市辖区 GDP 比重	72.0	1
			103	单位工业用地第二产业地区生产总值	44.8	257
	发展活力 Dynamic Development	商务环境 Business Environment	104	平均工资	78.8	5
			105	对企业服务业从业人数	61.4	10
			106	高星级酒店	62.3	17
			107	每万人登记失业人员数	43.4	223
			108	税收占财政收入比	51.5	99
		开放度 Openness	109	人口流动	63.3	14
			110	货物出口	56.3	17
			111	货物进口	55.1	16
			112	实际使用外资	60.5	19
			113	工业外资企业比	82.8	6
			114	领事馆·大使馆	48.8	17
		创新创业 Innovation and Entrepreneurship	115	R&D 内部经费支出	69.2	9
			116	R&D 人力资源	78.1	7
			117	专利申请授权量	73.0	10
			118	民营创业指数	77.3	10
			119	知识产业城市指数	75.9	2
	城市影响 Urban Influence	一城一体乡 Urban and Rural Integration	120	城乡居民收入比	47.4	173
			121	义务教育发展均衡指数	62.4	25
		广域设施 Wide-area Facilities	122	机场便利性	55.5	38
			123	集装箱港口便利性	53.2	27
			124	高速公路	72.0	10
			125	高铁车次	88.4	6
			126	动车车次	69.6	15
			127	普通车车次	63.1	27
		广域辐射 Wide-area Radiation	128	零售业辐射力	65.4	5
			129	文化体育辐射力	65.2	5
			130	医疗辐射力	71.0	12
			131	高等教育辐射力	82.0	4
			132	金融辐射力	64.8	8
			133	科学技术辐射力	68.1	11

图 3-72　各项指标表现：经济 | Index Ranking: Economic

10. 武汉
Wuhan

武汉，在综合排名中，居第 10 位。

在经济大项，武汉也是第 11 位。其中经济质量和城市影响两个中项指标表现较为出色，分列第 8 位和第 6 位；但发展活力中项指标只列第 15 位，其原因主要是商务环境和开放度的排名不甚理想，均列第 16 位。

在社会大项，武汉居第 9 位。其中生活品质、传承与交流、社会治理三个中项指标都表现较好，分别列第 11 位、第 12 位和第 9 位。在社会大项中贡献最突出的小项指标是消费水平和文化场所。

在环境大项，武汉列第 41 位。其中自然生态和环境质量两个中项指标表现不尽理想，分别列第 83 位和第 99 位。得益于交通网络、城市设施两个小项指标的支持，武汉的空间结构中项指标表现较为出色，排名第 7 位。

表 3-10　主要指标 ｜ Key Index

环 境 Environment

常住人口	1034 万人
行政区域土地面积	8569 平方公里
人均可利用国土面积全国排名	275 位
森林覆盖率全国排名	229 位
人均水资源全国排名	203 位
气候舒适度全国排名	127 位
空气质量指数（AQI）全国排名	249 位
PM2.5指数全国排名	249 位
人口集中地区（DID）人口比重全国排名	21 位
轨道交通线路里程全国排名	6 位

社 会 Society

平均房价全国排名	36 位
国内游客数	19127 万人次
入境游客数	171 万人次
世界遗产数全国排名	60 位
国际会议数全国排名	4 位

经 济 Economy

GDP规模	10069 亿元
人均GDP	97403 元/人
GDP增长率	11.2 %
人均财政收入全国排名	3 位
平均工资全国排名	30 位
对企业服务业从业人员数全国排名	11 位
高星级酒店指数全国排名	10 位
货物出口额全国排名	35 位
机场便利性全国排名	25 位
集装箱港口便利性全国排名	116 位
零售业辐射力全国排名	8 位
医疗辐射力全国排名	9 位
高等教育辐射力全国排名	6 位
科学技术辐射力全国排名	12 位
文化体育辐射力全国排名	10 位
金融业辐射力全国排名	20 位

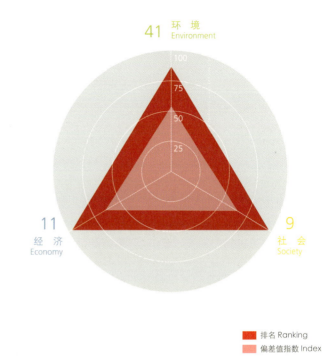

图 3-73　大项指标表现 ｜ Scores of Dimension

图 3-74　中项指标表现 ｜ Scores of Sub-Dimension

085

武汉 | Wuhan

图 3-75　小项偏差值 | Deviation Value of Indicator Group

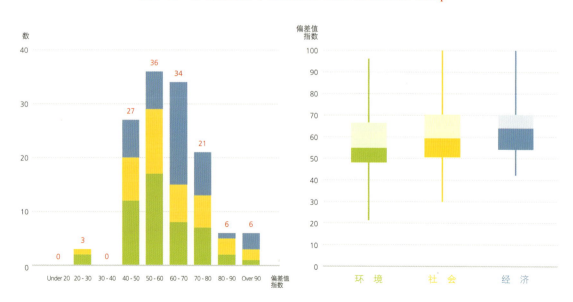

图 3-76　指标偏差值分布
Deviation Value Distribution of Indicators

图 3-77　指标偏差值箱形图分析
Box Plot Distribution of Indicators

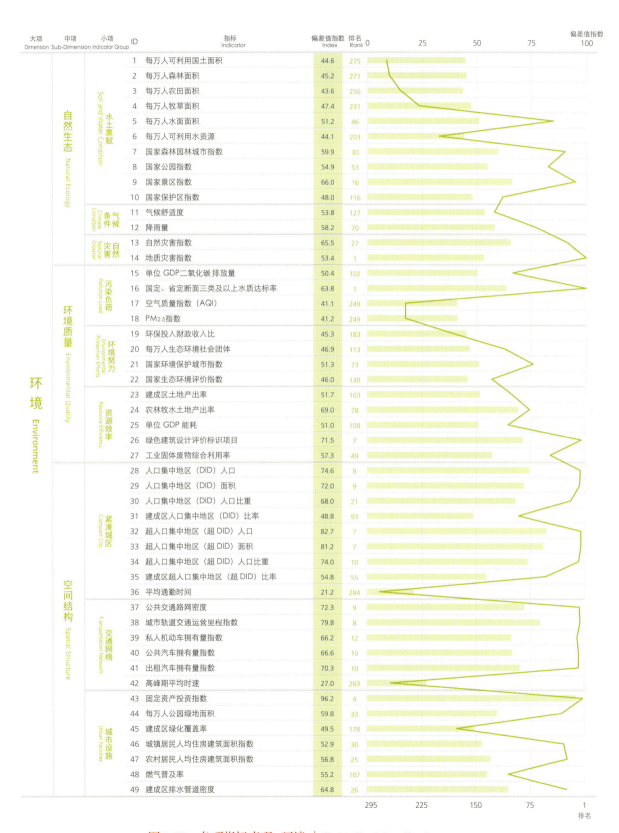

大项 Dimension	中项 Sub-Dimension	小项 Indicator Group	ID	指标 Indicator	偏差值指数 Index	排名 Rank
环境 Environment	自然生态 Natural Ecology	水土禀赋 Soil and Water Condition	1	每万人可利用国土面积	44.6	275
			2	每万人森林面积	45.2	271
			3	每万人农田面积	43.6	256
			4	每万人牧草面积	47.4	231
			5	每万人水面面积	51.2	46
			6	每万人可利用水资源	44.1	203
			7	国家森林园林城市指数	59.9	30
			8	国家公园指数	54.9	53
			9	国家景区指数	66.0	16
			10	国家保护区指数	48.0	116
		气候条件 Climate Condition	11	气候舒适度	53.8	127
			12	降雨量	58.2	70
		自然灾害 Natural Disaster	13	自然灾害指数	65.5	27
			14	地质灾害指数	53.4	1
	环境质量 Environmental Quality	污染负荷 Pollution Load	15	单位 GDP 二氧化碳 排放量	50.4	102
			16	国定、省定断面三类及以上水质达标率	63.8	1
			17	空气质量指数（AQI）	41.1	249
			18	PM2.5指数	41.2	249
		环境努力 Environmental Protection Efforts	19	环保投入财政收入比	45.3	183
			20	每万人生态环境社会团体	46.9	113
			21	国家环境保护城市指数	51.3	73
			22	国家生态环境评价指数	46.0	130
		资源效率 Resource Efficiency	23	建成区土地产出率	51.7	103
			24	农林牧水土地产出率	69.0	78
			25	单位 GDP 能耗	51.0	108
			26	绿色建筑设计评价标识项目	71.5	7
			27	工业固体废物综合利用率	57.3	49
	空间结构 Spatial Structure	紧凑城区 Compact City	28	人口集中地区（DID）人口	74.6	8
			29	人口集中地区（DID）面积	72.0	9
			30	人口集中地区（DID）人口比重	68.0	21
			31	建成区人口集中地区（DID）比率	48.8	93
			32	超人口集中地区（超 DID）人口	82.7	7
			33	超人口集中地区（超 DID）面积	81.2	7
			34	超人口集中地区（超 DID）人口比重	74.0	10
			35	建成区超人口集中地区（超 DID）比率	54.8	55
			36	平均通勤时间	21.2	284
		交通网络 Transportation Network	37	公共交通路网密度	72.3	9
			38	城市轨道交通运营里程指数	79.8	8
			39	私人机动车拥有量指数	66.2	12
			40	公共汽车拥有量指数	66.6	10
			41	出租汽车拥有量指数	70.3	10
			42	高峰期平均时速	27.0	269
		城市设施 Urban Facilities	43	固定资产投资指数	96.2	4
			44	每万人公园绿地面积	59.8	33
			45	建成区绿化覆盖率	49.5	178
			46	城镇居民人均住房建筑面积指数	52.9	30
			47	农村居民人均住房建筑面积指数	56.8	25
			48	燃气普及率	55.2	107
			49	建成区排水管道密度	64.8	26

图 3-78　各项指标表现：环境 ｜ Index Ranking: Environment

武汉 | Wuhan

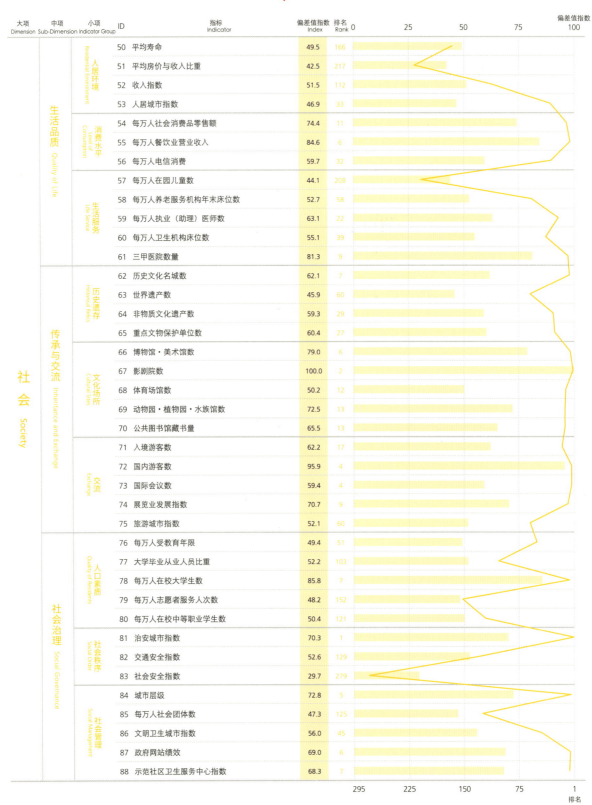

大项 Dimension	中项 Sub-Dimension	小项 Indicator Group	ID	指标 Indicator	偏差值指数 Index	排名 Rank
社会 Society	生活品质 Quality of Life	人居环境 Residential Environment	50	平均寿命	49.5	166
			51	平均房价与收入比重	42.5	217
			52	收入指数	51.5	112
			53	人居城市指数	46.9	33
		消费水平 Level of Consumption	54	每万人社会消费品零售额	74.4	11
			55	每万人餐饮业营业收入	84.6	6
			56	每万人电信消费	59.7	32
		生活服务 Life Service	57	每万人在园儿童数	44.1	208
			58	每万人养老服务机构年末床位数	52.7	58
			59	每万人执业（助理）医师数	63.1	22
			60	每万人卫生机构床位数	55.1	39
			61	三甲医院数量	81.3	9
	传承与交流 Inheritance and Exchange	历史遗存 Historical Relics	62	历史文化名城数	62.1	7
			63	世界遗产数	45.9	60
			64	非物质文化遗产数	59.3	29
			65	重点文物保护单位数	60.4	27
		文化场所 Cultural Sites	66	博物馆·美术馆数	79.0	5
			67	影剧院数	100.0	2
			68	体育场馆数	50.2	12
			69	动物园·植物园·水族馆数	72.5	13
			70	公共图书馆藏书量	65.5	13
		交流 Exchange	71	入境游客数	62.2	17
			72	国内游客数	95.9	4
			73	国际会议数	59.4	4
			74	展览业发展指数	70.7	9
			75	旅游城市指数	52.1	60
	社会治理 Social Governance	人口素质 Quality of Residents	76	每万人受教育年限	49.4	51
			77	大学毕业从业人员比重	52.2	103
			78	每万人在校大学生数	85.8	7
			79	每万人志愿者服务人次数	48.2	152
			80	每万人在校中等职业学生数	50.4	121
		社会秩序 Social Order	81	治安城市指数	70.3	1
			82	交通安全指数	52.6	129
			83	社会安全指数	29.7	279
		社会管理 Social Management	84	城市层级	72.8	5
			85	每万人社会团体数	47.3	125
			86	文明卫生城市指数	56.0	45
			87	政府网站绩效	69.0	6
			88	示范社区卫生服务中心指数	68.3	7

图 3-79 各项指标表现：社会 | Index Ranking: Society

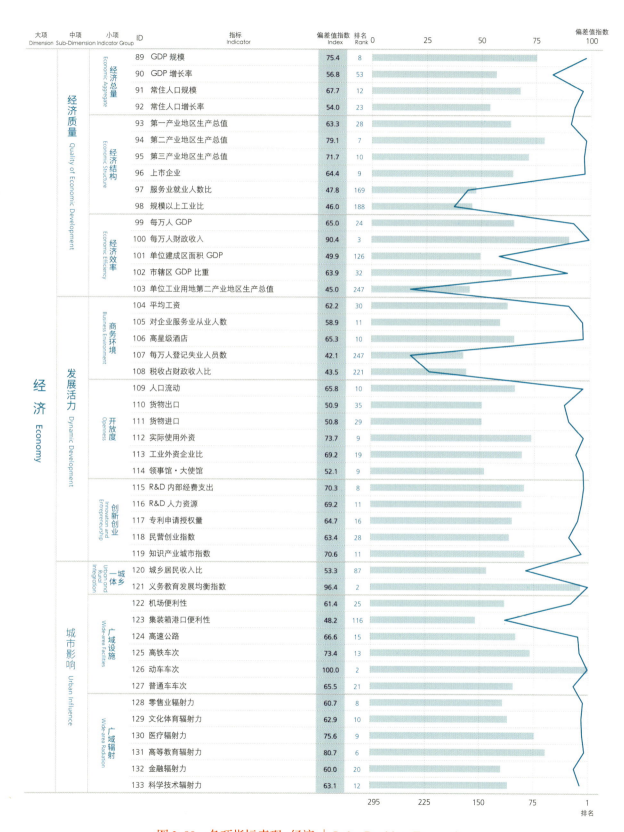

大项 Dimension	中项 Sub-Dimension	小项 Indicator Group	ID	指标 Indicator	偏差值指数 Index	排名 Rank
经 济 Economy	经济质量 Quality of Economic Development	经济总量 Economic Aggregate	89	GDP 规模	75.4	8
			90	GDP 增长率	56.8	53
			91	常住人口规模	67.7	12
			92	常住人口增长率	54.0	23
		经济结构 Economic Structure	93	第一产业地区生产总值	63.3	28
			94	第二产业地区生产总值	79.1	7
			95	第三产业地区生产总值	71.7	10
			96	上市企业	64.4	9
			97	服务业就业人数比	47.8	169
			98	规模以上工业比	46.0	188
		经济效率 Economic Efficiency	99	每万人 GDP	65.0	24
			100	每万人财政收入	90.4	3
			101	单位建成区面积 GDP	49.9	126
			102	市辖区 GDP 比重	63.9	32
			103	单位工业用地第二产业地区生产总值	45.0	247
	发展活力 Dynamic Development	商务环境 Business Environment	104	平均工资	62.2	30
			105	对企业服务业从业人数	58.9	11
			106	高星级酒店	65.3	10
			107	每万人登记失业人员数	42.1	247
			108	税收占财政收入比	43.5	221
		开放度 Openness	109	人口流动	65.8	10
			110	货物出口	50.9	35
			111	货物进口	50.8	29
			112	实际使用外资	73.7	9
			113	工业外资企业比	69.2	19
			114	领事馆·大使馆	52.1	9
		创新创业 Innovation and Entrepreneurship	115	R&D 内部经费支出	70.3	9
			116	R&D 人力资源	69.2	11
			117	专利申请授权量	64.7	16
			118	民营创业指数	63.4	28
			119	知识产业城市指数	70.6	11
	城市影响 Urban Influence	一城一体乡 Urban and Rural Integration	120	城乡居民收入比	53.3	87
			121	义务教育发展均衡指数	96.4	2
		广域设施 Wide-area Facilities	122	机场便利性	61.4	25
			123	集装箱港口便利性	48.2	116
			124	高速公路	66.6	15
			125	高铁车次	73.4	13
			126	动车车次	100.0	2
			127	普通车车次	65.5	21
		广域辐射 Wide-area Radiation	128	零售业辐射力	60.7	8
			129	文化体育辐射力	62.9	10
			130	医疗辐射力	75.6	8
			131	高等教育辐射力	80.7	6
			132	金融辐射力	60.0	20
			133	科学技术辐射力	63.1	12

图 3-80　各项指标表现：经济　|　Index Ranking: Economic

089

第四章

中国城镇化图示分析

Graphic Analysis of China's Urbanization

1. 气候舒适度 ｜ Climate Comfort Index

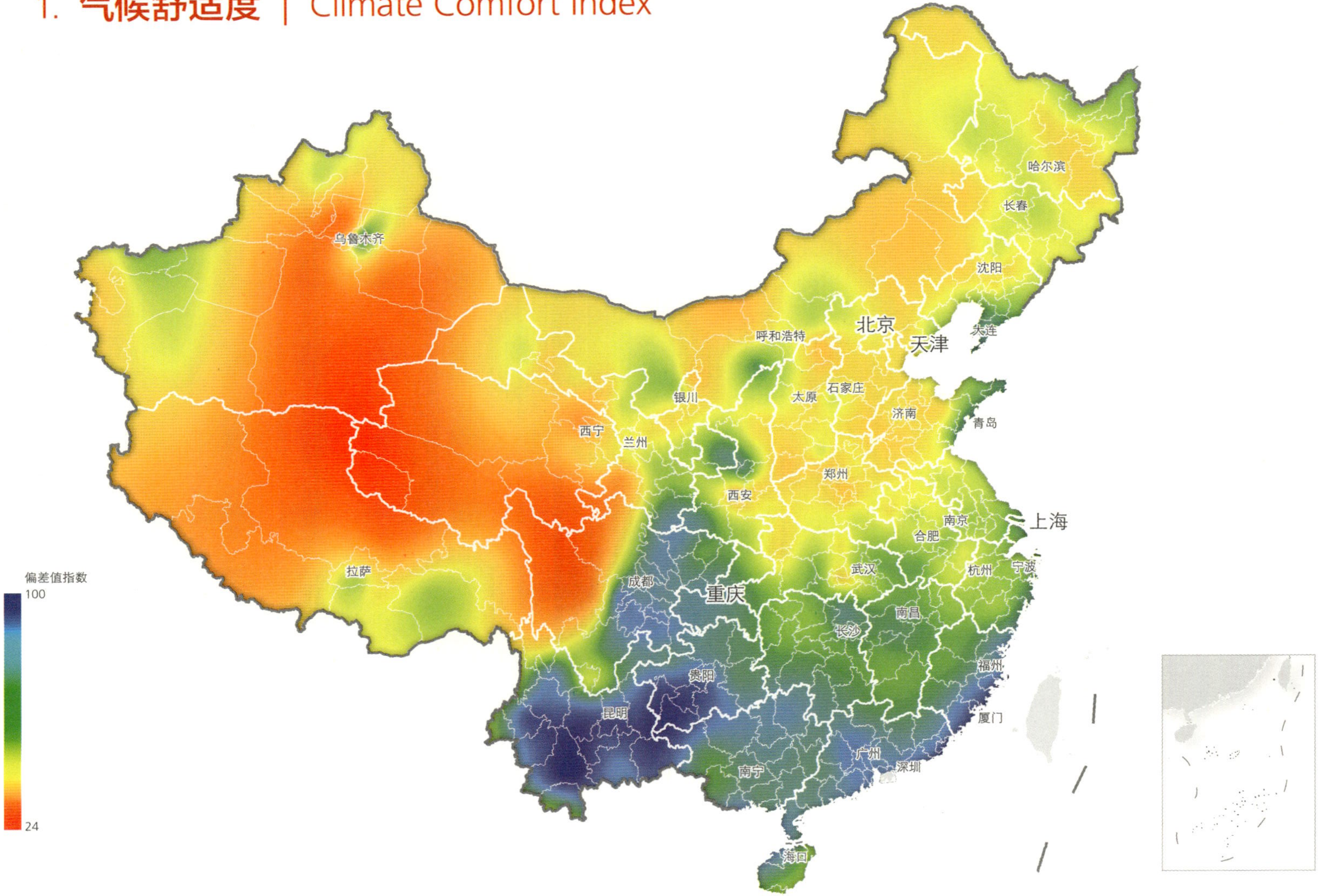

偏差值指数

100

24

图 4-1　气候舒适度广域分析示意图 ｜ Wide-Area Analysis Diagram of Climate Comfort Index

2. 降雨量 | Rainfall

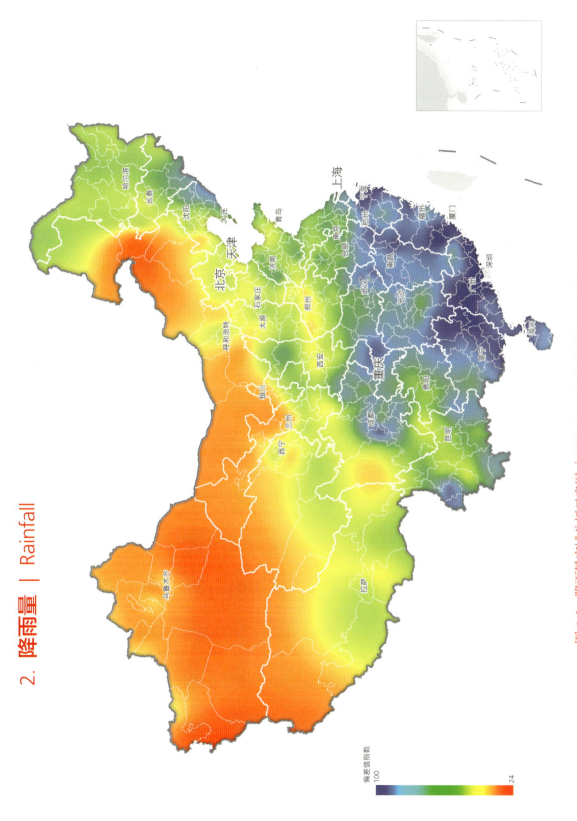

偏差值指数
100
24

图4-2　降雨量广域分析示意图 | Wide-Area Analysis Diagram of Rainfall

3. 森林覆盖率 | Forest Coverage Rate

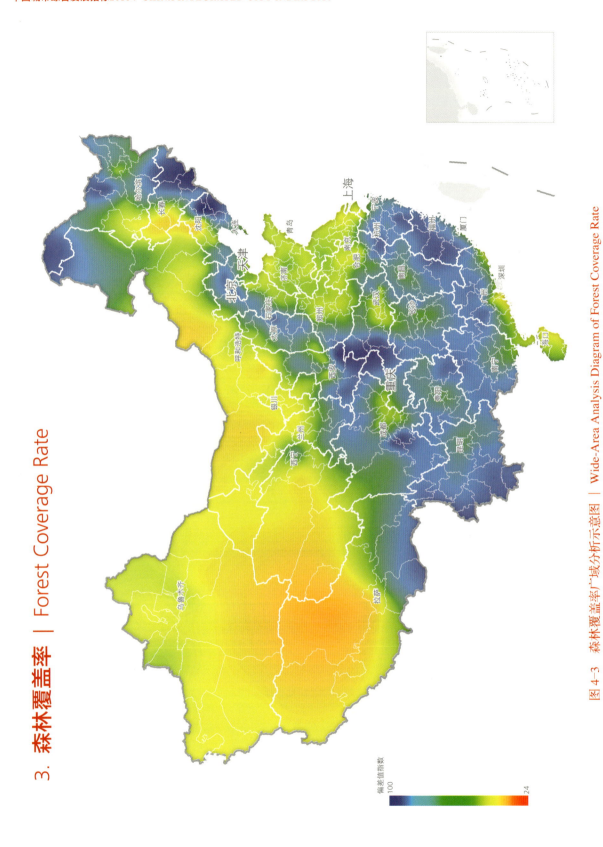

图 4-3　森林覆盖率广域分析示意图 | Wide-Area Analysis Diagram of Forest Coverage Rate

4. 农地比率 ｜ Proportion of Farmland

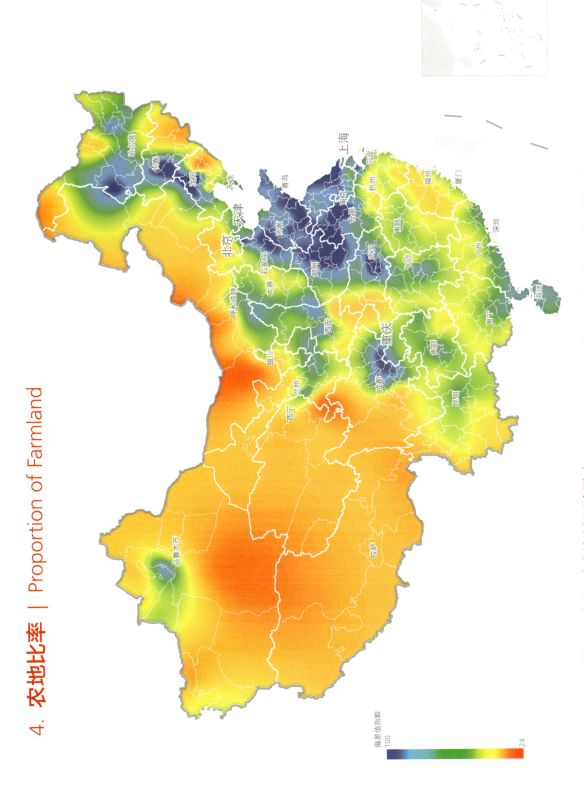

偏差值指数

100

24

图 4-4　农地比率广域分析示意图 ｜ Wide-Area Analysis Diagram of the Proportion of Farmland

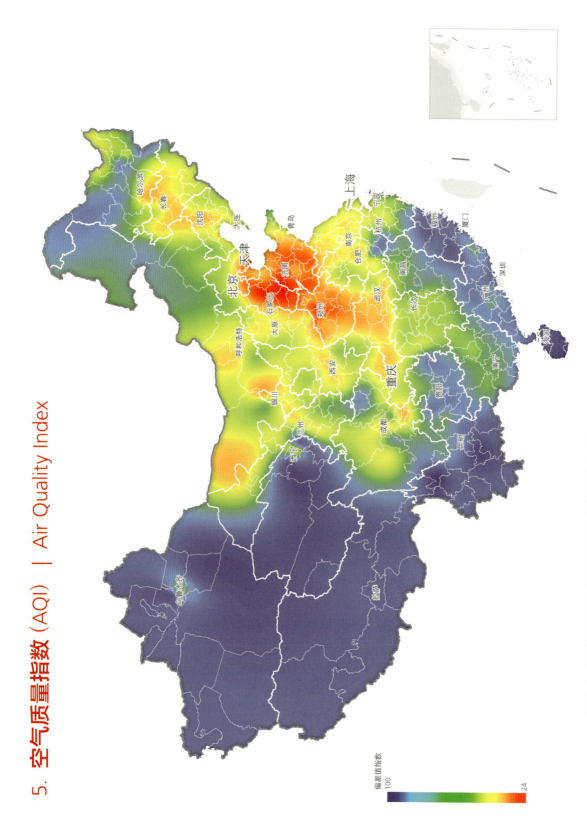

5. 空气质量指数（AQI） | Air Quality Index

図4-5 空气质量指数（AQI）广域分析示意图 | Wide-Area Analysis Diagram of Air Quality Index

偏差值指数
100
24

6. PM2.5指数 ｜ PM2.5 Index

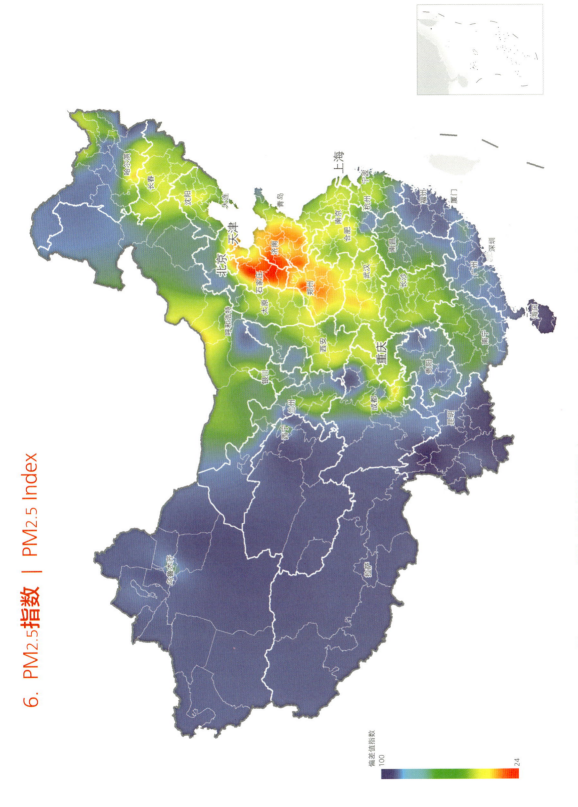

偏差值指数
100
24

图 4-6　PM2.5 指数广域分析示意图 ｜ Wide-Area Analysis Diagram of PM2.5 Index

7. 人均水资源 | Per Capita Water Resources

人均水资源＜500立方米/人·年 = 极度缺水
人均水资源＜1000立方米/人·年 = 重度缺水
人均水资源＜2000立方米/人·年 = 中度缺水
人均水资源＜3000立方米/人·年 = 轻度缺水
人均水资源≥3000立方米/人·年
非对象地区

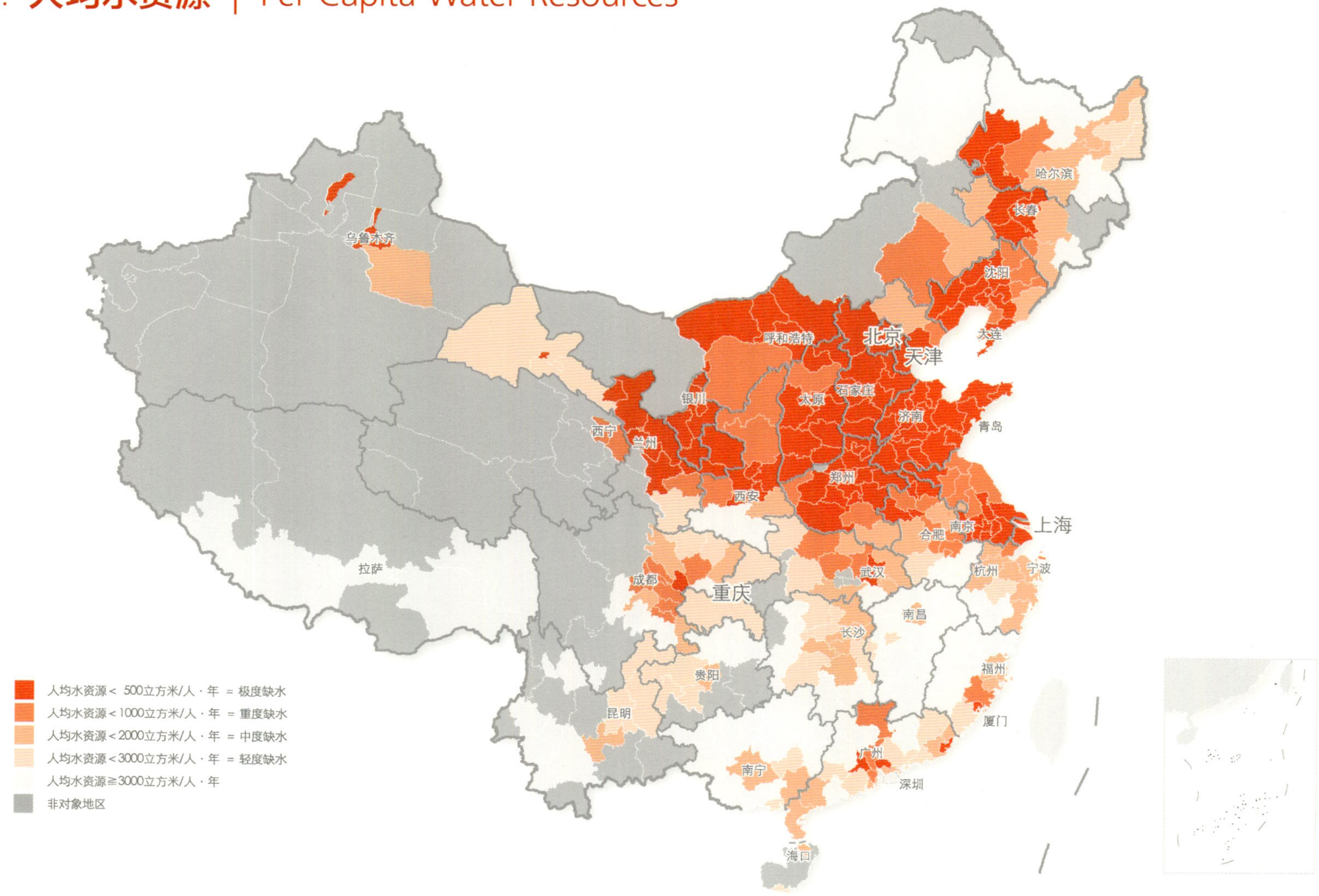

图 4-7 人均水资源广域分析示意图 | Wide-Area Analysis Diagram of Per Capita Water Resources

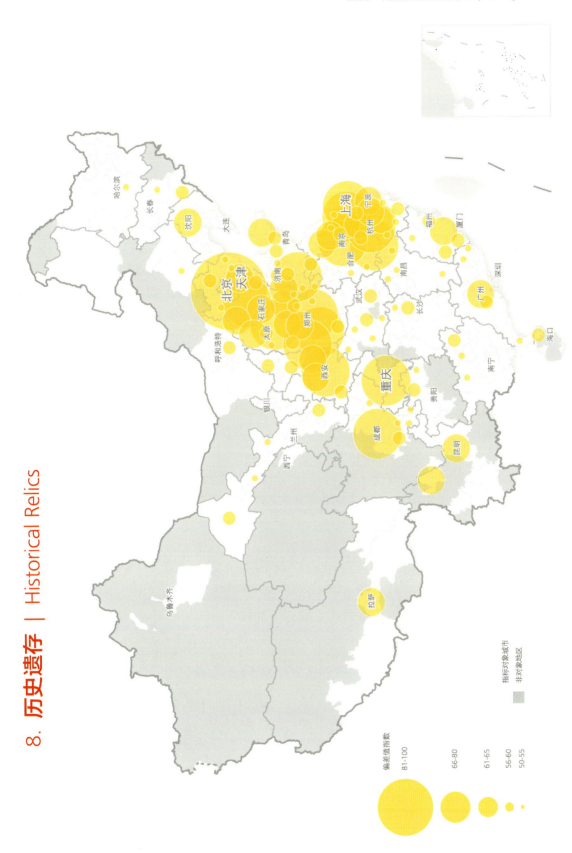

8. 历史遗存 | Historical Relics

图4-8　历史遗存广域分析示意图 | Wide-Area Analysis Diagram of Historical Relics

指示对象城市

非对象地区

偏差值指数

81-100

66-80

61-65

56-60

50-55

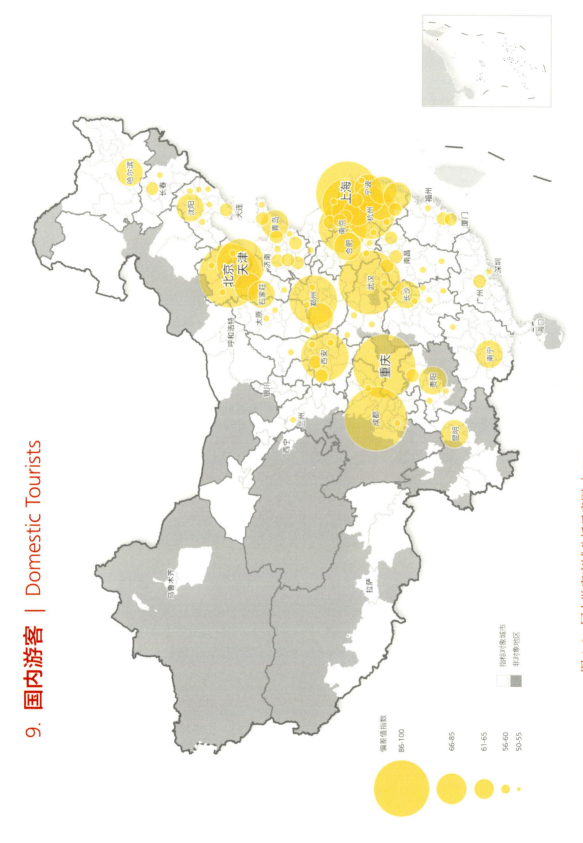

9. 国内游客 | Domestic Tourists

图 4-9　国内游客广域分析示意图 | Wide-Area Analysis Diagram of Domestic Tourists

偏差值指数

86-100

66-85

61-65

56-60

50-55

指标对象城市

非对象地区

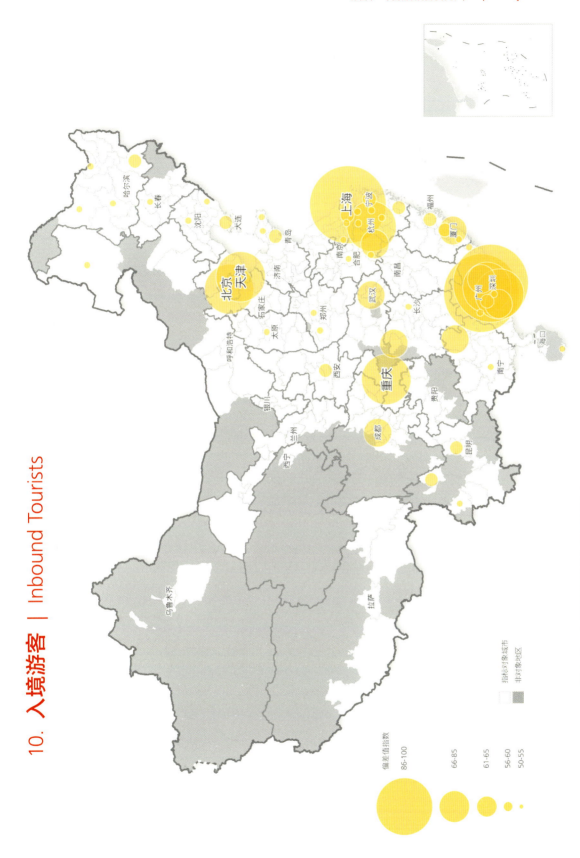

10. 入境游客 | Inbound Tourists

图4-10 入境游客广域分析示意图 | Wide-Area Analysis Diagram of Inbound Tourists

偏差值指数
86-100
66-85
61-65
56-60
50-55

指标对象城市
非对象地区

11. 零售业辐射力 | Retail Radiation

北京 Beijing **2**

上海 Shanghai **1**

深圳 Shenzhen **3**

偏差值指数

100

38

非对象地区

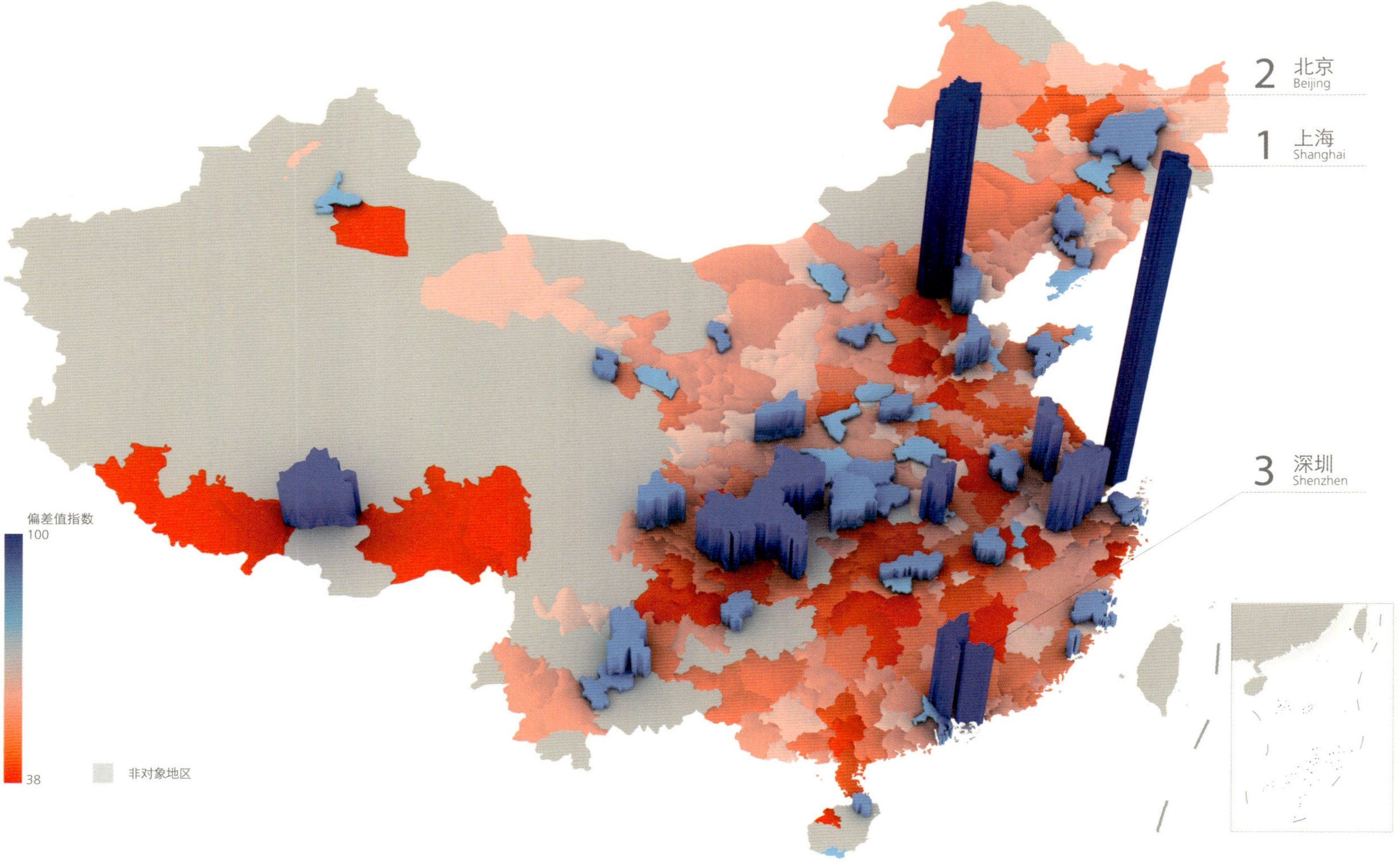

图 4-11　零售业辐射力广域分析示意图① | Wide-Area Analysis Diagram of Retail Radiation

① 辐射力是界定城市某一功能为外部所利用程度的指数。根据城市某领域从业人员数与全国该领域从业人员数的关系，以及其他相关参数综合计算而成。

12. **医疗辐射力** ｜ Medical Radiation

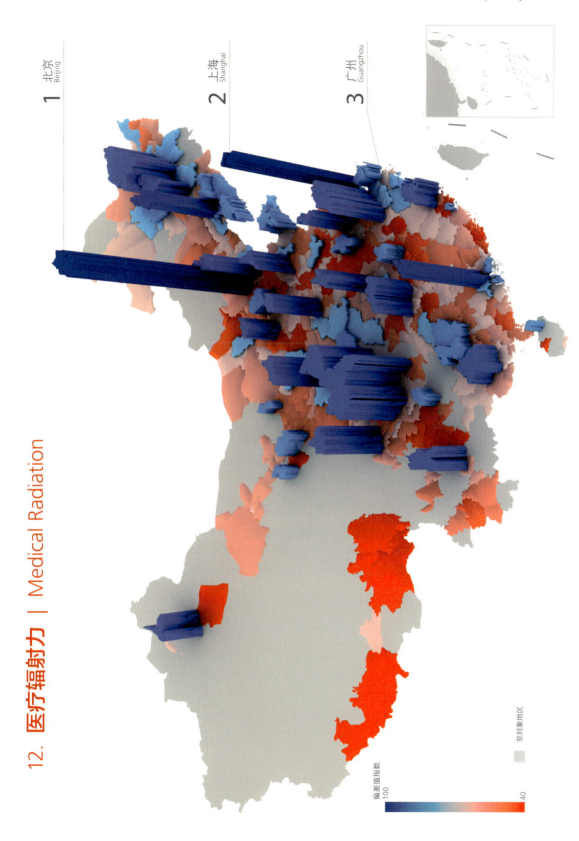

1 北京 Beijing
2 上海 Shanghai
3 广州 Guangzhou

偏差值指数
100
40

非对象地区

图 4-12　医疗辐射力广域分析示意图 ｜ Wide-Area Analysis Diagram of Medical Radiation

13. 文化体育辐射力 | Culture and Sports Radiation

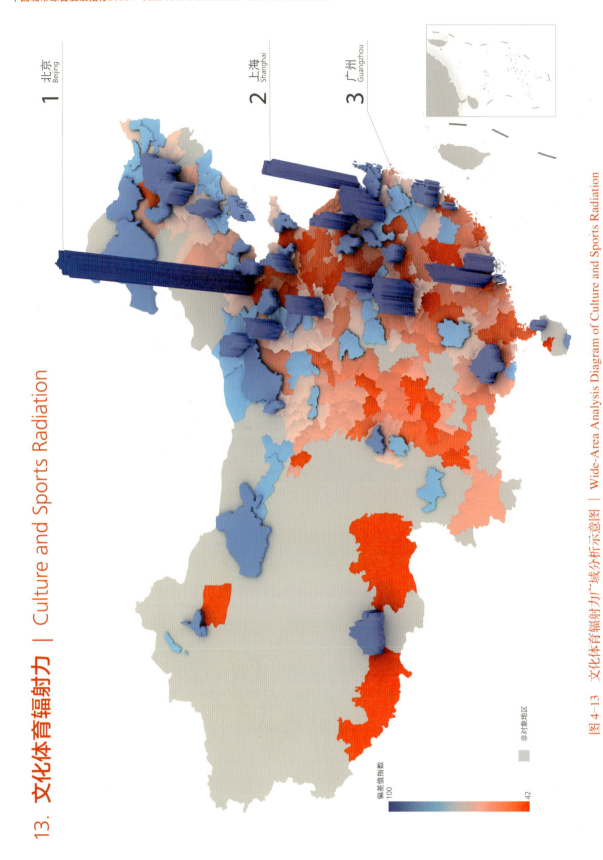

偏差值指数

100

42

非对象地区

图 4-13 文化体育辐射力广域分析示意图 | Wide-Area Analysis Diagram of Culture and Sports Radiation

14. **高等教育辐射力** ｜ Higher Education Radiation

1 北京 Beijing

2 上海 Shanghai

3 西安 Xi'an

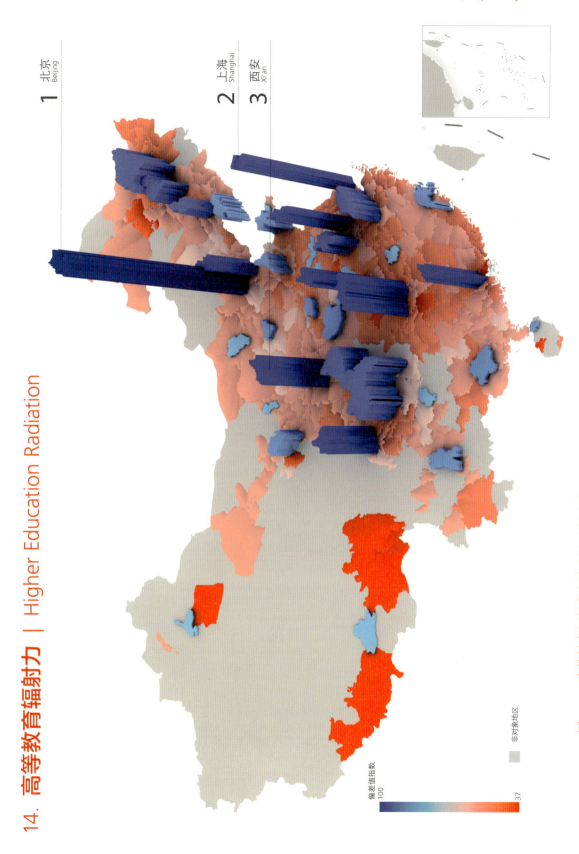

偏差值指数
100
37

非对象地区

图 4-14　高等教育辐射力广域分析示意图 ｜ Wide-Area Analysis Diagram of Higher Education Radiation

15. 科学技术辐射力 | Science & Technology Radiation

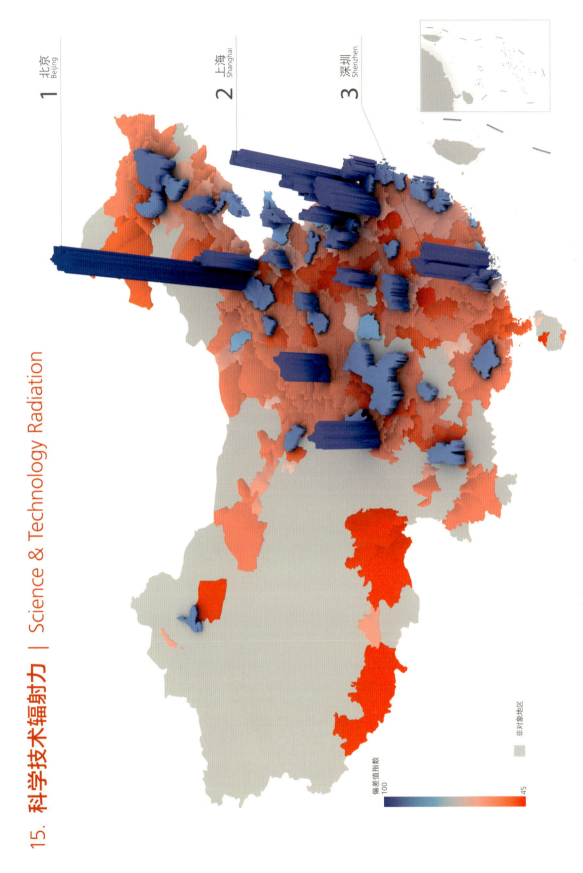

1 北京 Beijing
2 上海 Shanghai
3 深圳 Shenzhen

偏差值指数
100
45

非对象地区

图 4-15 科学技术辐射力"域分析示意图 | Wide-Area Analysis Diagram of Science & Technology Radiation

16. **金融业辐射力** | Financial Radiation

2 北京 Beijing

1 上海 Shanghai

3 深圳 Shenzhen

非对象地区

偏差值指数
100
46

图4-16 金融业辐射力广域分析示意图 | Wide-Area Analysis Diagram of Financial Radiation

17. 人口流动：流入 | Population Migration: Influx

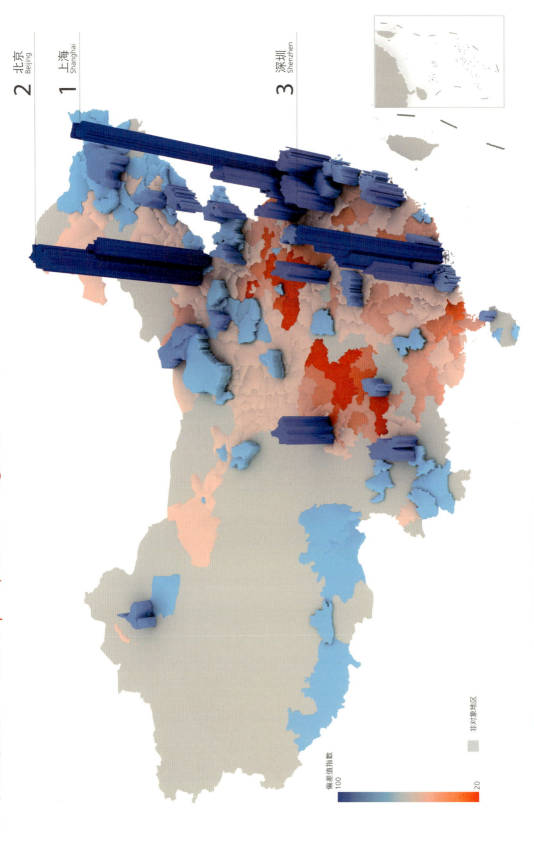

图4-17 人口流动广域分析示意图：流入 ① | Wide-Area Analysis Diagram of Population Migration: Influx

① 常住人口大于户籍人口的城市为人口流入城市。

18. 人口流动：流出 ｜ Population Migration: Outflow

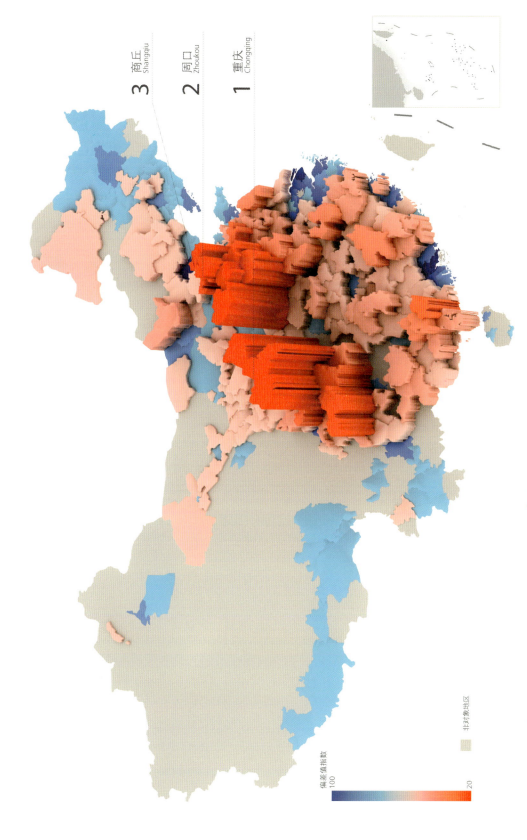

3 商丘 Shangqiu

2 周口 Zhoukou

1 重庆 Chongqing

非对象地区

偏差值指数
100
20

图 4-18　人口流动"城分析示意图：流出① ｜ Wide-Area Analysis Diagram of Population Migration: Outflow

① 户籍人口大于常住人口的城市为人口流出城市。

第五章
大城市群发展战略
Megalopolis Development Strategy

周牧之
Zhou Muzhi

1. 现状与课题 | Current Status and Issues

大城市群时代

（1）城市的世纪

21世纪是"城市的世纪"。根据联合国公布的数据[①]，1950年全球城市人口只有7.4亿人，占总人口的29.6%。1970年城市人口比例上升至36.6%，接近倍增到13.5亿人。2008年人口的城镇化率达到50%，城市人口增加到33.4亿人，是1950年的4.5倍，过半人口生活在城市的地球真正步入"城市的世纪"。

2015年全球城镇化率上升到54%，城市人口达到39.6亿人，城镇化势头愈演愈烈。预计到2030年，城镇化率将攀升至60%，城市人口将达到约51亿人。也就是说，从1950年到2030年的80年间，全球城市人口将膨胀近7倍。预计到2050年，发达国家的城镇化率将达到85.4%的高水准，发展中国家的城镇化率也将上升到63.4%。在作为"城市的世纪"的21世纪，各国人口集中和城市形成的过程虽然会各有不同，但是城镇化无疑将是世界性的主旋律。

今天，亚洲和非洲的发展中国家正经历着规模空前的城镇化，这一趋势在包括中国在内的东亚地区尤为显著。1950年东亚的城镇化率只有17.9%，比全球发展中国家平均的19%还要低。其后，该地区的城镇化率一路飙升，2010年前后超过世界平均水平，预计到2050年将达到77.9%的高水准。这意味着该地区的城镇化率与发达国家的差距将从1950年的36.7个百分点缩小到2050年的7.5个百分点[②]。

新中国成立初期，1950年的城镇化率仅为11.2%，长期的逆城市化政策导致到改革开放元年的1978年城镇化率仍然只有17.9%。此后城镇化进程逐渐加速，特别是从20世纪90年代末开始势头猛增。2011年中国过半人口成为城市居民，2015年城镇化率达到56.1%，中国也步入了真正的城市时代[③]。

21世纪不仅是城市的世纪，更是大城市、大城市群的世纪。1900年全球大城市前10位排名分别是英国的伦敦、美国的纽约、法国的巴黎、德国的柏林、美国的芝加哥、奥地利的维也纳、日本的东京、俄罗斯的圣彼得堡、英国的曼彻斯特和美国的费城。其中首位城市伦敦的人口也只有650万人，从第6位的芝加哥开始就没有城市超过200万人[④]。

[①] 联合国经济社会局《世界城市化预测2014（World Urbanization Prospects: The 2014 Revision）》及《世界人口预测2015修订版（World Population Prospects: 2015 Revision）》数据。

[②] 参照图5-1。

[③] 参照图5-2和图5-3。

[④] 参照图5-4。

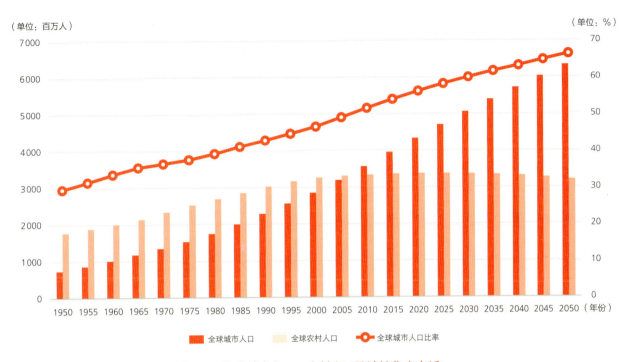

图 5-1　全球城市人口·农村人口及城镇化率变迁
The World's Urban and Rural Population & Changes of the Urbanization Rate

资料来源：根据联合国经济社会局编《世界城市化预测 2014（World Urbanization Prospects: The 2014 Revision）》及《世界人口预测
2015 修订版（World Population Prospects: 2015 Revision）》数据制作。

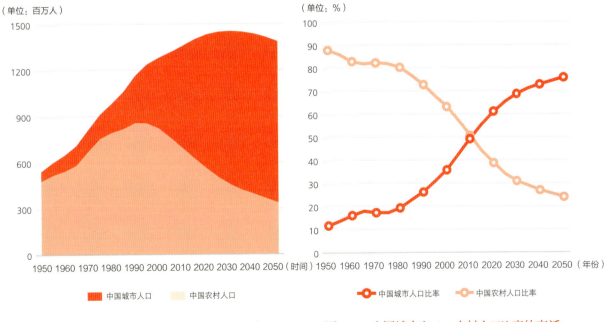

图 5-2　中国城市人口·农村人口数量的变迁
Changes of China's Urban and Rural Population

图 5-3　中国城市人口·农村人口比率的变迁
Changes of the Ratio of China's Urban Population to
Rural Population

资料来源：根据联合国经济社会局编《世界城市化预测 2014（World Urbanization Prospects: The 2014 Revision）》及《世界人口预测
2015 修订版（World Population Prospects: 2015 Revision）》数据制作。

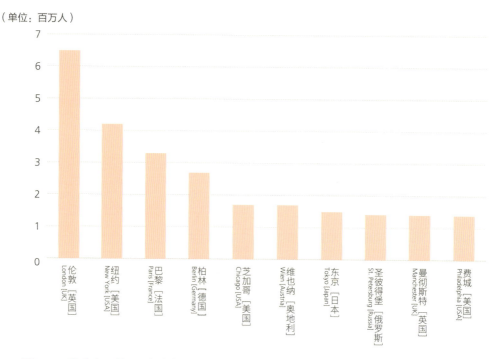

（单位：百万人）

图5-4　全球人口前10位城市排名（1900年）| Ranking: Top 10 Cities in the World (1900)

资料来源：根据联合国经济社会局编《世界城市化预测2014（World Urbanization Prospects: The 2014 Revision）》及《世界人口预测2015修订版（World Population Prospects: 2015 Revision）》数据制作。

　　半个世纪后的1950年，出现两个拥有千万级人口的超大城市，分别是美国的纽约和日本的东京（东京大都市圈）。1970年，超大城市的数量缓慢地增至3个，分别为美国的纽约、日本的东京（东京大都市圈）和大阪（近畿都市圈）[1]。此后，大城市化的进程骤然提速，1990年超大城市增至10个，占全球2.9%的1.5亿人居住在这些超大城市[2]。到2015年超大城市已经猛增至29个，居住人口达到4.7亿，占全球人口的6.4%。超大城市的地区分布为亚洲17个、南美洲4个、非洲3个、欧洲3个、北美洲2个[3]。大城市化的倾向还在不断加速，预计到2050年全球超大城市将增加至41个。

　　大城市化的一个重要特征是城市人口规模的巨大化。2015年在全球超大城市中，排名第1位的东京（东京大都市圈）人口竟多达3800万人、第2位印度德里为2570万人、第3位中国上海为2374万人、第4位巴西圣保罗为2107万人、第5位印度孟买为2104万人、第6位墨西哥新墨西哥城为2030万人、第7位中国北京为2038万人、第8位日本大阪（近畿大都市圈）为2024万人、第9位埃及开罗为1877万人、第10位美国纽约为1859万人。从第1个千万级人口超大城市出现，短短半个多世纪，全球最大城市（都市圈）的人口规模已经接近4000万人，人口的大城市化愈演愈烈[4]。

　　大城市化的另一个特征是发展中国家超大城市发展迅猛。1900年全球十大城市均在发达国家。

---

① 参照图5-5。

② 参照图5-6。

③ 参照图5-7。

④ 参照图5-8。

1950 年和 1970 年的全球超大城市也都为发达国家所囊括。然而到 2015 年，全球十大超大城市中竟有 7 座为发展中国家城市。预计到 2030 年，发达国家只有东京（东京大都市圈）仍将维持世界第 1 的超大城市地位，但是从第 2 位到第 10 位的城市都将为发展中国家所囊括，分别为印度的德里、中国的上海、印度的孟买、中国的北京、孟加拉国的达卡、巴基斯坦的卡拉奇、埃及的开罗、尼日利亚的拉各斯和墨西哥的新墨西哥城，发展中国家的大城市化趋势显著。

（2）临海城市大发展

2015 年在经合组织（Organization for Economic Co-operation and Development，以下简称 OECD）国家中，千万级超大城市有东京（东京大都市圈）、大阪（近畿都市圈）、纽约、洛杉矶、巴黎和伦敦 6 座城市，其中除巴黎以外都是临海的"港口城市"。进入全球前 10 位的超大城市中，OECD 国家只有东京（东京大都市圈）、大阪（近畿都市圈）和纽约三座城市，也都是面海临港的城市。

本报告将全球千万人级以上的 29 座超大城市划分为三种类型：第一，依托港口优势发展起来的"临海型"城市；第二，在内陆地区作为国家政治文化中心发展起来的"首都型"城市；第三，在内陆农业人口密集地区作为中心城市发展起来的"农区型"城市。其中临海型城市多达 19 座，占全球超大城市的近七成，优势明显；首都型城市 8 座；农区型城市最少，仅为 2 座，而且都在发展中国家[1]。

是大航海启动了临海型城市的大发展，特别是工业革命后建立在海运基础上的能源、原材料和工业制品的全球调配与销售颠覆了大陆经济的主导地位，导致产业和人口向临海港口城市集聚。海运的不断大型化和高速化，以及全球化的发展更加剧了人才、产业、资金、信息向港口城市集聚的进程，成就了一大批临海型大城市的兴起。

自古以来许多城市的发展就与港口有着密切的关系。与陆上交通相比，水路运输成本低、运量大，在水运发达地区较容易形成由交易集聚地演变而成的城市。大航海时代以后，海运技术的发展使大宗物流的主体从以河道为主的水运转变成海运，全球化的展开更急剧地提高了港口经济的优势，一大批以贸易港和工业港为基础的城市迅速发展起来，纽约、东京、大阪就是这类城市的典型。

以北京、巴黎、莫斯科为代表的首都型超大城市虽然地处内陆，但大都拥有良好的运河或河道水运条件。以北京为例，京杭大运河漕运在其城市发展史上起到了极其重要的作用。这些城市大多曾经兴旺于大陆经济繁盛的帝国时代，随着海洋经济取代大陆经济成为世界经济的引擎，内陆地区首都型城市的活力遭受了一定的打击和制约。今天首都型超大城市的发展基础主要来源于作为政治文化中心的行政功能和其地政学地位。当然其中也有许多首都型超大城市虽然不直接面海，但在周

---

[1]　参照图 5-9。

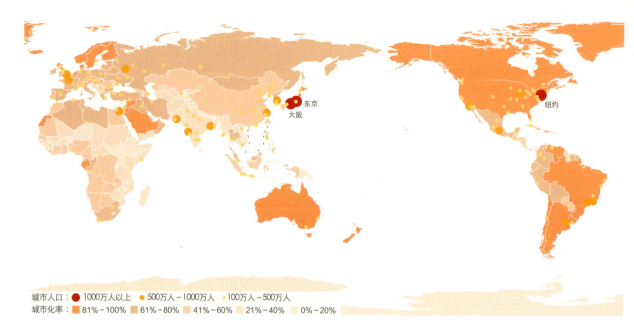

城市人口： ● 1000万人以上　● 500万人－1000万人　· 100万人－500万人
城市化率： ■ 81%－100%　■ 61%－80%　■ 41%－60%　■ 21%－40%　0%－20%

图 5-5　全球超大城市分布与各地区城镇化率示意图（1970 年）
Distribution of the World's Megacities and the Urbanization Rate in Various Regions （1970）

资料来源：根据联合国经济社会局编《世界城市化预测 2014（World Urbanization Prospects: The 2014 Revision）》及《世界人口预测 2015 修订版（World Population Prospects: 2015 Revision）》数据制作。

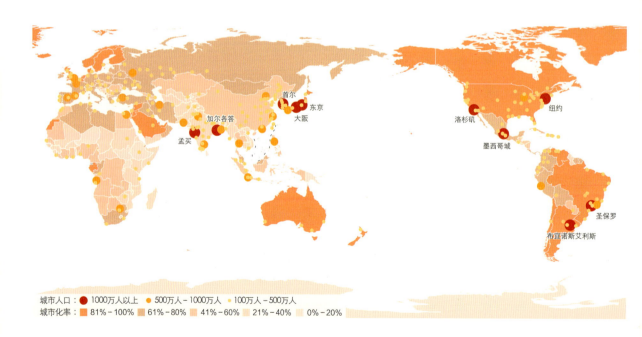

城市人口： ● 1000万人以上　● 500万人－1000万人　· 100万人－500万人
城市化率： ■ 81%－100%　■ 61%－80%　■ 41%－60%　■ 21%－40%　0%－20%

图 5-6　全球超大城市分布与各地区城镇化率示意图（1990 年）
Distribution of the World's Megacities and the Urbanization Rate in Various Regions （1990）

资料来源：根据联合国经济社会局编《世界城市化预测 2014（World Urbanization Prospects: The 2014 Revision）》及《世界人口预测 2015 修订版（World Population Prospects: 2015 Revision）》数据制作。

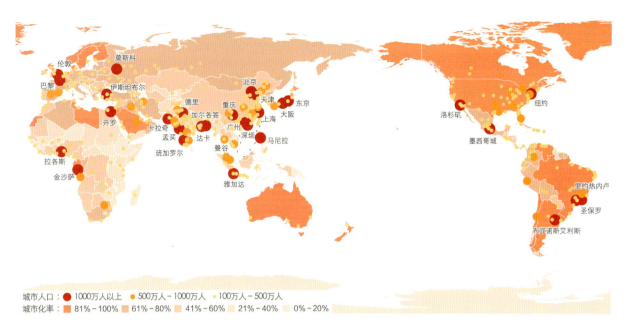

城市人口：● 1000万人以上　● 500万人－1000万人　· 100万人－500万人
城市化率：▇ 81%－100%　▇ 61%－80%　▇ 41%－60%　▇ 21%－40%　▇ 0%－20%

图 5-7　全球超大城市分布与各地区城镇化率示意图（2015 年）
Distribution of the World's Megacities and the Urbanization Rate in Various Regions （2015）

资料来源：根据联合国经济社会局编《世界城市化预测 2014（World Urbanization Prospects: The 2014 Revision）》及《世界人口预测 2015 修订版（World Population Prospects: 2015 Revision）》数据制作。

（单位：百万人）

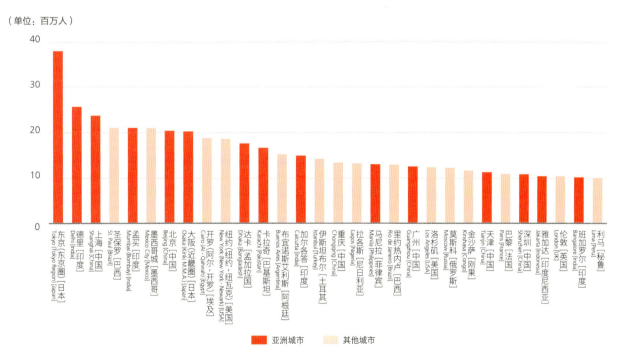

■ 亚洲城市　　□ 其他城市

图 5-8　全球人口前 30 位城市排名（2015 年）| Ranking: Top 30 Cities in the World （2015）

资料来源：根据联合国经济社会局编《世界城市化预测 2014（World Urbanization Prospects: The 2014 Revision）》及《世界人口预测 2015 修订版（World Population Prospects: 2015 Revision）》数据制作。

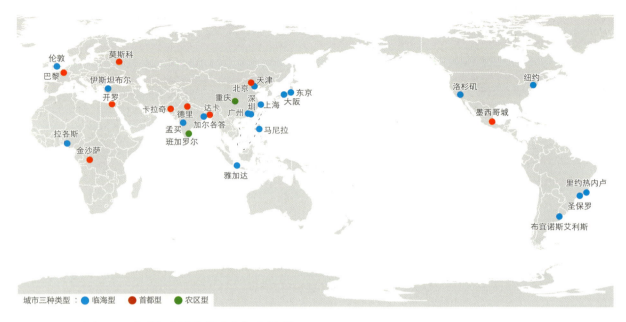

图5-9　全球超大城市类型分布示意图 | Categorical Distribution of the World's Megacities

边拥有良好的港口支持，例如北京周边有天津、唐山等大型港口。

农区型超大城市只有中国的重庆和印度的班加罗尔两座，都是在发展中国家气候条件良好的大农业地带高密度农业人口地区形成的中心城市。

与地政学上的重要性和作为政治文化中心发展起来的首都型城市，以及背靠庞大高密度农业人口发展起来的农区型城市相比，临海型城市是海洋经济的产物。依托海洋的大物流、大交易和大交流缔造了港口城市的大发展时代。当然，今天临海型超大城市的"港口"已经不再只是狭义上的海运港口。以港口经济起家的海滨城市，其经济主体几经演进，海运港口本身的比重大多不断下降。例如，英国伦敦和美国旧金山等发达国家临海型超大城市，港口功能甚至已经丧失过半。然而凭借港口城市的开放性和包容性，这些城市在全球化时代成功地打造了信息、科技、文化和艺术的"交流港"，造就了交流经济城市发展的新模式。

随着经济和城市功能的复杂化、多样化和规模化的演进，港口城市与其腹地在功能与空间上逐渐扩张成一体化的大城市圈。复数的大城市圈和众多周边中小城市通过集聚和互动，演变成为广域的城市连绵带——"大城市群"。全球最具代表性的大城市群有以纽约、华盛顿、波士顿为中心的美国东北部大西洋沿岸大城市群，以及以东京、大阪、名古屋为中心的日本太平洋大城市群。在中国，以上海、江苏、浙江为中心的长江三角洲大城市群，以香港、广州、深圳为中心的珠江三角洲大城市群，以北京、天津、河北为中心的京津冀大城市群也正在初现雏形，成为引领中国经济发展的三大引擎。

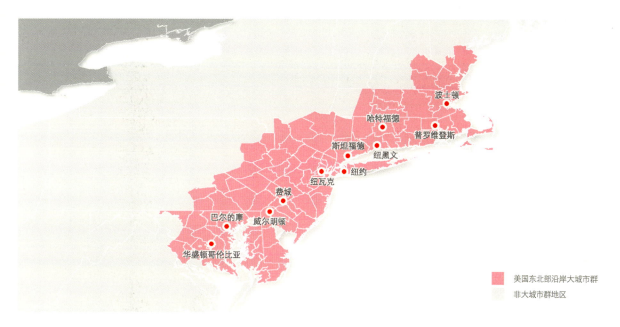

图 5-10　美国东北部沿岸大城市群示意图｜BosWash

（3）大城市群的形成

大城市群是指以超大城市为中心，通过高速交通网将复数城市连接成一体的城市连绵地带。大城市群具有巨大的人口规模和众多各具特色的产业集聚，是国际交易和交流的重要平台，在政治、经济、文化、信息、科技、金融等功能上引领国家乃至世界。

① 美国东北部大西洋沿岸大城市群

美国东北部大西洋沿岸大城市群（也称波士华（BosWash）大城市群），是一个包括波士顿、纽约、费城、巴尔的摩和华盛顿 5 座大城市，以及 40 个 10 万人以上的中小城市，长达 970 千米的带状城市连绵地带①。该大城市群通过发达的高速公路网和铁路网连接成为一个 4400 万人的城市有机体，其人口规模约占全美的 16%。

波士华大城市群中几乎所有的大城市都面海临港，特别是波士顿、纽约、巴尔的摩的港口条件优越，也是欧洲人移民北美最早的门户。

波士华大城市群虽然仅占全美 2% 的国土面积，但却拥有全美约 1/6 的劳动人口。庞大而高密度的人口成就了工商业和文化娱乐业的发展，丰富和提高了该地区的城市功能。

该群的制造业产值和 GDP 在全美的占比分别达到 30% 和 20%，不仅是美国的政治中心，最大的生产基地、商贸和文化中心，也是全球的金融中心。

波士顿是美国历史最悠久的城市，凭借大学和研发机构的发展，从轻工业城市蜕变成为世界

---

① 参照图 5-10。

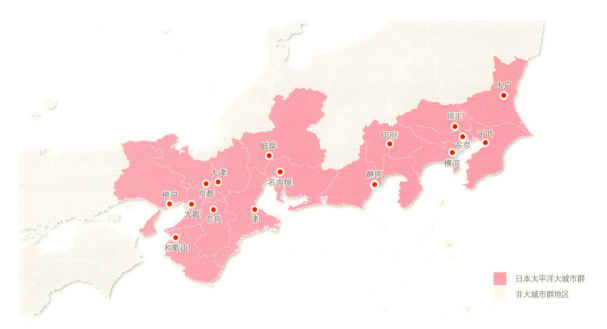

图 5-11   日本太平洋大城市群示意图 | The Pacific Coast in Japan Megalopolis

级的知识经济中心。纽约作为世界的金融中心和信息中心是吸引全球人才、资金、信息交汇的最大交流经济体，同时也是旅游经济发达的文化娱乐之都。费城和巴尔的摩是以港口和工业起家的城市，凭借着雄厚的产业资本，如今在高等教育、研究开发、文化娱乐、医疗健康等领域形成了高水平的集聚。于1790年新建的华盛顿在1800年成为美国政治中心，整座城市犹如巨型公园井然有序，是首都规划的经典写照。

总而言之，这一地区不仅是美国的发祥地，也是美国政治、经济、文化的中枢，同时还是美国与世界交汇交流的中心。

最早提倡大城市群概念的法国地理学家戈特曼（Jean Gottmann）将该大城市群的成因归结为凭借优越的自然和交通区位条件吸引大量移民，形成了大规模的工业集聚、消费市场和商业金融功能[1]。

② 日本太平洋大城市群

日本太平洋大城市群（也称东海道大城市群）是指由东京大都市圈、名古屋都市圈、近畿都市圈为主构成的带状城市连绵带。在长达500公里的带状地带上密集地分布着东京、横滨、川崎、埼玉、名古屋、京都、大阪、神户8座人口超过百万的大型城市和众多中小城市[2]。该城市群人口规模达到7558万，占全国人口的60%，以21.4%的国土面积创造了日本66%的GDP和62.4%的制造业附加价值，更集中了政治机关、文化设施和金融机构，是日本名副其实的政治、经济、文化中心。

港口条件优越的东京湾、大阪湾、伊势湾是该城市群发展的重要基础。第二次世界大战以后，

---

① Gottman, J., *Megalopolis:The Urbanized Northeastern Seaboard of the United States*, New York:K.I.P., 1961.

② 参照图 5-11。

日本利用和平的国际环境，以国际资源和国际市场为前提在三大海湾建立了京浜—京叶①、阪神、中京三大临海工业地带。

利用廉价优质的世界资源和自由贸易提供的国际市场，把海运优越性发挥到极致的三大临海工业地带一跃成为世界上规模最庞大、技术最先进的出口工业引擎，牵引了日本战后的经济复苏和高速经济增长，缔造了日本作为世界第二大经济体的地位。同时，工业的发展启动了快速的城镇化进程，三大海湾及其腹地城市人口急剧膨胀，形成东京大都市圈、名古屋都市圈和近畿都市圈，以及一大批中小城市。

值得注意的是，东京、大阪、伊势三大湾的港口群不仅支撑了三大临海工业地带的发展，还通过高效率地从全球进口大量能源、食品和物资，支撑着三大都市圈庞大人口的高水准生活需求。正是临港型大规模城市人口集聚的布局优势使日本得以享受全球资源的择优配置，实现城市经济的高效率发展。今天，日本94%的一次能源和61%的食品（按热量大卡计算）都依赖于进口。

通过大规模的填海造地，东京、大阪、伊势三大湾不仅打造了三大临海工业地带，还为三大都市圈建设了港口、机场等大规模交通枢纽，同时也为中央商务区（CBD）、国际会议中心、海滨公园、大型商业设施、亲水型住宅等大规模城市建设提供了开发空间，保障了三大都市圈从工业经济向知识经济、服务经济转型过程中能够得以实现空间上的多核化。以东京湾为例，自1868年以来共填海造地252.9平方公里，其中大部分实施于战后。2020年东京奥运会的大部分相关设施也都是建立在东京湾填海造地之上。

1964年、1969年，贯穿三大都市圈的东海道新干线和东名高速公路相继开通，将三大都市圈的大小城市紧密相连，形成三大都市圈互动发展的大城市群格局。

当下，日本正在建设连接东京、名古屋和近畿三大都市圈的磁悬浮中央新干线，试图以时速500公里的超高速动脉将太平洋大城市群打造成对全球人才、资金和信息更具魅力的大城市群空间，以应对在全球化和知识经济浪潮中愈演愈烈的城市间世界大竞争。

引领中国经济的大城市群

中国经济的迅猛发展是世界经济发展格局变化与中国改革开放释放出来的巨大活力相结合的产物。随着信息革命的发展，企业间交易和信息交往逐渐电子化。这种趋势极大地降低了国际交易成本，减少了企业间交易中隐性信息的成分，使原本具有地域局限的供应链迅速扩张到全球。航空、海运等高速大量运输体系的成熟和全球性工业产品关税的降低更为供应链的全球扩张提供了良好的条件。

在这种情况下，为了赢得价格和时间上日益激烈的竞争，发达国家的企业开始放弃囊括从开发、

---

① 严格上讲，京浜和京叶是位于东京湾两翼的两个临海工业地带。为方便起见，在本报告中将其统称为隶属于东京湾的京浜—京叶临海工业地带。

生产到销售的传统商业模式，将经营资源集中到最具竞争力的核心部门，通过供应链在全球范围内优化资源调配，谋求更高的效益。

幸运的是，全球供应链商业模式普及之际，正值中国改革开放之时。中国在沿海，特别是珠江三角洲、长江三角洲、京津冀三地区，推出开放政策，大兴港口、机场、高速公路和高铁等基础设施建设，开辟大面积的工业用地，提供大量廉价优质的劳动力，为全球供应链营建了新天地。巨大的开放空间吸引大批外国企业投资设厂，也给国内企业带来了发展契机，为追求梦想的人们提供了舞台。被计划经济时代压抑的巨大能量以大规模人口移动的形式爆发，向这些地区集结。

外资的涌入和国内企业的成长在上述地区形成了规模巨大的产业集聚和跨越数个大城市的巨大城市空间——大城市群。

三大城市群今天已经成长为中国经济发展的巨擘。可以说，正是中国给全球供应链提供了开放的空间，造就了大城市群的活力，成就了新的世界工厂，实现了持续高速经济增长。

2014年，由珠江三角洲大城市群（9城市）[①]、长江三角洲大城市群（26城市）[②]、京津冀大城市群（10城市）[③] 构成的三大城市群创造了全国36%的GDP。与经济规模相比，出口和外资投资的集中更加显著，三大城市群在全国货物出口和实际利用外资金额的占比分别达到73.2%和44.4%。

（1）得天独厚的区位条件

与内陆地区相比，在全球化发展格局下三大城市群享有得天独厚的区位条件。全球供应链不仅谋求生产的低成本，还追求物流、库存和时间的低成本。因此，全球供应链的各个环节都需要具备高度的专业性和灵活快速的应对体制，港口和机场条件成为至关重要的因素。

正是三大城市群利用得天独厚的区位条件在极短时间内兴建的港口、机场、高速公路和高铁，为全球供应链在中国高效率运转营造了良好的交通环境。

① 港口建设

中国的工业化与集装箱港口互动式发展的成就令人惊叹。今天全球前10位集装箱港口中，中国占7席之多。其中除第7位的青岛之外，第1位的上海、第3位的深圳、第4位的香港、第6位的宁波—舟山、第8位的广州、第10位的天津都集中在三大城市群。

根据《中国城市综合发展指标2016》分析可以确认，全国295个地级及以上城市的"集装箱港口便利性"排名前30位中，三大城市群占22席，其中上海、深圳、舟山、广州分别为第1位、第2

---

① 珠江三角洲大城市群应该包括有香港和澳门，由于数据限制，本报告根据国家发展和改革委相关规划界定，只将广州、深圳、珠海、佛山、江门、肇庆、惠州、东莞、中山9个城市纳入珠江三角洲大城市群进行分析。

② 根据国家发展和改革委相关规划界定，长江三角洲大城市群包括上海、南京、无锡、常州、苏州、南通、盐城、扬州、镇江、泰州、杭州、宁波、嘉兴、湖州、绍兴、金华、舟山、台州、合肥、芜湖、马鞍山、铜陵、安庆、滁州、池州、宣城26个城市。

③ 根据国家发展和改革委相关规划界定，京津冀大城市群包括北京、天津、石家庄、唐山、秦皇岛、保定、张家口、承德、沧州、廊坊10个城市。

位、第 4 位、第 6 位，三大城市群无疑是中国集装箱运输条件最便捷的地区[①]。在全国集装箱吞吐量中，珠江三角洲大城市群、长江三角洲大城市群、京津冀大城市群的份额分别为 26.3%、34.4%、7.8%，三大城市群合计占到 68.5%。集装箱吞吐量和货物出口高度集中在三大城市群的现象证明，正是优越的港口条件支撑着全球供应链在三大城市群的大规模展开。

② 机场建设

三大城市群的机场建设成就也令世人瞩目。珠江三角洲大城市群现在已经形成香港国际、澳门国际、广州白云国际、深圳宝安国际、珠海金湾国际、惠州平潭、佛山沙堤 7 机场的航空体系。其中，广州白云国际不仅是旅客吞吐量和货邮吞吐量平均排名全国第 3 位的机场[②]，也是航班数亚洲排名第 5 位的国际枢纽机场。同样作为国际枢纽机场，香港国际机场在航班数亚洲排名中也位居第 7 位。

长江三角洲大城市群已经形成上海浦东国际、上海虹桥国际、杭州萧山国际、南京禄口国际、宁波栎社国际、合肥新桥国际、苏南硕放国际、常州奔牛国际、扬州泰州国际、金华义乌、南通兴东、盐城南洋、舟山普陀山、台州路桥、池州九华山、安庆天柱山 16 机场的航空体系。其中，上海浦东国际不仅是旅客吞吐量和货邮吞吐量在全国排名分别为第 2 位和第 1 位的机场，还是航班数亚洲排名第 4 位的国际枢纽机场。

京津冀大城市群已经形成北京首都国际、北京南苑、天津滨海国际、石家庄正定、唐山三女河、张家口宁远、秦皇岛山海关 7 机场的航空体系。其中，北京首都国际不仅是旅客吞吐量和货邮吞吐量在全国排名分别为第 1 位和第 2 位的机场，更是航班数亚洲排名第 1 位的国际枢纽机场。

根据《中国城市综合发展指标 2016》分析得出，全国 295 个地级及以上城市的"机场便利性"排名前 30 位城市中，三大城市群占 12 席，其中前 4 位的上海、北京、深圳、广州均为三大城市群所囊括，三大城市群是中国航空运输最便捷的地区[③]。

三大城市群在全国旅客吞吐量的占比达到 43.6%，其中珠江三角洲大城市群、长江三角洲大城市群、京津冀大城市群分别占到 11.2%、19.3%、13%。三大城市群在货邮吞吐量的占比更是高达 67.8%，其中珠江三角洲大城市群、长江三角洲大城市群、京津冀大城市群分别占到 18.4%、33.8%、15.6%。优越的航空运输条件不仅支持了全球供应链在三大城市群的高速运转，而且还是促进其交流经济发展的重要推手。

③ 高速公路、高铁

自 1988 年中国开通第一条高速公路[④]以来，到 2014 年年底，已建成 11.2 万公里的高速公路。珠江三角洲、长江三角洲、京津冀三大城市群已分别拥有 6266 公里、12949 公里、7983 公里的高

---

① 参照图 5-12。

② 这里所讲的全国机场排名不含香港和澳门两个国际机场。

③ 参照图 5-13。

④ 1988 年 10 月 31 日，作为中国的第一条高速公路，沪嘉高速公路开通。1989 年 7 月，交通部第一次出台了关于建设高速公路的政策。

速公路网。三大城市群高速公路合计占全国总长的 24.3%，是全国高速公路密度最高的地区[1]。

到 2014 年年底，中国已建成 11.2 万公里的铁路网。珠江三角洲、长江三角洲、京津冀三大城市群已分别拥有 4027 公里、9039 公里、8509 公里的铁路交通网。三大城市群铁路合计占全国总长的 19.3%，是全国铁路密度最高的地区[2]。

根据《中国城市综合发展指标 2016》分析得出，全国 295 个地级及以上城市的"高铁运行车次"排名前 30 位城市中，三大城市群占到 19 席，其中前 6 位的广州、上海、北京、深圳、天津、南京均为三大城市群所囊括，三大城市群是中国高铁运输最便捷的地区。

充实的高速公路和铁道交通网络不仅大幅度压缩了三大城市群与全国各地的时间距离和经济距离，同时还将三大城市内部紧密相连成一个高速互动的有机体。

（2）世界资源的大规模利用

产业革命始于英国将西印度群岛栽培的棉花运至曼彻斯特加工，这意味着近代工业的发展从一开始就以利用世界资源为前提。从全球范围看，由于工业发展需要大规模、高效率地利用世界资源，因此产业革命后具有工业活力的地区几乎都集中在沿海，或者内河航运条件较好的城市周围。相反，不具备港口条件的地区在发展大规模现代工业上大都举步维艰。

在 1949—1978 年的重化学工业时代，中国身处随时都有可能与美苏两大超级大国交战的紧迫国际形势之中，不具备利用世界资源的条件。因此政府采取了以国内资源为主的产业布局政策，致使当时的重工业大都布局在资源产地或者作为"三线"的内陆地区。

改变布局政策的契机是以进口原料为前提的宝山钢铁厂建设。然而即便是在改革开放打开国门之后，关于是否应该建设宝山钢铁厂，曾经争论激烈。争论的焦点集中在为什么要建设以进口铁矿石为前提的钢铁厂？为什么要花费巨额资金在地基松软的长江入海口建设钢铁厂？由于对以进口资源发展经济的重要性缺乏理解，宝钢建设曾一度被中断。

今天，宝山钢铁厂已经成长为中国最大的钢铁集团，成功地向国人展示了利用世界资源临海型发展模式的优越性。石油、矿石等资源需求的急速增大，更使中国成为资源进口大国。

以铁矿石为例，中国的铁矿石进口开始于 1981 年，2001 年突破 1 亿吨大关，2003 年超过日本成为全球最大的铁矿石进口国，2015 年铁矿石进口量多达 9 亿 5272 万吨，铁矿石消费量进口比重高达 40.8%[3]。

随着对运输成本、环境成本认识的不断提高，能够高效率地利用优质进口铁矿石的临海型钢铁生产基地的优势越来越明显。目前还大量分布在内陆地区，相对分散和低效率的中国钢铁产业将面临向临海，特别是向拥有旺盛需求的三大城市群及周边地区集聚和收敛。

---

① 由于数据限制，在高速公路分析中所使用的三大城市群数据都以直辖市和省为单位计算。
② 由于数据限制，在铁路分析中所使用的三大城市群数据都以直辖市和省为单位计算。
③ 参照图 5-14。

高速经济增长和汽车社会化使中国原油消费量增长迅猛。1993 年中国从原油纯出口国转变为纯进口国，此后原油进口量一路攀升，2009 年进口量超过国内生产量，2015 年原油进口量多达 3 亿 2800 万吨，原油消费进口比重高达 60.4%[①]。

凭借深水港能够大规模高效率利用海外优质石油和天然气的三大城市群在能源效率上优势凸显。进口能源的增大不仅提高了三大城市群的经济效率，更拉大了其与内陆地区的效益差距。这一趋势将加速经济向三大城市群集中，给中国的国土利用结构带来根本性变化。

（3）新型产业集聚的巨大化

信息技术的发展使生产活动中所需要的技术、技能等信息可以为智能机械所持有。产业技术的这一变革使发展中国家可以通过引进先进的智能化设备，弥补其在技术水平和熟练工人储备上的不足。发展中国家工业化的门槛由此大幅度降低[②]。

产业技术革命性的变革减低了工业活动空间上的限制。在发展中国家能够较容易地开展工业生产活动的前提下，供应链开始跨越国境，扩展到发展中国家。为了赢得效率上的竞争，企业超越被国民经济的壁垒温存在全套型产业集聚中的不合理性，通过构筑全球供应链，谋求全球最优生产和最优配套[③]。

全球供应链型产业集聚也应运而生。美国硅谷、印度班加罗尔、中国长江三角洲、珠江三角洲和京津冀地区的产业集聚，都是新兴全球供应链型产业集聚的典型。全球供应链给拥有交通区位优势的长江三角洲、珠江三角洲和京津冀地区带来了巨大的产业投资，这三个地区今天已经成为世界上最大的电子产业、汽车产业和机械产业集聚地。

在举国推行工业化的中国，几乎所有城市都把工业发展作为振兴经济最重要的手段，然而中国的出口工业却高度集中在三大城市群。全国 295 个地级及以上城市中，工业总产值排名前 30 位城市所占份额为 42.4%，三大城市群的份额为全国的 37.7%[④]。但是在全国货物出口中，排名前 30 位城市的占比高达 80.4%，三大城市群的份额为 73.2%[⑤]。货物出口向三大城市群和排名前 30 位城市收敛的程度远远高于工业总产值的现象说明，三大城市群工业经济的品质远高于国内其他地区。可以预见，以出口工业为代表的高品质工业经济将会越来越向以三大城市群为主的工业经济上位城市收敛。

---

① 参照图 5-15。

② 随着半导体技术为首的信息通信技术的发展，信息通信技术与机械技术融合成电子机械（Mechatronics）新技术体系。电子机械技术的诞生是可以与机械技术爆发性的进步产生的第一次产业革命相比拟的革命。机械电子革命在产品上使工业产品能够具有信息处理和记忆能力，同时在生产上使智能机械能够替代技术和技能。关于机械电子革命详细请参照周牧之著《メカトロニクス革命と新国际分业—现代世界经济におけるアジア工业化（机械电子革命与新国际分工—现代世界经济中的亚洲工业化）》，MINERVA 书房，1997 年。

③ 关于全球产业链的理论阐述，详细请参照周牧之著《中国经济论：崛起的机制与课题》，人民出版社 2008 年版，第 1 章。

④ 参照图 5-16。

⑤ 参照图 5-17。

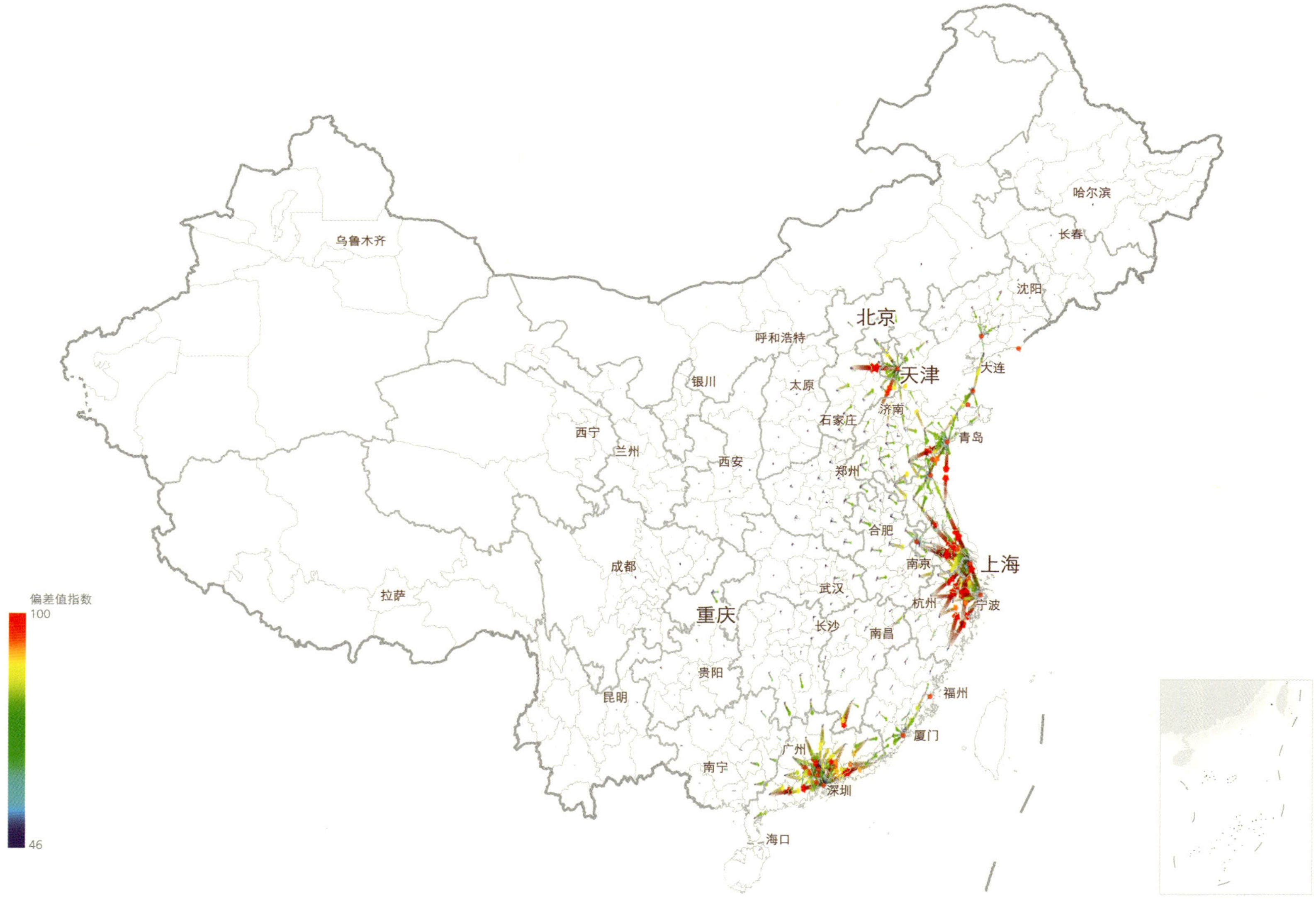

图 5-12　集装箱港口便利性广域分析示意图 ① | Wide-Area Analysis Diagram of Container Port Convenience

① 集装箱港口便利性是界定城市利用集装箱港便利性的指数。根据城市与集装箱港的距离，以及集装箱港的吞吐量等相关参数综合计算而成。

偏差值指数
100

46

图 5-13 机场便利性广域分析示意图 ① | Wide-Area Analysis Diagram of Airport Convenience

① 机场便利性是界定城市利用机场便利性的指数，根据城市与机场的距离，以及机场的客运吞吐量、航线等相关参数综合计算而成。

应该说，在作为"世界工厂"的中国，三大城市群才是真正名副其实的"世界工厂"。

（4）文化科技和高端服务业中心地位凸显

在文化科技和服务业，特别是高端服务业领域，三大城市群也领跑全国。《中国城市综合发展指标 2016》采用辐射力概念界定城市某一功能为外部所利用的程度，对零售业、医疗、文化、体育、金融，高等教育、科学技术等领域进行测评，结果发现三大城市群在这些领域中拥有其他城市不可比拟的强大辐射力。也就是说三大城市群在这些领域发挥着向全国提供高端功能的中心作用。

从零售业辐射力偏差值分析看，全国 295 个地级及以上城市中，排名前 6 位城市分别是上海、北京、深圳、广州、南京、杭州，均为三大城市群所囊括。三大城市群大规模高密度的人口集聚造就了零售业的发达，成就其成为全国体量最大、档次最高、内容最丰富的购物中心[1]。

医疗辐射力偏差值排名前 3 位城市分别为北京、上海、广州，三大城市群各占其一，庞大的高端医疗机构集聚使这三座城市成为全国接纳异地就诊人数最集中的城市[2]。

文化体育辐射力偏差值排名前 8 位城市中有 6 个隶属于三大城市群。北京、上海、广州囊括前 3 位，文化体育中心的地位卓然，其中首都北京作为全国的文化中心优势特别明显[3]。

高等教育辐射力偏差值排名前 3 位城市分别为北京、上海、广州，三大城市群的中心城市都是高等教育领域全国的领军，其中北京作为全国高等教育中心的地位突出[4]。

科学技术辐射力偏差值排名前 30 位城市中三大城市群占 18 席，其中前 5 位城市北京、上海、深圳、广州、苏州，均为三大城市群所囊括，特别是北京作为全国科学技术中心的地位尤为显赫[5]。

金融辐射力的偏差值排名前 9 位城市中有 7 个隶属于三大城市群。其中上海、北京、深圳作为三大金融中心的地位凸显[6]。

城市的时代也是城市竞争的时代，城市通过"核力"吸引外部的人才、资金、信息壮大自身的机制被称为"吸管效应"[7]。零售业、医疗、文化、体育、金融以及高等教育和科学技术都是城市核力的重要元素。三大城市群在这些领域已经形成的强大优势将更进一步凝聚全国乃至全球的人才、资金、信息，不断发展壮大。

---

[1] 参照图 4-11。

[2] 参照图 4-12。

[3] 参照图 4-13。

[4] 参照图 4-14。

[5] 参照图 4-15。

[6] 参照图 4-16。

[7] 吸管效应也称虹吸效应。

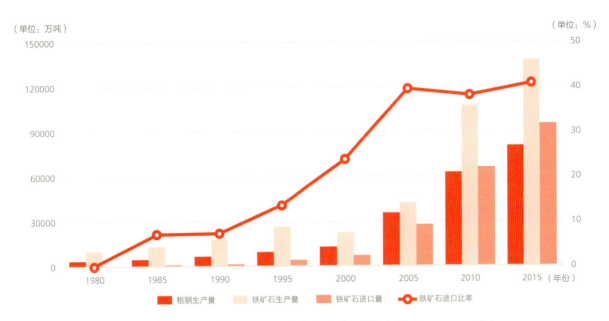

图 5-14 中国粗钢生产量、铁矿石生产量和进口量的变化（1980—2015 年）
Changes of China's Crude Steel Production, Iron Ore Production and Imports（1980—2015）

资料来源：根据国家统计局《中国统计年鉴》、国土资源部资料数据制作。

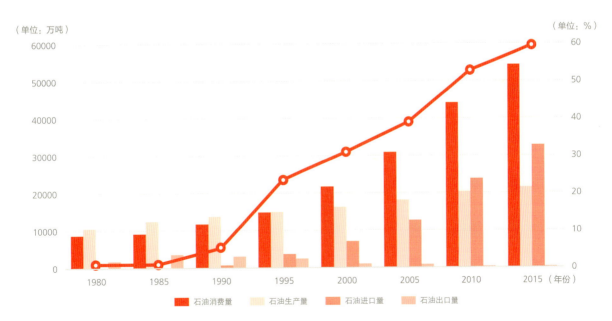

图 5-15 中国原油消费量和进口量的变化（1980—2015 年）
Changes of China's Crude Oil Consumption and Imports（1980—2015）

资料来源：根据国家统计局《中国统计年鉴》、国土资源部资料数据制作。

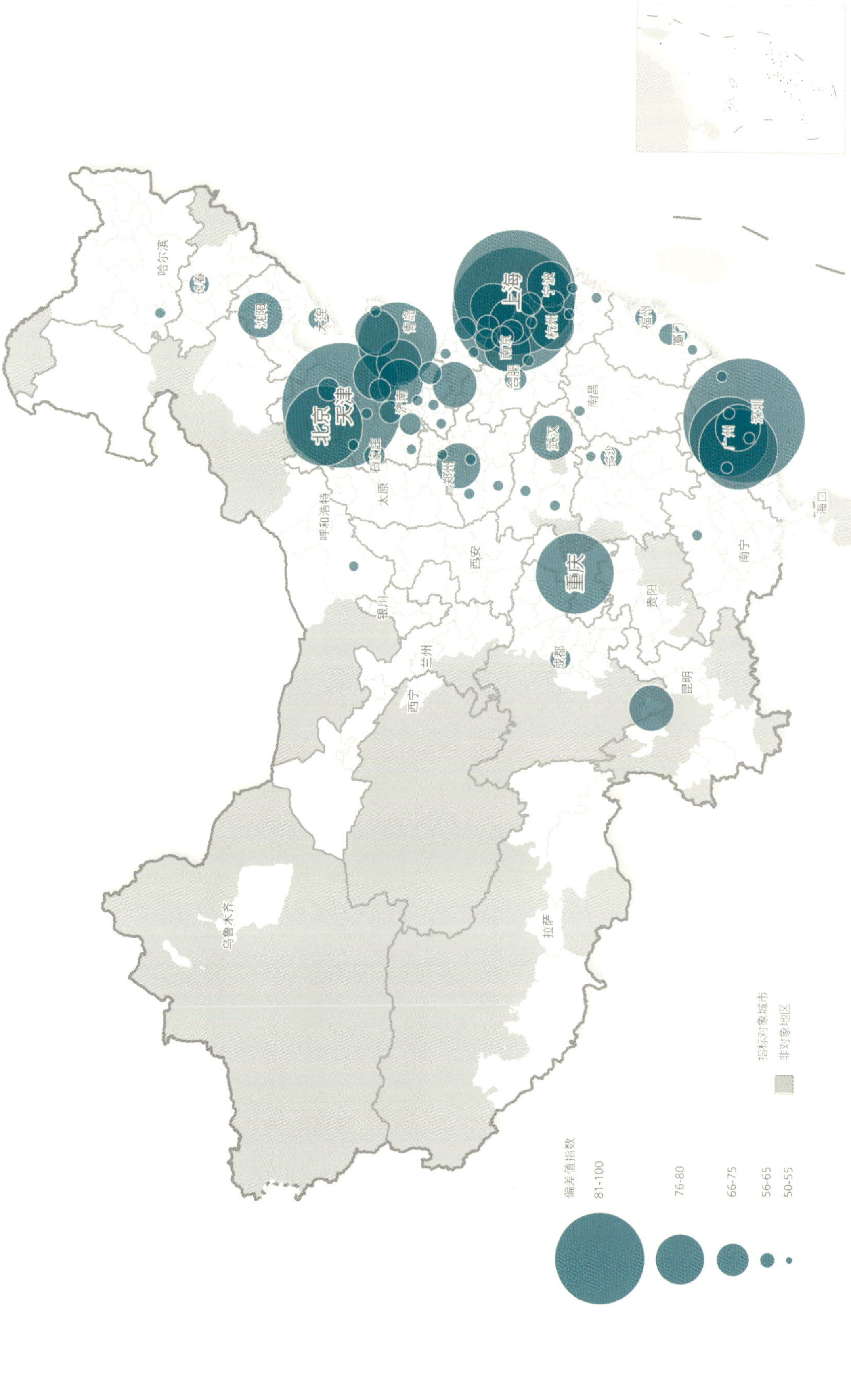

图5-16 工业总产值广域分析示意图 | Wide-Area Analysis Diagram of Gross Industrial Output Value

偏差值指数
81-100
76-80
66-75
56-65
50-55

指标对象城市
非对象地区

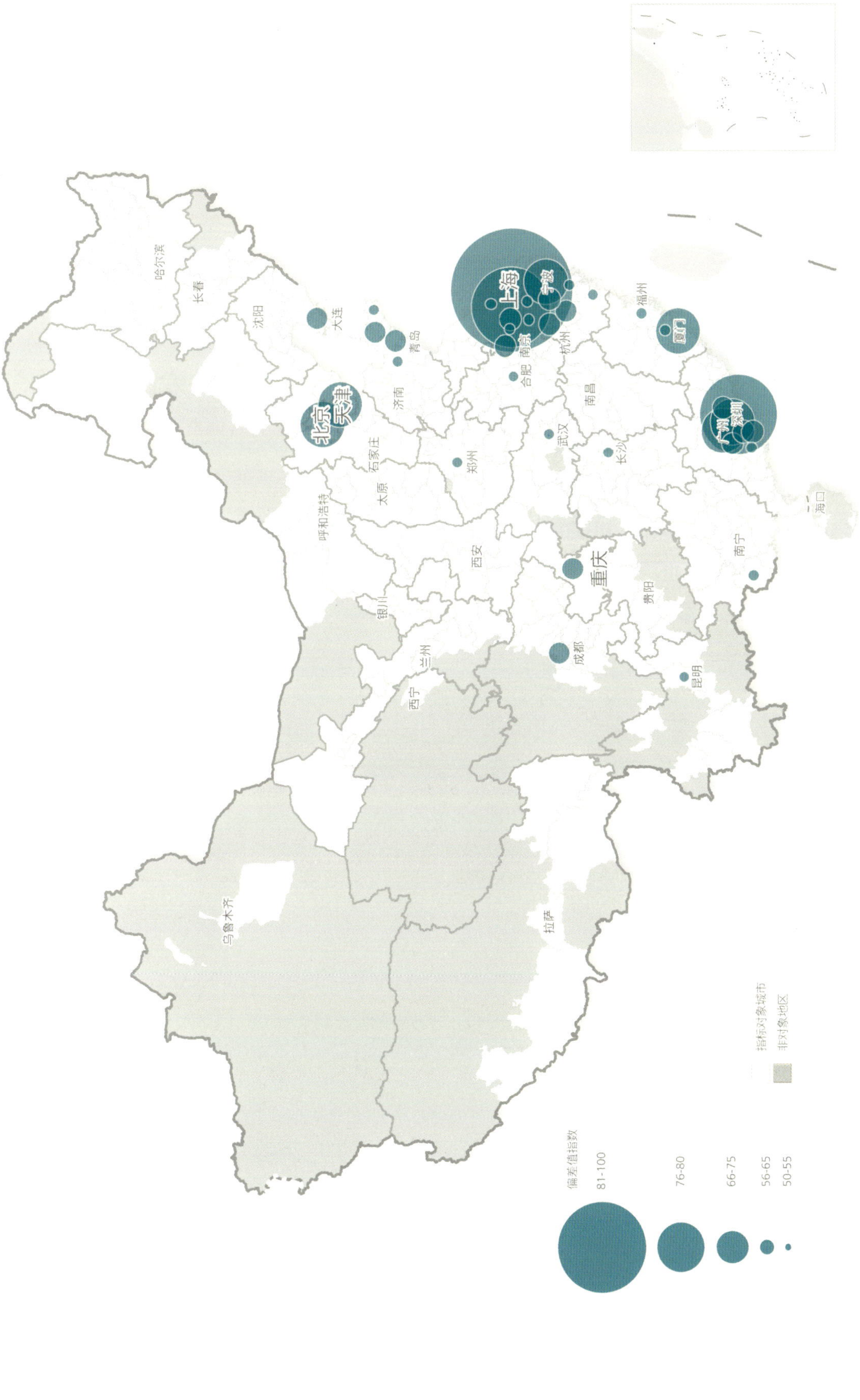

图 5-17　货物出口额广域分析示意图 | Wide-Area Analysis Diagram of Export of Goods

大城市群时代的挑战和课题

在中国，主张中国城镇化应该走中小城市模式的人确实很多。许多学者与官员极力推崇德国、奥地利、瑞士甚至捷克、匈牙利等国家所走过的中小城市发展模式。这些国家工业化进程大多开始较早，农村向城市的劳动力转移大多来自周边地区，劳动力转移过程经历了由农业到纺织业，到机械业，再到服务业以及今天的信息业这样一个漫长的过程。

相反，工业化后发国家在城镇化进程中往往倾向于大城市发展模式，特别是进入 20 世纪以后，产业和人口向大城市集中成为世界各地城镇化进程的趋势，人口从全国一举涌入大城市的倾向明显。造成城镇化进程变化最大原因是作为城市经济主体的现代产业集聚能力越来越强大。

两百多年来的近现代城镇化进程走过的是一条城镇化、大城市化、大城市群化的道路，城市集聚规模越来越大。现代产业的集聚能力越来越强大，城市规模对经济效率的影响越来越重要，特别是随着城市基础设施水准和管理组织水平的提高，集聚对提升经济效率、丰富城市生活的效益越来越明显。当然，作为集聚的负面效应，不仅有可能引发大城市病，在宏观上产业和人口的过度集中也会引起以地区差距为代表的国土不均衡发展等问题。

新中国成立后，中国政府推行的分散型重工业化政策、农村工业化政策、小城镇政策都没有认识到人口和产业向大城市集中的必然性，限制了产业投资布局和人口移动的自由，抑制了大城市的发展。

随着改革开放的深入，企业的投资选址实现了自由化，产业向高经济效率地区集聚的倾向越来越明显，诱发了人口向大城市群的大规模迁移。然而户籍制度造成的二元社会结构却曾经严重地局限了政策思维，不能面对产业和人口向大城市、大城市群集中的现实。

2001 年 9 月国家发展和改革委员会、中国日报社、中国市长协会与日本国际协力事业团共同举办了"中国城市化论坛——大城市群战略"，在中国首次提出了关于大城市群政策的系统建议[1]，开启了关于大城市群的政策讨论[2]。

2006 年中国政府在第十一个五年规划中明确提出了重视大城市群发展的政策。这意味着中国放弃了持续半个世纪之久的抑制大城市发展政策，开始重视发展大城市、大城市群。

关于大城市群，法国地理学家哥特曼在 1961 年出版的著作《大城市群》中首先使用了这一概念，

---

[1] 参照图 5-18。

[2] 从 1999 年到 2002 年，日本国际协力事业团（JICA，现改名为日本国际协力机构），与国家发展和改革委员会共同实施了为期三年，关于中国城镇化政策的大型联合调研。作为调研的一个环节，2001 年 9 月举办了"中国城市化论坛——大城市群战略"，开启了关于大城市群的政策讨论。作为该政策调研的成果，调查团提出了集约化社会、流动化社会、市民社会、可持续发展社会作为中国城镇化的社会发展目标。为了实现上述四个社会发展目标，调查团就行政区划改革、土地利用政策改革、地方财政改革、人口移动政策改革、社会保障制度改革、开发区制度改革、城市圈交通体系建设等作出了一系列具体的政策建议。详细请参照该政策调研的最终报告书《城市化：中国现代化的主旋律》，湖南人民出版社 2001 年版。笔者作为该调查的负责人主持了调研和报告书的撰写。

把美国东海岸 5 个大城市组合成的一个 3000 万人口的地区称之为大城市群。

本报告阐述的大城市群与哥特曼当年描述的对象相比，其所内含的生产力与发展形态都已经发生了深刻变化。大城市群的经济主体已经从全套型的产业结构演变为全球分工型，服务经济和知识经济地位更加凸显。特别值得注意的是，所谓美国东北部大西洋沿岸大城市群的人口规模、人口密度、城市间分工互动程度都远不及今天中国的大城市群。与中国大城市群更具可比性的是日本太平洋大城市群。

大城市群的基本概念可以定义为是由多个大城市圈聚合而成的关联紧密的高密度城市连绵空间。在这个空间里存在着众多的大中小城市，不同层次的城市功能在密集的空间范围内有机地相互联动。城市间的时间距离和经济距离被高密度的高速交通网络缩短，城市间交流和交易所产生的活力是大城市群的效益所在。

与此相对应，大城市圈可以定义为通勤圈，但是大城市群却不是巨大的日常生活圈。大城市群是一天之内可以往返其间的工作圈域，其与世界交流交易的中枢功能，更是给内部各个城市带来巨大活力的关键。

中国的三大城市群是信息革命下全球供应链的扩张与改革开放相互作用的产物。今后中国的经济和人口将越来越向三大城市群集中，三大城市群将成长为对世界经济具有巨大影响力的存在。

当然，三大城市群的崛起也引发了中国社会经济结构的大变革，如何营建大规模、高密度的城市社会是中国面临的严峻和迫切的挑战。

（1）人口大流动

新中国通过三十年的计划经济营建了庞大的工业生产力，以应对当时严峻的国际环境。然而在这一时期形成的限制人口流动，特别是限制农民在城市就业和居住的户籍制度此后却一直阻碍着中国城镇化的健康发展。

中国大城市群面临的最大课题首先是如何应对庞大数量的人口迁移。根据《中国城市综合发展指标 2016》对常住人口与户籍人口的比较分析得出，全国 295 个地级及以上城市常住人口超过户籍人口的前 30 位排名中，有 17 席是三大城市群的城市，其中上海、北京、深圳、东莞、天津、广州、苏州、佛山这前 8 位的城市都为三大城市群所囊括。

珠江三角洲大城市群、长江三角洲大城市群、京津冀大城市群已经分别接纳 2569.9 万人、2182.5 万人、1259.4 万人的非户籍常住人口，也就是说三大城市群总计已经接纳了 6000 万以上人口的净流入，其中前 3 位的上海、北京、深圳分别接收了 987.3 万人、818.6 万人、745.7 万人的净流入人口[①]。

以上数据说明，数量庞大的外来人口已经涌入并生活在三大城市群，然而在制度化的二元社会制约下，数以千万计的农民工虽然长期滞留在大城市群，但却还没有成为真正的城市居民，工作和

① 参照图 4-17、图 4-18。

图 5-18　中国大城市群战略示意图 | Sketch Map of the Strategy of Chinese Megalopolis

资料来源：周牧之：《城市化：中国现代化的主旋律》，湖南人民出版社 2001 年版。

生活上还受到各种限制和歧视，大多还置身于城市的社会保障和公共服务体系之外。分割的社会结构不仅使社会群体间的收入差距和社会福利差距固化和扩大，汇聚在同一城市空间生活的两个不同身份群体的差距，更加凸显了社会的矛盾和不公平。

中国需要营造宽容、开放的城市社会，将大规模的人口流动转变为推动经济社会发展的能量。为此，中国亟待从根本上改革二元化社会结构，变革户籍制度，建立起以义务教育、医疗、养老为核心的全民性保障制度和公平的基本公共服务体系，缓解制度上对迁徙的不利影响，促进城市社会的健康稳定发展。

如何建设和谐的城市社会是一项迫切而严峻的挑战。

（2）城市加密与缓密

20 世纪 90 年代以来，狂热的开发区、房地产热潮拉动了中国急速的城镇化，城市建设面积急剧膨胀。汽车社会的骤然到来更给措手不及的中国城市带来空间割裂、交通堵塞、环境污染、长时间通勤常态化等深刻危害，同时还造成乱开发、低开发现象蔓延，加速了城市的低密度开发。

城市是一定密度人口集聚的空间。与基础设施水准和管理水平不相匹配的高密度是城市病的重要根源。但另一方面，城市人口过疏是阻碍产业经济，特别是服务经济发展，困扰市民生活品质提高的一个重要原因。中国城市人口是根据城市行政区划界定的，由于没有对人口密度的度量，城市人口不能准确反映城镇化的实际状态。缺乏分析抓手造成中国对关于城市密度的问题不论是在认知上，还是城市建设和城镇化政策上，都长期存在误区。

《中国城市综合发展指标 2016》借鉴发达国家对城市人口的界定，导入 DID(Densely Inhabited District) 概念，尝试对中国城市，以及城镇化进行更准确的分析。《中国城市综合发展指标 2016》将每平方公里 4000 人以上的连片地区定义成人口密集地区：DID[①]。

在日本，所谓城镇化率就是指 DID 的人口比率，日本政府实施的"国势调查"对城市人口的定义就是 DID 人口。东京都的 DID 人口比率现在已经达到 98.2%，东京大都市圈（东京都、埼玉县、千叶县、神奈川县）的 DID 人口比率达到 89%，太平洋大城市群（东京大都市圈、名古屋都市圈、近畿都市圈）的 DID 人口比率达到 78.9%，日本全国的 DID 人口比率也达到 67.3%[②]。

相比之下目前中国全国的 DID 人口比率还仅为 42.6%，与日本同比相差近 25 个百分点。深圳 DID 人口比率居全国榜首为 90.4%，三大城市群的其他超大城市上海、北京、广州、天津的 DID 人口比率分别为 88.6%、85.3%、84.2%、78.7%。与日本 100 万人以上 12 座大城市的总 DID 人口比率高达 93.9% 相比，中国的超大城市 DID 人口比率虽然还有一定差距，但已经比较接近。从全国城市

---

　　①　不同的国家对城市有不同的界定。在发达国家中日本对城市界定的人口密度标准最高。日本将人口密集地区（DID）界定为人口 4000 人 / 平方公里以上的连片地区。日本的城市面积、城市人口都是按 DID 面积和 DID 人口计算的。为了便于进行国际比较，《中国城市综合发展指标 2016》采用日本标准（DID 标准）对城市人口和空间进行测算和分析。

　　②　参照图 5-19。

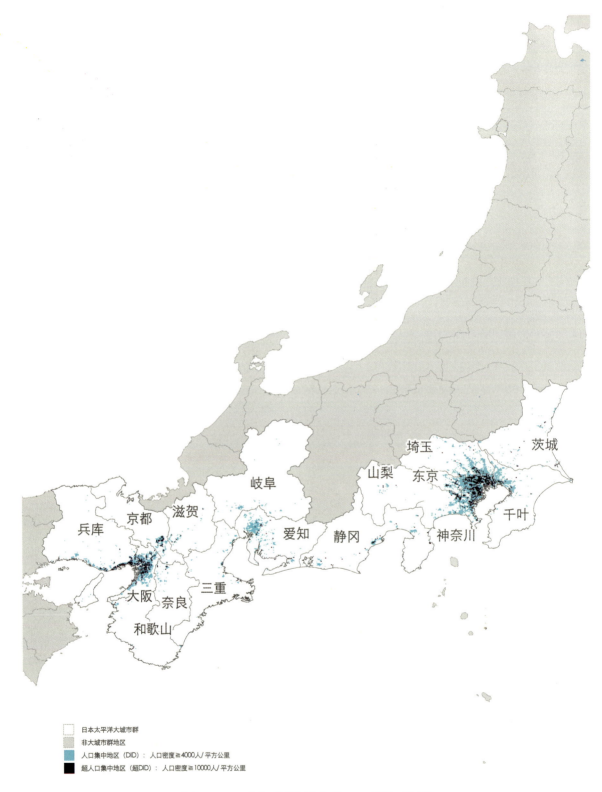

图 5-19　日本太平洋大城市群 DID 分析示意图
Analysis Diagram of DIDs in the Japan Pacific Coast Megalopolis

资料来源：根据云河都市研究院卫星遥感分析数据制作。

人口规模最大、密度最高的三大城市群来看，DID 人口比率水准最高的珠江三角洲大城市群为77.4%[1]，长江三角洲大城市群和京津冀大城市群的 DID 人口比率分别只有 61%[2] 和 51.4%[3]，与太平洋大城市群相比，珠江三角洲大城市群已经相当接近，但是从长江三角洲大城市群，再到京津冀大城市群，DID 人口比率呈现梯级式下降，显示三大城市群城镇化进程的差异明显。

然而与此同时，在城市管理和基础设施水平较低于日本的中国，DID 人口密度却高于前者的现象值得注意。中国的 DID 平均人口密度为 8643 人 / 平方公里，比日本的同值高出 1885 人 / 平方公里。

从 DID 人口密度比日本高出近 2000 人 / 平方公里和 DID 人口比率比日本低近 25 个百分点这两组数据说明，中国城市普遍同时存在由 DID 人口密度过高造成的"局部过密"和 DID 人口比率偏低，城镇化水平落后的结构问题。特别值得注意的是，中国城市一方面存在建成区相当比例面积的低密度开发现象，尤其是对工厂经济依赖较大的城市这一倾向较严重。同时，另一方面又有大量的 DID 分散在建成区之外。这些结构性矛盾是造成中国城市交通问题、环境问题、生活不便、服务业经济欠发达等诸多问题的重要根源所在。

城市人口密度与产业，特别是与服务业的生产性有着明确的关系。人口密度过疏是拉低产业，特别是服务业生产性的重要原因。过疏也是增加基础设施和公共服务成本，导致财政负担增大，加大能源消费的要因。同时，相对城市的组织能力和基础设施水平而言，过高密度的人口也是产生诸多城市病的重要因素。

强调高密度人口集聚所带来的负面效应曾经一度是发达国家城市政策和舆论的主流。然而随着基础设施水准和城市管理水平的提高，对城市密度提高生产性、便利性、多样性等正面效应的认识逐渐加深，这一趋势加速了全球的大城市化，大城市群化。

因此，中国在城市政策上，一方面需要提高城市的组织能力和基础设施水平，最大化城市密度对提高生产性、便利性、多样性的正面效应；另一方面需要舒缓过高的局部人口密度，追求人口密度与城市管理能力和基础设施水平的匹配。中国城镇化的下一程需要注重探索如何通过提高城市总体密度和舒缓局部过密，提升城市的凝聚力、活力和魅力。

中国的大规模人口移动还在继续，未来几十年中不仅农村劳动力还将源源不断地涌入城市，城市间的人口流动也将进一步加速，大城市群仍将是接纳人口流入的最大城市空间。集聚效应是大城市群发展的原动力，如何提高城市的建设水平和管理水平，发挥集聚的正面效应，抑制负面效应，中国大城市群面临构建高密度城市社会的大挑战。

（3）知识经济发展

中国大城市群的发展是世界格局巨变的产物，准确地说是中国顺应信息革命下全球制造业重新

---

① 参照图 5-24。

② 参照图 5-29。

③ 参照图 5-34。

整合要求的产物。但是，刚刚获得巨大工业生产力的中国却正在面临着全球性工业产品持续贬值、知识产品价值飙升的局面，面临迎接世界财富分配基准从工业经济向知识经济转移的挑战。

① 工业产品贬值

全球供应链的分工建立在各个环节的利益分割之上。中国虽然利用廉价劳动力在组装等环节上获取了国际竞争优势，但是在供应链上能获取的利益分配却还很有限，大部分利润都被境外从事研发、核心元器件生产、软件开发、品牌经营、物流和销售等环节的企业所瓜分。

全球供应链的这种利益分割特性和中国目前在供应链中扮演的角色导致中国虽然经历了三十年的高速经济增长，却仍然还没有成为经济强国。

工业产品贬值是信息革命改变财富分配机制的结果。产业革命以来，工业生产力一直是世界财富创造和分配机制的基准，因此相对工业产品，一次产品的贸易条件不断劣化。产业革命后工业国家通过建立起对工业产品有利的国际贸易体系，从全世界摄取了巨大的财富。

但是随着供应链的全球扩张，工业化在发展中国家，特别是东亚发展中国家迅速普及。工业产品的生产和出口已经不再是发达国家的专利，以中国为首的发展中国家对工业生产的大规模参与拉低了工业产品的价值，工业产品的贸易条件急剧劣化。相反，著作权、专利、品牌商标、商业模式等知识产品的贸易条件急速提高。知识的创造力取工业生产力而代之，成为世界财富的创造和分配机制的基准。

② 越演越烈的集聚和集中

全球供应链在发达国家引发了深刻的产业结构巨变。工业企业现今更加专注于技术开发、品牌经营、软件和核心元器件的生产。金融、运输、通讯、零售等服务业已经成为支撑经济发展的主导产业。影视、出版等作为知识经济象征的版权产业更是备受青睐。服务经济、知识经济已经成为发达国家城市经济的主体。

工业经济具有强烈的集聚效应。在集聚效应的作用下，工业经济向特定国家的特定地区高度集中。工业经济的这种特性不仅在所有现代国家造成了地区间的不均衡发展，在国际上更是导致了发展中国家和发达国家之间的南北问题。

工业经济的集聚造成产业和人口向城市，特别是大城市集中。大城市的集聚效应不仅极大地提高了现代社会的生产力，还为人们提供了多彩的城市生活环境。但是居住在城市的人们也为此付出了巨大的代价，例如空气污染、居住空间狭小、交通堵塞、长距离通勤，凡此种种。因此现代人既追求经济的高效率，城市生活的丰富，也向往田园牧歌式的生活。

20世纪80年代当信息革命来临时，以《第三次浪潮》作者阿尔文·托夫勒为代表的许多未来学家预言通过利用信息技术，可以使人们在享受田园牧歌式生活的同时实现高效率的经济活动，城市的经济地位将会大大降低。当时为大城市病和不均衡发展而苦恼的人们对这类学说寄予了极大的期望。

然而现实却告诉了我们相反的结论。大城市在信息社会的作用不但没有降低，反而越来越强大。与工业经济相比，知识经济促使人口和产业向大城市集聚的能量更加巨大。日本城市发展的变迁正是印证这一现实的事例。在工业经济时代，日本的工业集中在东京、大阪、名古屋和北九州的四大都市圈。然而在向知识经济转型的过程中，日本不但没有能够实现人口和产业向地方的分散，反而出现了向东京大都市圈一极集中的现象。一极集中的现象来源于知识经济强烈的大城市取向。可以说在工业经济时代，日本需要四个大都市圈作为工业经济的集聚地，但是步入知识经济时代后，真正能够成长为国际性知识经济大集聚地的目前日本还只有东京大都市圈。从日本的事例可以看到，信息革命不仅没有削弱大城市的地位，反而使大城市的作用变得越来越重要。

③ 接触经济效益

知识经济的大城市取向来源于知识经济的本质。

知识经济的根本是作为信息载体的人本身。人通过交流进行信息判断和知识生产是知识经济的本质。从这种意义上讲，信息交流和创造的效率决定知识经济的生产率。

人所持有的信息分为两种，一种是能够数字化、形式化、文字化的信息；另一种是不能够数字化、形式化和文字化的信息，或者不能随意公开的信息。与前者相比，后者更为重要。从这种意义上讲，只依靠信息技术的信息交流具有不完整性。因为人所持有的信息中，既有能够通过信息技术向外传递的信息，也有不能通过信息技术向外传递的信息。能够向外传递的信息以每秒30万公里的速度环绕地球，促使人们相互接触，交换那些不能从人体分离的信息。信息技术的发展不是减少，而是在增加人与人之间的接触交流。

与"规模经济效应"决定工业经济效益相对应，"接触经济效应"[1]决定知识经济效益，人与人之间接触交流的效率是知识经济生产率的决定因素。

对于知识经济的生产率而言，接触的多样性、便捷性和意外性至关重要。与重视信息均质性的工业经济相比，知识背景的差异性对知识经济极其重要。因为与同样信息背景人员之间的交流相比，不同知识和文化背景人员之间的交流更富有价值。

信息载体的多样性、接触的便捷性和意外性决定知识经济的生产率。可以讲知识经济是真正的交流经济，而大城市群正是为知识经济提供交流空间的最佳平台。信息社会中大城市群的作用将越来越大，经济和人口也将更进一步地向大城市群集中。

④ 三大城市群引领中国知识经济

2012年中国发明专利申请数量首次超过美国，跃居世界首位。今天作为全球最大的专利申请国，中国专利授权量的58.9%为三大城市群所拥有，其中珠江三角洲大城市群、长江三角洲大城市群、京津冀大城市群分别占全国的14.2%、33.5%、11.1%。知识经济的大城市群取向在中国也十分明显，集中了全国49.6%科研人员的三大城市群名副其实的是中国知识经济的领军。

提高知识经济接触效应的最佳途径是促使具有各种知识和文化背景的人聚集在同一空间，实现

---

[1] 关于知识经济接触经济效应的理论阐述，详细请参看周牧之：《中国经济论：崛起的机制与课题》，人民出版社2008年版，第6章。

便捷、高速的相互交流和知识创新。作为拥有巨大人口和与世界交往大平台的大城市群，正是实现接触的多样性、意外性和便捷性的理想空间。为此，作为知识经济时代交流经济平台的大城市群需要具备接纳来自全国各地，甚至世界各地人们的包容力。因此大城市群不但需要建设支撑交流经济、交易经济的物理性功能，还需要兼备能够容纳来自全国乃至全球各地的人们的宽容性和多样性。

在工业产品贬值，知识产品升值的格局下，中国发展知识经济的重任需要大城市群肩负。以工厂经济[①]起家的大城市群如何实现向知识经济的进化，不仅关系到大城市群自身的发展，而且左右着中国的未来。21世纪中国的大城市群必须超越世界工厂，成为知识创造的大平台。

（4）服务经济高度化

在发达国家，服务经济已经取代工业经济成为城市的经济主体，中国也正在步入这一大转型的进程。

作为世界工厂，中国在钢铁、汽车、电子等许多领域都拥有大量过剩的产能。然而同时，在高等教育、医疗、养老、文化、娱乐等服务领域却又存在严重的供给缺位。

服务经济既是提高和丰富城市居民生活的关键，同时也是提高工业经济效率的重要因素。

因此，服务经济的发展成为中国经济转型发展的关键。作为全国服务经济的领军，三大城市群需要通过加密城市、宽松管制，加大开放力度，大力发展服务经济。

（5）生态环境挑战

急速的工业化和城镇化在中国引发了深刻的环境危机。产业、生活、出行造成的污染（大气、水质、土壤）、生物多样性的丧失、垃圾围城以及严重缺水等都对城市及其周边的生态环境造成严重破坏。作为工业化和城镇化领跑者的三大城市群其生态环境问题尤为深刻。

根据《中国城市综合发展指标2016》分析，根据联合国对水资源的界定计算[②]，目前中国有110座城市极度缺水，45座城市重度缺水。其中，京津冀大城市群的10座城市中，有8座为极度缺水城市；长江三角洲大城市群的26座城市中，有8座为极度缺水城市；珠江三角洲大城市群的9座城市中，也有2座为极度缺水城市[③]。显然，水资源是中国大城市群发展的重大制约因素。更严重的是，工业化、城镇化导致的水质污染状况严重，使水资源问题雪上加霜。

空气污染也是今天困扰中国城市发展的严峻问题。以PM2.5为例，从《中国城市综合发展指标2016》对全国295座城市PM2.5全年动态数据平均值的偏差值分析可以看到，京津冀大城市群10座城市的平均偏差值为69.9，其中北京的同偏差值为78.7，远高于全国平均水平（50），说明该地区空气质量远低于全国平均水平；长江三角洲大城市群26座城市的平均偏差值为53.1，基本等同于全

---

① 所谓工厂经济是指过度依赖于工厂功能，总部、研发、品牌经营、销售以及售后服务等功能相对缺位的产业构造。
② 联合国对水资源的界定标准为，人均年水资源少于500立方米的属于极度缺水地区，人均年水资源少于1000立方米、大于500立方米的属于重度缺水地区。
③ 参照图4-7。

国平均水平；珠江三角洲大城市群的 9 座城市平均偏差值为 33.3，较大幅度优于全国平均水平[①]。

从以上分析可以看到，京津冀大城市群的水资源问题极其严峻，同时空气污染状况也远比长江三角洲、珠江三角洲两大城市群严峻。除去气候和地理原因，还说明京津冀大城市群的工业化和城镇化的品质落后于其他两大城市群。

三大城市群如何率先实现低碳、节水的生态环境友好型发展是中国城镇化的至上命题。

（6）内陆城市群发展

与内陆地区相比，三大城市群最突出的优势是其拥有深水港资源的区位条件，以及由此衍生而出的与世界进行大交流、大交易的枢纽功能和包容开放的文化。因此，在中国内陆地区虽然也正在形成以成渝、长江中游、关中平原等为代表的城市群，但其在与世界进行大交流和大交易的格局上跟三大城市群无法相提并论。

尽管如此，内陆地区的城市群发展也是不可避免的趋势。以直辖市、省会为中心，内陆的大城市发展迅猛，经济和人口向大城市集聚和集中的趋势越来越明显。随着交通基础设施的完善，在发展条件较好的地区，复数相邻大城市和中小城市通过分工合作的深化，正在逐渐形成城市群形态的集聚空间。城市群已经成为支撑内陆地区发展的核心。

远离深水港是制约内陆地区经济发展的瓶颈。因此内陆城市群需要选择运输成本影响较小的产业作为经济发展的引擎。

内陆地区比沿海地区在环境容量上更小，对江河下游的环境影响也较大。在城市和产业发展过程中需要更加谨慎地对待环境问题。此外，由于北方地区缺水严重，如何形成节水型的经济发展模式和生活模式将是一个不可回避的挑战。

因此对内陆地区而言，运输成本较不敏感，环境友好型的知识经济、服务经济显得尤为重要。特别是作为区域的发展中心，内陆城市群的交通枢纽功能，商业、金融、教育、科技、文化、娱乐、医疗等的中心功能水平直接影响区域发展。内陆城市群需要致力于通过提高这些功能的水准，带动整个区域的发展。

总之，中国内陆社会经济的发展取决于大城市、城市群的发展。

大变革重塑大城市群

根据《中国城市综合发展指标 2016》分析能够确认到，"商务环境"小项[②]偏差值在全国排名前 12 位城市中，除第 5 位的重庆和第 8 位的成都以外都隶属于三大城市群。其中京津冀大城市群

---

① 参照图 4-6。

② 商务环境小项由平均工资、对企业服务业从业人员数量、高星级酒店指数、每万人登记失业人员数量、税收占财政收入比重等数据构成。

的北京、天津分别为第1和第7位，长江三角洲大城市群的上海、杭州、南京、宁波、苏州分别为第2位、第6位、第9位、第11位、第12位，珠江三角洲大城市群的广州、深圳、东莞分别为第3位、第4位、第10位，三大城市群商务环境的优势跃然纸上。

从对《中国城市综合发展指标2016》"开放度"小项①的偏差值分析可以确认，在排名前20位的城市中三大城市群占有15席。其中长江三角洲大城市群以第1位的上海为首有6座城市，京津冀大城市群以第2位的北京为首有两座城市，珠江三角洲大城市群以第3位的深圳为首有7座城市，三大城市群引领中国的开放经济。

从对《中国城市综合发展指标2016》"交流"小项②的偏差值分析能够确认，在排名前20位的城市中，三大城市群占有10席。其中长江三角洲大城市群以第1位的上海为首有6座城市，京津冀大城市群以第2位的北京为首有两座城市，珠江三角洲大城市群以第3位的深圳为首有两座城市，三大城市群领跑中国的交流经济。

经济减速、环境问题严峻、传统工业产能过剩……与三十多年前站在改革开放的十字路口一样，今天中国又一次面对历史性的变革关头，作为改革开放旗手的大城市群肩负着变革社会机制、打造知识经济引擎、主导中国经济转型升级的重任。

为此大城市群需要营养、呵护和诱导社会活力，强化发展内生机制，打造知识经济引擎，提高城市生活品质，构建充满知性和魅力的开放城市空间。

大城市群亟待在大变革中重塑中国社会经济。

---

① 开放度小项由人口流动指数、货物出口额、货物进口额、实际利用外资金额、工业外资企业比重、领事馆·大使馆数量等数据构成。

② 交流小项由入境游客人数、国内游客人数、国际会议数量、展览业发展指数、旅游城市指数等数据构成。

2. 珠江三角洲大城市群
The Pearl River Delta Megalopolis

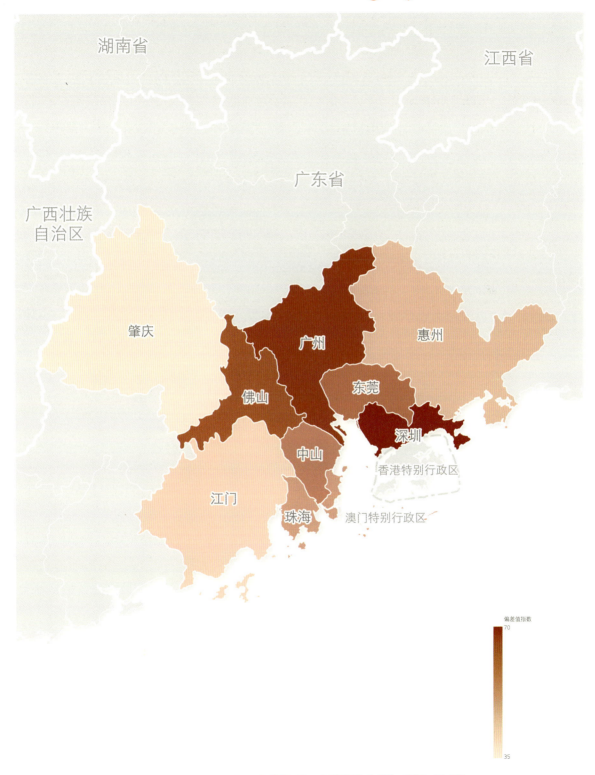

图 5-20　珠江三角洲大城市群 9 个城市综合指标分析示意图
Analysis Diagram of Integrated Index of the Pearl River Delta Megalopolis 9 Cities

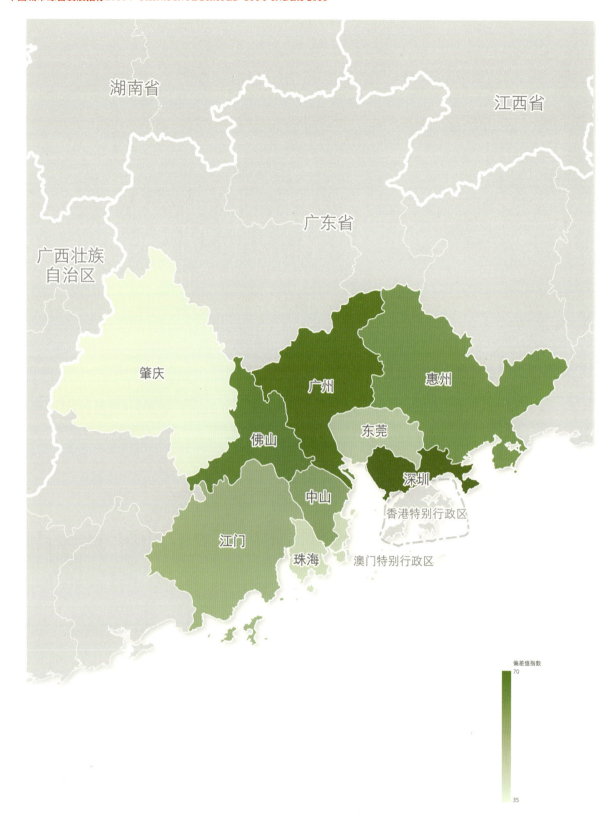

偏差值指数
70

35

图 5-21 珠江三角洲大城市群 9 个城市环境大项分析示意图
Analysis Diagram of Environmental Dimension of the Pearl River Delta Megalopolis 9 Cities

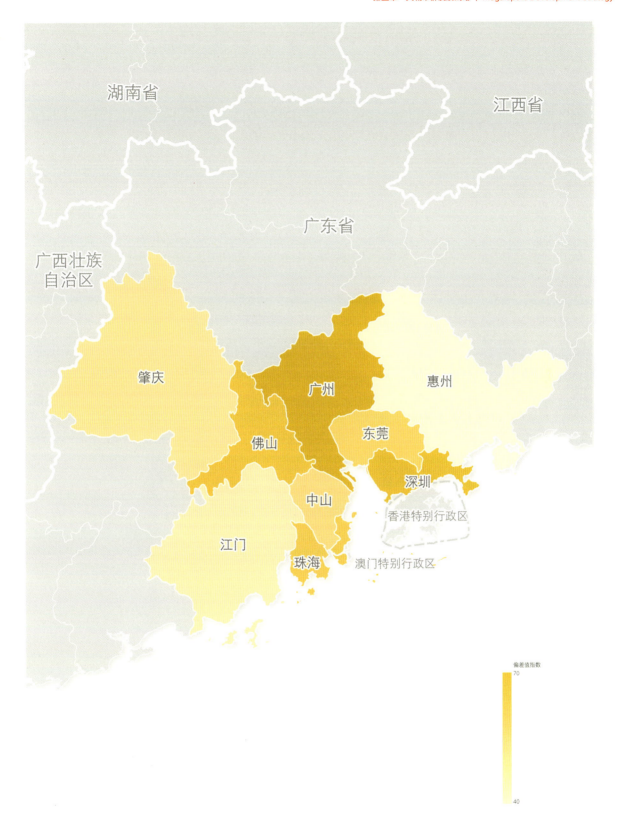

图 5-22　珠江三角洲大城市群 9 个城市社会大项分析示意图
Analysis Diagram of Social Dimension of the Pearl River Delta Megalopolis 9 Cities

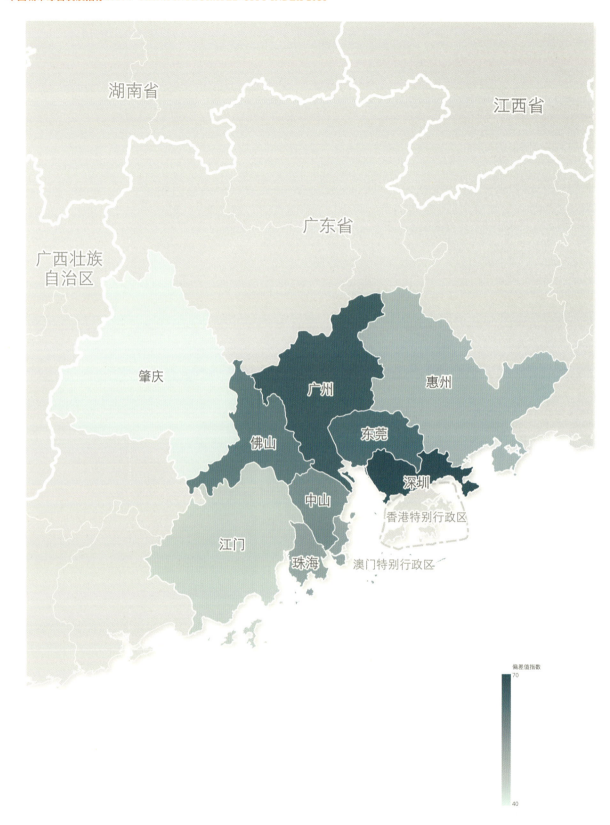

湖南省

江西省

广东省

广西壮族
自治区

肇庆

广州

惠州

佛山

东莞

中山

深圳

江门

香港特别行政区

珠海

澳门特别行政区

偏差值指数
70

40

图 5-23　珠江三角洲大城市群 9 个城市经济大项分析示意图
Analysis Diagram of Economic Dimension of the Pearl River Delta Megalopolis 9 Cities

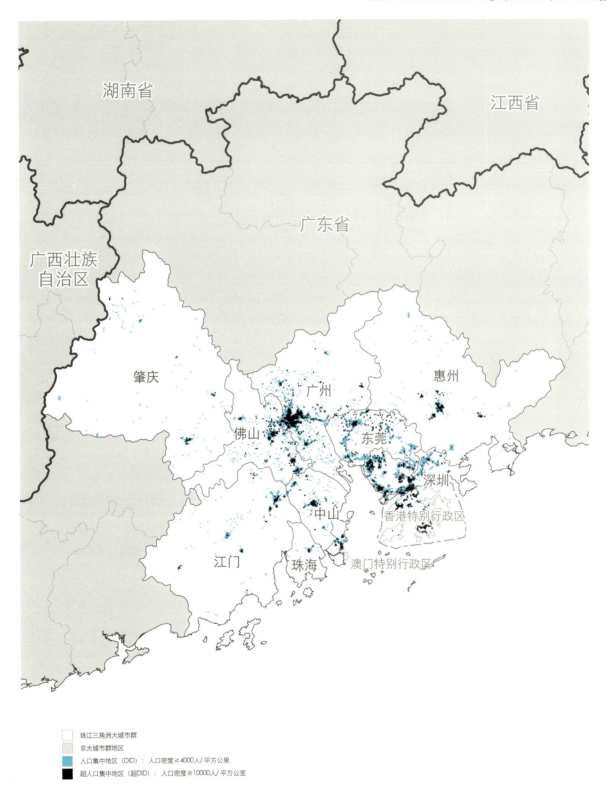

图 5-24 珠江三角洲大城市群 DID 分析示意图
Analysis Diagram of DIDs in the Pearl River Delta Megalopolis

资料来源：根据云河都市研究院卫星遥感分析数据制作。

珠江三角洲地区是指广东省的一部分和香港、澳门两个特别行政区所构成的区域。中国推行改革开放政策初期，香港和澳门还分别被英国和葡萄牙所统治。1997年和1999年，香港和澳门相继回归中国成为特别行政区。珠江三角洲大城市群应该包括香港和澳门，但由于数据限制，本报告根据国家发展和改革委员会相关规划的界定，主要将广东省的广州、深圳、珠海、佛山、江门、肇庆、惠州、东莞、中山9个城市作为珠江三角洲大城市群进行分析。

改革开放政策试验区

1980年，广东省的深圳、珠海、汕头以及福建省的厦门4市被指定为"经济特区"，拉开了中国对外开放的序幕。

起爆广东经济发展的正是全球供应链的展开。20世纪80年代初期，广东省率先在全国推出奖励利用进口原材料和零部件进行加工出口的加工贸易政策。大批海外企业在优惠政策的吸引下来广东投资设厂。当时全球供应链在发展中国家展开的商业模式已经在有"亚洲四小龙"之称的韩国、中国台湾、新加坡、香港的 NIES[①] 化过程中成熟。随着"亚洲四小龙"的劳动力成本上升，与香港毗邻的广东的开放为全球供应链提供了新天地。到1993年，80%以上的香港制造业企业已经将生产功能转移到以广东为首的华南地区，并在该地区兴建了3万家以上的工厂。在这些港资企业工作的内地从业人员数量当时达到300万人，相当于香港制造业从业人数的5倍。广东通过接受香港制造业的大规模转移为后来大发展打下了扎实的产业基础。

香港成熟的金融中心、交易中心、航运中心对广东的产业发展也起到了重要作用。同时，广东的经济发展也给香港带来大陆业务，提供了巨大的发展机会。得益于来自大陆的大量人流和物流需求，香港机场和港口都发展成亚洲重要的枢纽中心之一。香港金融市场也得惠于大陆企业的大批上市呈现出旺盛活力。

从服装、电子、玩具等加工贸易起家的广东，通过三十多年的发展，今天已经成长为覆盖电子、机械、汽车、钢铁、石油、化工等整个工业领域，全球最大级别的复合型产业集聚地之一。

特别值得一提的是广东本地企业的迅猛成长。以华为、中兴、TCL、格力、美的为代表，一大批当地企业已经成长为实力强大的国际知名企业。

---

① OECD 在 1979 年发表了名为《The Impact of Newly Industrializing Countries on Production and Trade in Manufactures》的报告书，将当时工业产品出口急速增长的巴西、墨西哥、西班牙、葡萄牙、希腊、南斯拉夫、韩国、中国台湾、新加坡、中国香港10个国家和地区命名为新兴工业国（NICs : Newly Industrializing Countries）。然而进入20世纪80年代以后，只有韩国、中国台湾、新加坡、中国香港等亚洲 NICs 持续了经济增长，拉丁美洲和欧洲的 NICs 都陷入了经济停滞。因此在1988年的多伦多峰会上将亚洲 NICs 改名为新兴工业化经济群（NIES : Newly Industrializing Economies）。

大规模外来人口

　　率先实行改革开放政策的广东吸引了数千万来自全国各地的人们前来谋求发展。被计划经济长期禁锢的活力，以到广东寻梦的形式在全国爆发，引发了规模空前的人口转移。

　　农民工给广东提供了源源不断的廉价劳动力，满足了在工业化进程中急速扩大的劳动力需求。大批专业人员如同"孔雀东南飞"所形容的那样，从内地移居广东谋求发展。

　　根据《中国城市综合发展指标 2016》分析得出，在珠江三角洲大城市群 9 个城市中，深圳、东莞、广州、佛山、中山、惠州 6 个城市分别接纳了 745.7 万、642.9 万、465.7 万、349.5 万、163.2 万、124.2 万的非户籍常住人口。江门、珠海两市接纳外来人口的规模相对较小，分别为 57.5 万和 51.2 万。唯有肇庆是人口净流出城市，其人口流出规模为 30 万。珠江三角洲大城市群目前接纳的非户籍常住人口总计多达 2600 万人，是中国接纳外来人口最多的地区[1]。

　　庞大的产业和人口集聚在珠江三角洲地区形成了一个人口密集的城市连绵地带——珠江三角洲大城市群。

　　新型产业集聚的形成需要丰富的人力资源。珠江三角洲大城市群正是通过提供宽容的环境，吸引了大量的外来人才和劳动力，克服了人力资源储备的制约，成就了社会经济的高速发展。

基础设施建设

　　全球供应链型产业集聚的形成不仅需要制度上的开放，还需要连接世界的基础设施网络。

　　全球供应链首先需要处理能力巨大的大型港口支撑其庞大的贸易量。拥有漫长深水岸线的珠江三角洲大城市群在这一点上具有得天独厚的优势。而且幸运的是广东推行加工贸易政策之初，香港已经是全球屈指可数的现代港口，拥有成熟的海运产业，为全球供应链在广东的迅速展开提供了条件。

　　得益于全球供应链生成的巨大海运量，现今深圳港、广州港也跃进成为世界第 3 位和第 8 位的集装箱大港。

　　根据《中国城市综合发展指标 2016》分析，深圳是全国集装箱港口便利性排名第 2 位的城市。此外，珠江三角洲大城市群还有 7 个城市跻身于该便利性全国排名前 30 位。占全国集装箱港口吞吐量 26.3% 的该大城市群是中国海运条件最便捷的地区[2]。

　　随着全球供应链在珠江三角洲的展开，跨地区、跨国境的人员往来和航空货运量也不断增大。该地区今天已经形成了香港国际、澳门国际、广州白云国际、深圳宝安国际、珠海金湾国际、惠州平潭、佛山沙堤的七机场航空体系，该大城市群机场的旅客吞吐量和货邮吞吐量在全国的占比分别达到 11.2% 和 18.4%。

---

　　① 参照图 4-17、图 4-18。

　　② 参照图 5-12。

根据《中国城市综合发展指标2016》分析，深圳和广州分别是全国机场便利性排名第三位和第四位的城市。此外，该大城市群还有中山、东莞、佛山、珠海4座城市跻身于同便利性全国排名前30位。该大城市群已经成为与世界各地交流相当便捷的地区[①]。

星罗密布的高速公路、高速铁路和内河航道网络更是将珠江三角洲大城市群连接成规模巨大、高度分工的产业集聚有机体。

珠江三角洲大城市群对港口、机场、高速公路、高速铁路、航道、电力等基础设施实施的庞大投资，大幅度地改善了该地区的基础设施水平，正是这些努力保障了全球供应链的高效率运转。

空间结构特色

产业发展带动珠江三角洲大城市群接纳了大量的流入人口，形成了规模巨大的城市人口集聚。广州、深圳已经成为两个常住人口分别为1308.1万、1077.9万的超大城市，紧随其后的是拥有834.3万人和735.1万人的东莞、佛山两座大型城市，惠州、江门、肇庆、中山4座城市的人口规模在300—400万人级别，珠海人口规模最小，但也有161.4万人。

庞大的产业和人口集聚在珠江三角洲大城市群形成了一个总面积达5094.5平方公里的人口密集地区：以DID面积计算的高密度城镇化地区。本书通过运用DID对该城市群的空间结构进行分析，发现以下三个特点。

第一，珠江三角洲大城市群在空间上是中国人口城镇化率最高的地区。相对于5763.4万的常住人口，珠江三角洲大城市群的DID人口规模为4406.7万人，DID人口比率达到77.4%。特别是深圳市区的人口集中度较高，DID人口比率高达90.4%，为中国城市之首。广州的DID人口比率为84.2%，与深圳略有差距。东莞、佛山的DID人口比率也分别达到83%、82%，珠海和中山两市同比率分别达到79.9%和74.9%。惠州和江门两市同比率分别达到63.5%和55.8%。肇庆的同比率最低，为42.8%。

第二，该城市群在空间上是"三大三中两小"的格局。作为"三大"的广州、深圳、东莞的DID面积分别达到1135.7平方公里、1128.2平方公里、894.5平方公里。佛山的DID面积为652.1平方公里，其大部分与广州的DID地区相邻，可以算成大广州的一角。惠州、江门、中山、肇庆、珠海5个城市的DID面积相对较小，也较分散。

广州与佛山形成的大广州DID的人口规模达1690.3万人，是该大城市群最大的城市板块。深圳的DID人口规模达到943.6万人，是规模仅次于大广州地区的城市板块。东莞的DID人口规模也达到了695.2万人。作为"三中"的惠州、江门、中山的DID人口分别为294.2万人、252.5万人、237.3万人。作为"两小"的珠海和肇庆的DID人口规模都在200万人以下[②]。

---

① 参照图5-13。
② 这里所比喻的大中小只是相对而言。

第三，珠江三角洲大城市群在空间结构上已经形成"一长一短"两条城市连绵地带。"一长"是指从广州、东莞、深圳直至香港已经形成了一条密集的城市连绵地带。"一短"是指从广州与佛山东部连成的大广州人口密集区到中山的北角和江门的东北角也逐渐形成了一条城市连绵地带[①]。

"三大三中两小"的空间结构在经济指标上也能确认到：构成"三大"的广州＋佛山、深圳、东莞的 GDP 规模、货物出口额、第三产业地区生产总值的合计分别占到珠江三角洲大城市群的 80%、83%、84%。

产业结构特色

珠江三角洲大城市群已经形成强大的工业集聚，在中国第二产业地区生产总值中占 8% 份额，在全国货物出口额中的占比更是高达 23.7%。作为与全球供应链在互动中成长发展起来的该地区，出口指向型工业色彩浓厚。

在改革开放初期，利用香港的国际航空航运、贸易、金融等中心功能，广东的工厂经济迅速崛起，由香港和广东分别承担中心功能和工厂功能组合而成的"前店后厂"模式名噪一时。今天，凭借庞大的产业和人口集聚，在珠江三角洲大城市群也形成了国际航运航空、贸易、金融、科技创新、文化体育、旅游会展等一系列的中心功能。该大城市群的工业性质也从单纯的工厂经济向与总部、科研、销售相结合的工业经济转型。

运用《中国城市综合发展指标 2016》的辐射力概念对珠江三角洲大城市群在这些领域进行分析可以看到：在零售业领域，深圳和广州的辐射力优势突出，分别名列全国第 3 位和第 4 位，凸显两市作为购物中心的地位。与两市体量大、档次高、内容丰富的零售业集聚相比，除珠海跻身同辐射力全国第 25 位之外，其他城市相对薄弱。换句话说，深圳和广州两城市向其他城市提供着购物中心的功能[②]。

科学技术领域，深圳和广州都拥有强大的辐射力，名列全国辐射力排名第 3 位和第 4 位。同时还有东莞、佛山、中山 3 城市跻身全国科学技术辐射力排名前 30 位，分别名列第 14 位、第 17 位、第 23 位。深圳和广州在全国研发人员数量排名中分别为第 3 位和第 6 位，珠江三角洲大城市群在全国 R&D 人员数占比达 12.5%。两市在全国专利申请授权量排名中也分别居第 4 位和第 9 位，该大城市群占全国专利申请授权量达 14.2%。以深圳和广州两市为核心，该地区已经成长为全国重要的研发中心之一[③]。

高等教育领域，珠江三角洲大城市群只有广州进入全国辐射力前 30 位，名列第 7 位，在该地区一家独大。深圳、东莞等城市的辐射力都为负数，说明这些新兴崛起城市的高等教育还不能满足

---

① 参照图 5-24。
② 参照图 4-11。
③ 参照图 4-15。

自身对人才的旺盛需求。该大城市群在全国在校大学生数的占比为 5.7%，与京津冀和长江三角洲两个大城市群相比，在高等教育领域还相对薄弱[①]。

1991 年开设证券交易市场的深圳，已经成为全国三大金融中心之一，名列全国金融辐射力第 3 位。全国辐射力前 30 位中，还有广州、珠海分别跻身第 7 位和第 12 位[②]。

文化体育领域，广州和深圳虽然跻身全国文化体育辐射力排名前 30 位的第 3 位和第 7 位，但是与北京和上海的差距甚大。同时，新兴城市深圳相比省会城市广州在这一领域还显得比较单薄。在珠江三角洲大城市群中，文化体育的设施和活动相对集中在广州的格局明显[③]。

医疗领域，珠江三角洲大城市群只有广州进入全国辐射力排名前 30 位，位列第 3 位，在该地区一家独大。许多城市的辐射力为负数，说明这些新兴崛起城市的医疗服务还不能满足自身需求。与京津冀和长江三角洲两个大城市群比较，该大城市群在医疗领域还相对薄弱，医疗机构和人员在数量与水平上都滞后其经济发展水平[④]。

由于毗邻香港，深圳是全国入境游客数量最多的城市，广州也名列全国第 3 位。在全国入境游客数量中占比高达 27.7% 的珠江三角洲大城市群已经是全国最大的会展中心之一，在发展交流经济、旅游经济上潜力巨大[⑤]。

总之，珠江三角洲大城市群虽然缺乏像北京、上海那样能够具有全国性中心功能的城市，但是广州、深圳已经成长为人口超过 1000 万的超大型城市，成为引领该大城市群发展的双核。在制造业、出口、金融和研发等领域，深圳甚至已经超过了广州成为该地区的领军。但是作为省会城市，广州在文化体育、医疗服务、高等教育领域仍然保持着强大优势。其他城市制造业发展非常迅猛，东莞、佛山、惠州、珠海、中山 5 城市也跻身全国货物出口排名前 30 位，分别名列第 4 位、第 13 位、第 16 位、第 22 位、第 23 位[⑥]。但这些城市的服务业领域发展目前还比较薄弱，亟待通过发展服务经济、丰富城市功能从工厂经济向真正意义上的城市经济转型升级。

城市群评价分析

在三大城市群中，珠江三角洲大城市群在"水土禀赋"和"气候条件"[⑦]上优势明显，作为全国工业最发达地区之一存在严重的水质和土壤污染。但与京津冀大城市群为空气质量所困扰相比，大气污染问题相对缓和。在全国 PM2.5 污染最轻微的 30 座城市中，惠州和深圳分别名列第 17 位和第

---

① 参照图 4-14。
② 参照图 4-16。
③ 参照图 4-13。
④ 参照图 4-12。
⑤ 参照图 4-10。
⑥ 参照图 5-17。
⑦ "水土禀赋""气候条件"是《中国城市综合发展指标 2016》环境大项中的小项指标。

30 位。在"资源效率""环境努力""紧凑城区""交通网络""城市设施"①等小项上，该地区城市的全国排名也较靠前。结果，深圳荣登《中国城市综合发展指标 2016》环境大项排名榜首，广州名列第 11 位②。

《中国城市综合发展指标 2016》对珠江三角洲大城市群内部 9 座城市环境大项进行偏差值分析可以看到，深圳优势明显位居榜首，广州、佛山偏差值接近，分别名列第 2 位、第 3 位；惠州、中山是第 3 个梯级；江门、东莞、珠海是第 4 个梯级；肇庆屈居末位③。

在《中国城市综合发展指标 2016》社会大项排名前 20 位城市中，广州、深圳分别名列第 5 位和第 11 位④。

在对该大城市群内部社会大项进行偏差值分析可以确认，广州作为省会的优势突出，深圳紧随其后名列第 2 位；其他城市与前两位城市之间存在较大差距，佛山、珠海、东莞、中山为第 2 个梯级，分别名列第 3 位、第 4 位、第 5 位、第 6 位；肇庆、江门为第 3 个梯级；惠州屈居末位⑤。

在中国最早实行对外开放，与全球供应链互动发展起来的珠江三角洲大城市群经济实力雄厚。在《中国城市综合发展指标 2016》经济大项排名前 20 位城市中有 4 座城市入榜，深圳、广州、东莞、佛山分别排名第 3 位、第 4 位、第 13 位和第 18 位，尽显该大城市群在经济大项的群体实力⑥。

在对该大城市群内部经济大项进行偏差值分析可以看到，由于深圳、广州优势突出，东莞、佛山为第 2 梯级城市，分别名列第 2 位、第 3 位；中山、珠海、惠州为第 3 梯级城市，分别名列第 5 位、第 6 位、第 7 位；江门、肇庆分别位列倒数第 2 位和第 1 位⑦。

在《中国城市综合发展指标 2016》综合排名中，深圳、广州成绩卓越，名列第 3 位、第 4 位，凸显了珠江三角洲大城市群两大核心城市的实力，佛山也跻身第 17 位⑧。

在对该大城市群内部进行偏差值综合分析可以确认到，深圳、广州两市优势明显，位居前两位。名列第 3 位至第 8 位的分别为佛山、东莞、中山、珠海、惠州、江门，肇庆屈居末位⑨。

---

① "资源效率""环境努力""紧凑城区""交通网络""城市设施"也是《中国城市综合发展指标 2016》环境大项中的小项指标。

② 参照图 2-4。

③ 参照图 5-11。

④ 参照图 2-6。

⑤ 参照图 5-22。

⑥ 参照图 2-8。

⑦ 参照图 5-23。

⑧ 参照图 2-2。

⑨ 参照图 5-20。

下一程挑战

　　根据《中国城市综合发展指标 2016》分析，作为中国城镇化启动最早，进程最深入的珠江三角洲大城市群，其 DID 人口比率达到 77.4%，为全国最高水准。这一数值与日本太平洋大城市群的 83.2% 相比，只有 5.8 个百分点的差距。但是值得注意的是，珠江三角洲大城市群与太平洋大城市群相比，DID 人口密度比后者高出 657 人 / 平方公里。

　　以上数据说明珠江三角洲大城市群在空间结构上的第一个挑战是人口向 DID 集中的程度还不够，还有大约 22.6% 人口的 1300 万人生活在非 DID 地区，其城镇化进程还任重道远。

　　珠江三角洲大城市群空间结构上面临的第二个挑战是珠江三角洲大城市群 DID 人口密度与其城市组织能力和基础设施水平相比相对偏高。

　　第三个挑战是一方面该地区城市建成区内存在相当数量的低密度开发现象，特别是工业开发区、新区这类倾向较严重。另一方面，又有大量的 DID 分散在建成区之外，导致这些地区的基础设施配套、公共服务配套以及社会管理都存在相对滞后的问题。

　　总之，珠江三角洲大城市群亟待通过深化城镇化，改变工场经济的土地开发模式，加速从工厂经济走向工业经济、城市经济的进程。为此，需要大力发展服务业经济，提高城市生活品质和经济活动的效率；还需要提升城市的管理水平和基础设施水平，打造高密度大规模城市社会。作为改革开放和城镇化的先行者，珠江三角洲大城市群有责任为中国城镇化开拓下一程的成功经验和模式。

3. 长江三角洲大城市群
The Yangtze River Delta Megalopolis

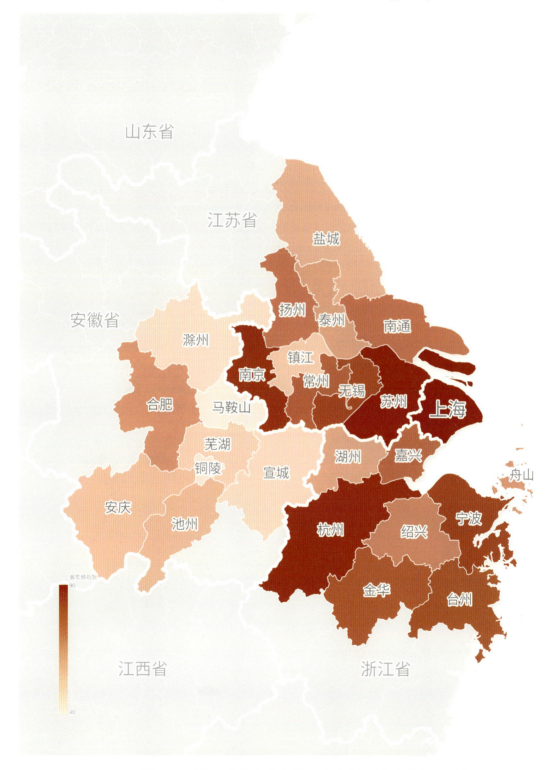

图 5-25　长江三角洲大城市群 26 个城市综合指标分析示意图
Analysis Diagram of Integrated Index of the Yangtze River Delta Megalopolis 26 Cities

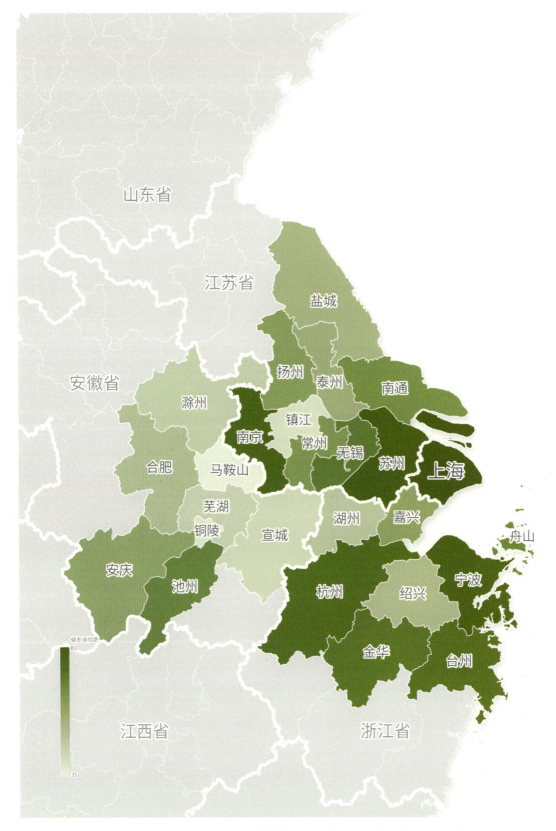

图 5-26 长江三角洲大城市群 26 个城市环境大项分析示意图
Analysis Diagram of Environmental Dimension of the Yangtze River Delta Megalopolis 26 Cities

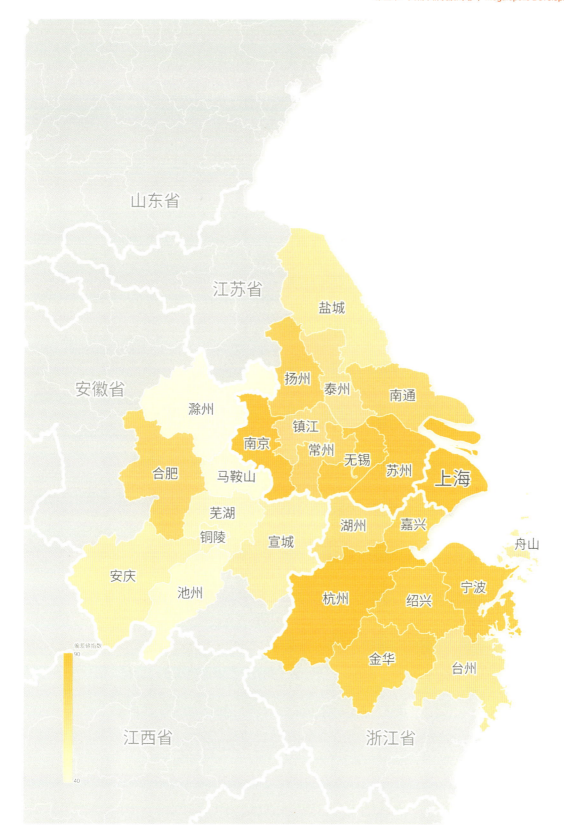

图5-27　长江三角洲大城市群26个城市社会大项分析示意图
Analysis Diagram of Social Dimension of the Yangtze River Delta Megalopolis 26 Cities

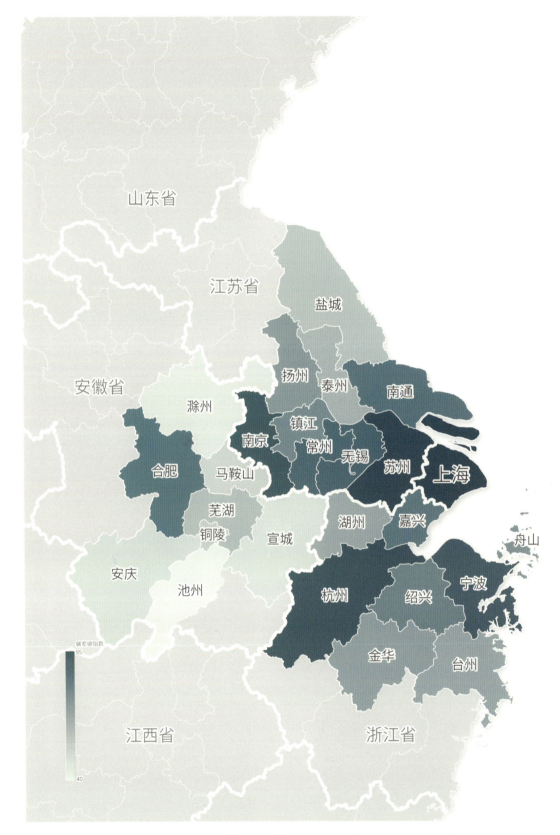

图 5-28　长江三角洲大城市群 26 个城市经济大项分析示意图
Analysis Diagram of Economic Dimension of the Yangtze River Delta Megalopolis 26 Cities

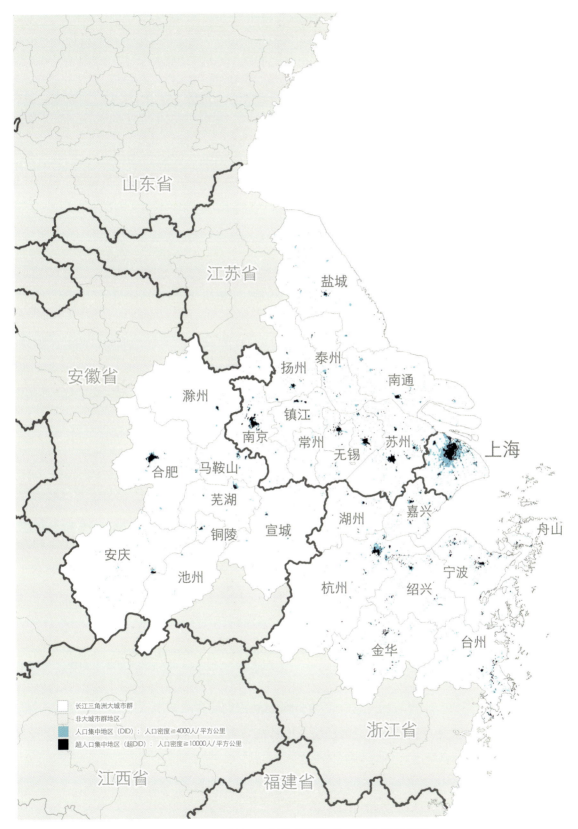

图 5-29 长江三角洲大城市群 DID 分析示意图
Analysis Diagram of DIDs in the Yangtze River Delta Megalopolis

资料来源：根据云河都市研究院卫星遥感分析数据制作。

　　长江三角洲地区是中国经济最具活力、产业能力和创新能力最强、吸纳外来人口最多的区域之一。该地区交通条件便利，经济腹地广阔，大中小城市密集，是带动中国社会经济发展的重要引擎。本报告根据国家发展和改革委员会相关规划界定，将上海、南京、无锡、常州、苏州、南通、盐城、扬州、镇江、泰州、杭州、宁波、嘉兴、湖州、绍兴、金华、舟山、台州、合肥、芜湖、马鞍山、铜陵、安庆、滁州、池州、宣城26个城市作为长江三角洲大城市群进行分析。

浦东开发启动大发展

　　自1842年因鸦片战争开港以来，上海一直是东亚的中心城市。上海不仅是亚洲的贸易和金融中心，由于位于沿海地带的中央和长江入海口的地理位置也成就其成为中国最大的交通枢纽。特别是1865年和1878年江南机器制造总局（简称"江南制造局"）和上海机器织布局的成立，在上海拉开了中国近代机械工业和纺织工业发展的序幕。此后，上海作为中国近代工业的发祥地，一直是全国最大的工业基地。

　　新中国成立以后，在计划经济体制下，上海丧失了其作为贸易和金融中心的功能，但是凭借雄厚的工商业储备和优越的地理位置，营建了从轻工业到重工业完整的产业结构，一直雄踞中国第一工商城市的宝座。

　　然而进入20世纪80年代以后，与率先实施改革开放政策实现高速度发展的广东相比，以国营企业为主体的上海陷入了经济停滞。

　　20世纪80年代国营企业的艰难却给乡镇企业带来了兴起的机会。江浙两省的乡镇企业依靠从上海的国营企业"借"人才、"借"设备、"借"技术、"借"品牌，快速完成了资本和技术的原始积累。

　　上海的储备和江浙两省的活力促成了乡镇企业的高速崛起，为长江三角洲地区打下了雄厚的工业基础，带来了成功体验，培养了旺盛的企业家精神，为后来该地区的飞跃发展奠定了基石。

　　1990年中国政府正式启动上海浦东新区开发，长江三角洲地区迎来了历史性的大发展期。

　　以浦东开发为契机，中央政府允许上海推行积极的招商引资政策和大胆的国营企业改革。民营企业的发展更为上海缔造了充满活力的生力军。浦东开发使上海走出低迷，跨入崭新的大发展期。

　　在乡镇企业繁盛的20世纪80—90年代，由于国家对城市发展的控制，小城镇是长江三角洲城镇化的主旋律。在停滞的大中型城市周边兴起了一大批快速发展的小城镇，这种小城镇包围大中型城市的现象当时作为"苏南模式"备受世人关注。

　　浦东开发不仅给上海，也给整个长江三角洲地区带来了巨大的机遇。政府对浦东新区开发的期待不仅在于搞活上海经济，还希望通过建设上海的金融、贸易等中心功能，带动整个长江流域地区的经济发展。1992年，政府推出了以长江流域为对象的"沿江开放政策"，提出了"以上海为龙头，实现长江流域协调发展"的构想，对作为全国金融中心、航运中心的上海的港口、机场、高速公路等广域基础设施实施了大规模投资。

在浦东开发带来宽松政策的环境下，长江三角洲地区各级政府竞相设置开发区，推出各种优惠政策，积极招商引资。更重要的是从20世纪90年代末以后，国家对大中型城市的控制逐渐缓和，该地区大中型城市城市建设面积迅速扩展，产业和人口也迅速向大中型城市集聚。

城市功能和大型基础设施的改善，上海中心功能的提高，给全球供应链的展开提供了所需的商务环境。全球供应链的大展开与中国最具实力产业地带的大开放幸运相逢，带来了长江三角洲地区的大发展。

长江三角洲地区今天已经成长为世界上规模最大的，覆盖电子、机械、汽车、钢铁、石油、化工等整个工业领域的复合型产业集聚地。产业的高速发展带动了该地区城市的成长。各具特色的城市通过高密度交通网络构筑成高度的分工体系，形成了规模巨大的城市集合空间——大城市群。长江三角洲大城市群今天已经成为牵引中国经济发展的一大引擎。

大规模外来人口

滞后广东十年，20世纪90年代以后，外来人口开始大量涌入长江三角洲地区。同时，该地区内部也发生了从农村到城市，从地方城市到大城市的大规模人口流动。

根据《中国城市综合发展指标2016》分析得出，长江三角洲大城市群26个城市中上海接纳了987.3万非户籍常住人口，是中国接纳外来人口最多的城市。苏州、宁波、杭州、南京、无锡、嘉兴、常州分别接纳399.3万、197.3万、173.4万、173万、172.9万、108.9万、101万的非户籍常住人口。金华、合肥、绍兴、镇江、湖州、舟山6座城市接纳非户籍常住人口的规模在17万—67万之间，台州、铜陵、马鞍山三市基本持平。扬州、池州、宣城、芜湖、南通、泰州、滁州、安庆、盐城9座城市为人口净流出城市，其中盐城外流人口超过百万[①]。

庞大的产业和人口集聚在长江三角洲地区形成了一个人口密集城市连绵地带。该大城市群目前接纳的非户籍常住人口总计多达2586万人，是全国仅次于珠江三角洲大城市群接纳外来人口最多的地区。

长江三角洲大城市群正是通过为国内外的企业和人才提供发展的空间，汇集新时代的活力，实现了社会经济的高速发展。

---

① 参照图4-17、图4-18。

大规模基础设施建设

2004 年上海被指定为中国的国际航运中心。今天上海港已成长为世界第一大集装箱港口，作为中国第三大集装箱港口的宁波舟山港在全球排名第 6 位，苏州港和南京港也分别在全国集装箱吞吐量排名中名列第 11 位和第 14 位。根据《中国城市综合发展指标 2016》分析，上海是全国集装箱港口便利性最高的城市。此外，长江三角洲大城市群还有 12 个城市跻身于同便利性全国排名前 30 位。占全国集装箱港口吞吐量 34.4% 的该大城市群是中国最大的海运中心[①]。

作为东亚枢纽空港建设的上海浦东国际机场已经成为全国旅客吞吐量排名第 2 位的国际机场。此外，长江三角洲大城市群还有上海虹桥、杭州萧山、南京禄口三个国际机场跻身全国旅客吞吐量排名前 30 位。加上宁波栎社国际、合肥新桥国际、苏南硕放国际、常州奔牛国际、扬州泰州国际、金华义乌、南通兴东、盐城南洋、舟山普陀山、台州路桥、池州九华山、安庆天柱山 12 个机场，该大城市群已经形成 16 个机场的庞大航空体系。

根据《中国城市综合发展指标 2016》分析，上海在全国机场便利性排名中名列榜首。长江三角洲大城市群占全国机场旅客吞吐量的 19.3%，占全国机场货邮吞吐量的 33.8%，是中国最大的航空运输中心[②]。

大型机场和港口强化了长江三角洲大城市群与世界交流和交易的商务环境，星罗密布的高速公路、高速铁路和内河航道网络将该大城市群连接成高度分工、规模巨大的产业集聚有机体。大规模基础设施投资为该大城市群的社会经济发展打下了良好的基础。

空间结构特色

经历了 20 世纪 80 年代的乡镇企业与小城镇的互动发展，20 世纪 90 年代中后期以来的大规模工业化和城市大发展，长江三角洲地区接纳了大量的流入人口，已经形成了规模巨大的城市人口集聚。其中拥有 2426 万常住人口的上海是中国人口规模最大的超大型城市。苏州也已经成长为常住人口过千万的超大城市。杭州、南京两个省会城市紧随其后，有望在不久的将来成为千万级的超大城市。宁波、合肥、南通、盐城、无锡、台州、金华、安庆 8 座城市的人口规模在 500 万—780 万之间。绍兴、常州、泰州、嘉兴、扬州、滁州、芜湖、镇江、湖州、宣城、马鞍山、池州、舟山 13 座城市的人口规模在 100 万—500 万之间。只有铜陵的人口规模在百万以下。该地区的常住人口规模总计达 1.5 亿，占全国人口的 11.8%。

根据《中国城市综合发展指标 2016》分析，长江三角洲大城市群 DID 总人口达到 9138.6 万人，占全国 DID 总人口的 15.9%，是中国最大的城市人口群体。但是其 DID 人口比率只有 61%，比珠江

---

① 参照图 5-12。

② 参照图 5-13。

三角洲大城市群低 16.4 个百分点。

庞大的产业和人口集聚在长江三角洲大城市群形成了一个总面积为 10014.9 平方公里的人口密集地区：以 DID 面积计算的高密度城镇化地区。本报告通过运用 DID 对该大城市群进行分析，发现具有以下三个空间结构特点。

该大城市群在空间上的第一个重要特点是内部 26 个城市发展水平差距较大，虽然上海 DID 人口比率达到 88.6%，却有 10 个城市的 DID 人口比率在 50% 以下，其中最低的池州仅为 13.3%。

该城市群在空间上的第二个特点是"一大十四中十一小"格局。"一大"是指拥有 2076.3 万 DID 人口的上海，作为中国最大的城市体，其体量与功能远超其他城市。"十四中"是指南京、杭州、苏州、合肥、宁波、无锡、台州、常州、金华、南通、绍兴、安庆、扬州、嘉兴 14 个拥有 200 万—700 万 DID 人口规模的城市。"十一小"是指盐城、镇江、泰州、芜湖、马鞍山、滁州、湖州、宣城、舟山、铜陵、池州 11 个 DID 人口规模在 200 万人以下的城市，其中宣城、舟山、铜陵、池州四城市 DID 人口规模在 100 万以下[1]。

该大城市群在空间结构上的第三个特点是已经形成"一密一疏"两条城市连绵地带。"一密"是指从上海至南京到芜湖沿长江南岸形成的较为密集的城市连绵地带。"一疏"是指从上海沿杭州湾至杭州到宁波的城市连绵地带，相对前者而言，其城市连绵程度还较疏松[2]。

"一密一疏"两条城市连绵地带 12 个城市的 GDP、人口规模、DID 人口规模和 DID 面积分别占长江三角洲大城市群总量的 71.4%、59.5%、75.8%、72.3%。

产业结构特色

长江三角洲大城市群是中国产业实力最雄厚的地区，在全国第二产业地区生产总值中占比高达 18.3%，在全国货物出口额中的占比更是高达 44%，是中国最大的工业中心和出口基地。

以上海为中心，长江三角洲大城市群形成了金融、贸易、科技创新、文化体育、旅游会展等一系列的中心功能。

运用《中国城市综合发展指标 2016》的辐射力概念对长江三角洲大城市群 26 个城市在这些领域的偏差值进行分析可以看到：在零售业领域，上海是全国最大的购物中心。虽然南京、杭州、苏州、合肥在全国零售业辐射力分别名列第 5 位、第 6 位、第 17 位、第 21 位，但与上海体量大、档次高、内容丰富的零售业集聚相比，只能屈居区域性购物中心的地位[3]。

科学技术领域，在全国辐射力排名第 2 位的上海拥有强大实力，此外还有苏州、杭州、无锡、

[1] 这里所比喻的大中小只是相对而言。
[2] 参照图 5-29。
[3] 参照图 4-11。

南京、宁波、常州、合肥、扬州、镇江、南通10个城市跻身全国科学技术辐射力排名前30位[1]。拥有全国24.7%R&D人员的长江三角洲大城市群，在全国专利授权量中的占比更是高达33.5%，是全国体量最大的研发中心。

高等教育领域，上海在全国高等教育辐射力排名中仅次于北京，名列第2位。南京、杭州、合肥也分别名列全国该辐射力排名第4位、第13位、第14位，都是肩负着向全国输出人才的高等教育基地[2]。长江三角洲大城市群在全国在校大学生数的占比高达14.3%，是中国体量最大的高等教育中心。

1990年上海证券市场，1999年上海期货交易市场相继开业，上海成为全国最大的金融中心，具有全国首位的金融辐射力。杭州、南京、宁波、苏州和无锡也分别名列该辐射力排名的第8位、第9位、第13位和第24位[3]。

文化体育领域，上海辐射力排名全国第2位，是仅次于北京的全国性文化体育中心之一。作为省会城市的南京、杭州、合肥分别名列全国文化体育辐射力排名第5位、第8位、第25位，是区域性的文化体育中心[4]。

医疗领域，上海辐射力排名全国第2位，是仅次于北京的全国性医疗中心之一。杭州、南京在全国辐射力排名分别为第8位和第12位，具有一定的区域性医疗辐射能力[5]。

上海是全国入境游客人数排名第2位城市，杭州、苏州、宁波分别位列全国入境游客数第5位、第18位、第19位。在全国入境游客人数中，长江三角洲大城市群占比高达18.2%[6]。已经成为全国最大的会展中心之一的该地区，在发展交流经济、旅游经济上潜力巨大。

总之，在长江三角洲大城市群，作为核心城市的上海发挥着各类功能的全国性中心作用。作为省会城市的南京、杭州和合肥发挥着区域中心作用。苏州、宁波、无锡、常州等城市发展迅速，无论是在制造业还是在服务业领域都形成了强大的产业功能。

城市群评价分析

在《中国城市综合发展指标2016》环境大项排名中，长江三角洲大城市群26个城市只有上海和苏州进入前20位，分别名列第5位和第20位。根据联合国人均水资源标准，该地区有8座城市为极度缺水城市。大规模的工业化和城市化给该地区的生态环境带来了巨大的负荷[7]。

---

① 参照图4-15。

② 参照图4-14。

③ 参照图4-16。

④ 参照图4-13。

⑤ 参照图4-12。

⑥ 参照图4-10。

⑦ 参照图2-4。

从对该大城市群内部环境大项进行偏差值分析可以看到，上海优势突出，苏州虽然与上海有一定差距，但稳坐第 2 位；宁波、南京、杭州、台州 4 座城市偏差值接近，为第 2 梯级的城市，分别排名第 3 位、第 4 位、第 5 位、第 6 位；金华、无锡、舟山、池州、南通、常州、扬州、嘉兴、安庆、泰州、盐城、绍兴、合肥为第 3 梯级的城市；湖州、滁州、芜湖、宣城、镇江、铜陵为第 4 梯级的城市；马鞍山屈居末位[①]。

在《中国城市综合发展指标 2016》经济大项排名中，上海名列榜首。该城市群进入前 20 位的还有第 6 位的苏州、第 7 位的杭州、第 9 位的南京、第 14 位的宁波和第 15 位的无锡。6 座城市跻身经济大项全国前 20 位排名的现象，尽显长江三角洲大城市群的经济实力[②]。

从对该大城市群内部经济大项进行偏差值分析可以确认到，上海的优势突出，苏州、杭州、南京、宁波、无锡 5 座城市实力雄厚，为第 2 梯级城市；常州、合肥、南通、嘉兴、绍兴、镇江、舟山、扬州、金华、台州、湖州、泰州、芜湖、盐城为第 3 梯级城市；铜陵、马鞍山、安庆、宣城、滁州、池州为第 4 梯级城市[③]。

在《中国城市综合发展指标 2016》社会大项排名中，长江三角洲大城市群以六城市跻身前 20 位。分别是第 2 位的上海、第 4 位的杭州、第 7 位的南京、第 8 位的苏州、第 15 位的无锡、第 17 位的宁波，经济实力给该地区的社会发展提供了强大的后盾[④]。

从对该大城市群内部社会大项进行偏差值分析可以确认到，上海的优势突出，杭州、南京、苏州三城市成绩优良，为第 2 梯级城市[⑤]；无锡、宁波、绍兴、金华、嘉兴、扬州、常州、南通、合肥、湖州、镇江、台州为第 3 梯级城市；泰州、舟山、盐城、宣城、安庆、铜陵、芜湖为第 4 梯级城市；池州、马鞍山、滁州屈居倒数第 3 位、第 2 位、第 1 位。

在《中国城市综合发展指标 2016》综合排名中，上海成绩卓越名列第二位。此外，还有苏州、杭州、南京、宁波、无锡五座城市跻身前 20 位排名，分别为第 6 位、第 7 位、第 9 位、第 12 位和第 15 位，显示了长江三角洲大城市群雄厚的群体实力[⑥]。

从对该大城市群内部进行偏差值综合分析可以确认到，上海鹤立群雄。苏州、杭州、南京三城市综合偏差值接近，作为第 2 梯级城市优势明显；宁波、无锡紧随其后[⑦]。

---

① 参照图 5-26。

② 参照图 2-8。

③ 参照图 5-28。

④ 参照图 2-6。

⑤ 参照图 5-27。

⑥ 参照图 2-2。

⑦ 参照图 5-25。

下一程挑战

根据《中国城市综合发展指标 2016》分析，长江三角洲大城市群的 DID 人口比率相对于珠江三角洲大城市群低 16.4 个百分点，还有 5850 万人生活在非 DID 地区，其城镇化任务还相当艰巨。

然而另一方面，长江三角洲大城市群的 DID 人口密度却比珠江三角洲大城市群还要略高，达到 9125 人 / 平方公里，比日本太平洋大城市群同密度高出 1132 人 / 平方公里。与城市管理水平和基础设施水平不相匹配的高密度，造成这一地区城市人口局部过密现象严重。

值得注意的是，该城市群的建成区内存在相当数量的低密度开发现象，但同时又有大量的 DID 分散在建成区之外，导致这些地区的基础设施配套、公共服务配套以及社会管理都存在相对滞后的问题。

总之，长江三角洲大城市群亟待通过深化城镇化，改变工厂经济的土地开发模式，加速从工厂经济走向工业经济、城市经济的进程。为此，需要大力发展服务业经济，提高城市生活品质和经济活动的效率，提升城市的管理水平和基础设施水平，打造高密度大规模城市社会，为下一程中国城镇化提供新的发展模式和成功经验。

4. 京津冀大城市群
The Beijing-Tianjin-Hebei Megalopolis

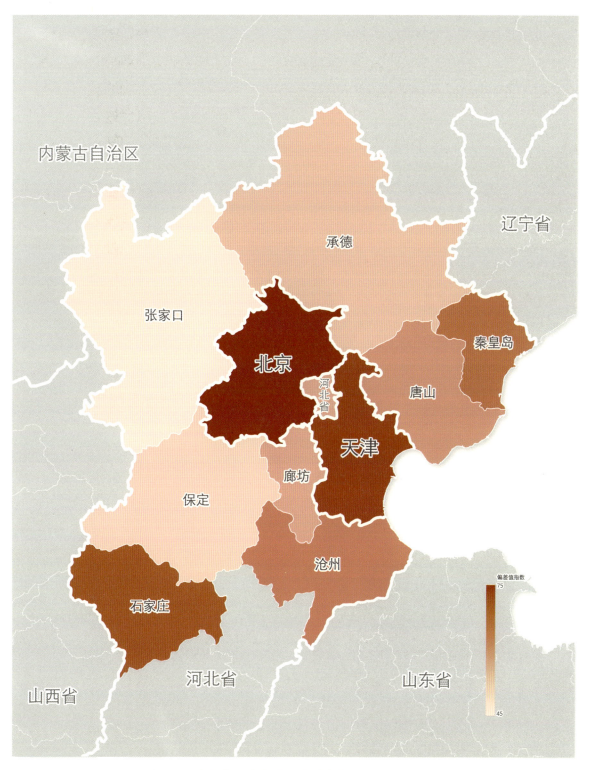

图 5-30　京津冀大城市群 10 个城市综合指标分析示意图
Analysis Diagram of Integrated Index of the Beijing-Tianjin-Hebei Megalopolis 10 Cities

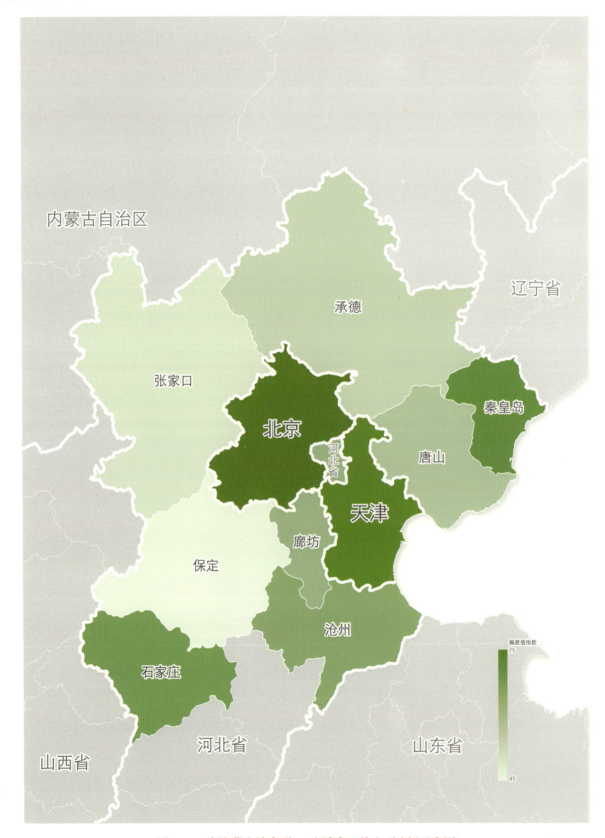

图 5-31 京津冀大城市群 10 个城市环境大项分析示意图
Analysis Diagram of Environmental Dimension of the Beijing-Tianjin-Hebei Megalopolis 10 Cities

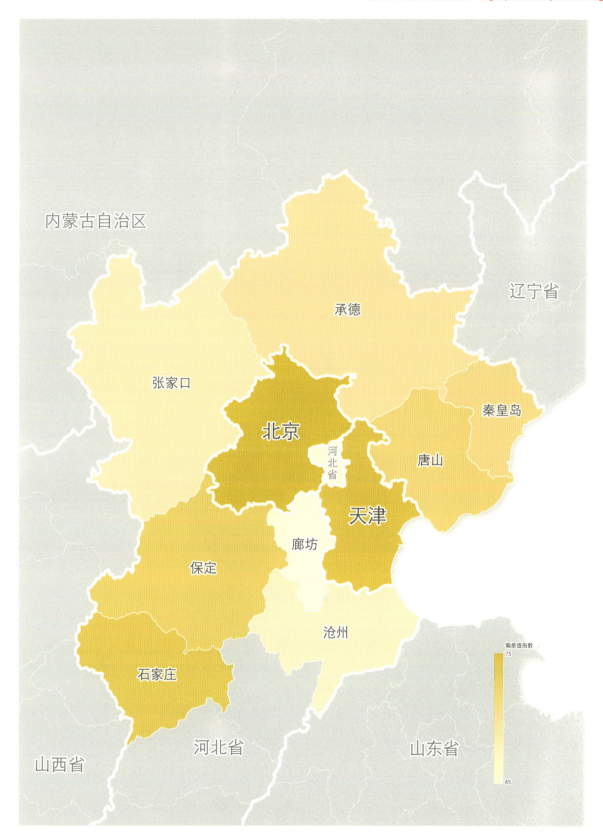

内蒙古自治区

辽宁省

承德

张家口

秦皇岛

北京

河北省

唐山

天津

廊坊

保定

沧州

偏差值指数
75

石家庄

河北省

山东省

山西省

45

图 5-32　京津冀大城市群 10 个城市社会大项分析示意图
Analysis Diagram of Social Dimension of the Beijing-Tianjin-Hebei Megalopolis 10 Cities

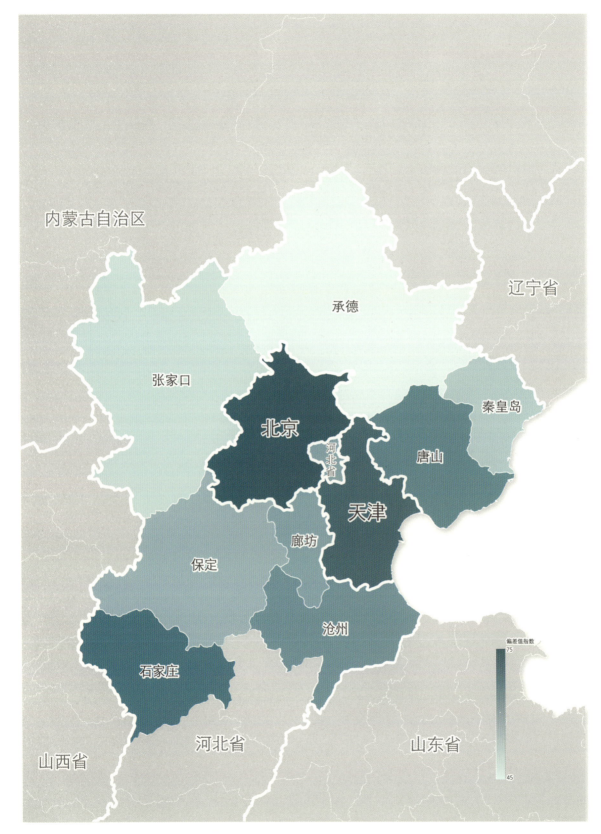

图 5-33　京津冀大城市群 10 个城市经济大项分析示意图
Analysis Diagram of Economic Dimension of the Beijing-Tianjin-Hebei Megalopolis 10 Cities

图 5-34　京津冀大城市群 DID 分析示意图
Analysis Diagram of DIDs in the Beijing-Tianjin-Hebei Megalopolis

资料来源：根据云河都市研究院卫星遥感分析数据制作。

作为中国经济发展的新引擎，以北京、天津为中心的京津冀大城市群正在步入大发展期。本报告根据国家发展改革委员会相关规划界定，将北京、天津、石家庄、唐山、秦皇岛、保定、张家口、承德、沧州、廊坊 10 个城市作为京津冀大城市群进行分析。

京津双核

作为京畿重地的京津冀地区面临渤海，背靠太岳，战略地位十分重要。该地区虽然坐拥北京、天津两大直辖市，但是周边地区城市发展滞后，"二元结构"现象显著。

（1）北京

京津冀大城市群的核心是首都北京。自公元前 221 年秦始皇统一中国以来，北京一直是中国北方的重镇和地方中心。1272 年以来元、明、清三大王朝相继定都北京，1949 年 10 月 1 日正式将北京定为中华人民共和国首都。

建国之前，北京原本是一座消费型城市。新中国成立后，定位成政治中心、文化教育中心的北京还被赋予了工业基地和科学技术中心的使命。经过 30 年的重工业化发展，北京确立了生产型城市的经济结构，甚至一度成为中国北方重工业城市之首。

改革开放以后，北京提出了向以知识经济为方向，以高新技术为核心的"首都经济"转型。以奥运为契机，北京确立了"人文北京、科技北京、绿色北京"的发展理念，成功地实现了由工业基地向服务经济城市的转型。

今天，北京集中着中国政治经济中心的管理功能，同时还是教育、科学技术、文化传媒、医疗卫生的中心和国际交往中心，各界精英云集。

（2）天津

京津冀大城市群的第二大城市是天津。

始于隋朝大运河开通的天津是南粮北运的水陆码头。元朝以来作为北京的门户，天津一直是军事重镇和漕运要冲。

天津的近代工业始于洋务运动时期由清政府创办的天津机器制造局。从西方引进技术设备，聘用外国技术人员，该局开启了天津近代化的风气之先。洋务运动期间，天津在铁路、电报、电话、邮政、采矿、近代教育和司法等方面的建树都为全国翘首。天津当时是中国第二大工商业城市和北方最大的金融商贸中心。

新中国成立后，天津与北京、上海并列为直辖市，更进一步强化了其作为工业基地的实力。

　　1984 年天津经济技术开发区成立，推行积极的招商引资政策。2005 年中国政府设置"天津滨海新区"，推出通过新区建设，制定将京津冀地区发展成继珠江三角洲、长江三角洲之后新成长极的战略。天津现在汇集了空客、壳牌、一汽丰田、三星电子等许多内外企业，形成了以航空航天、电子信息、石油开采及加工、海洋化工、现代冶金、汽车及装备制造、食品加工和生物制药等八大产业为主导的产业集聚地。

大规模外来人口

　　根据《中国城市综合发展指标 2016》分析得出，作为中国的政治、经济、文化中心，北京接纳了 818.6 万非户籍常住人口，是全国仅次于上海接纳外来人口第二多的城市。另一个直辖市天津也接纳了 500.3 万非户籍常住人口。京津冀大城市群中，还有石家庄、唐山、秦皇岛、廊坊 4 城市净流入人口分别达到 36.7 万人、23.6 万人、11.4 万人和 1.8 万人。与此相反，张家口、承德、沧州、保定 4 城市为人口净流出城市，其中保定外流人口接近 50 万。

　　以北京、天津两大直辖市为中心，在京津冀地区正在逐渐形成一个人口相对密集的城市连绵地带——京津冀大城市群。该大城市群目前接纳的非户籍常住人口总计多达 1259.4 万，接近珠江三角洲大城市群的一半规模[1]。

大规模基础设施建设

　　作为首都北京的海上门户，天津港在全国集装箱吞吐量排名中名列第 6 位，在全球集装箱吞吐量排名第 10 位，是中国北方最重要的枢纽港。根据《中国城市综合发展指标 2016》分析，天津在全国集装箱港口便利性排名中名列第 10 位，也是京津冀大城市群中跻身于同便利性全国排名前 30 位的唯一城市。该大城市群占全国集装箱港口吞吐量 7.8%，是中国北方最大的海运中心[2]。

　　与海运相比，京津冀大城市群在航空运输上的优势更加明显。作为中国空中门户的北京首都国际机场不仅是中国旅客吞吐量最大的机场，还是亚洲航班数排名第 1 的国际枢纽机场。天津滨海国际机场也在全国机场旅客吞吐量中名列第 20 位。加上北京南苑、石家庄正定、唐山三女河、张家口宁远、秦皇岛山海关五个机场，该大城市群已经形成七个机场的庞大航空体系。

　　作为中国最大的航空运输中心之一，京津冀大城市群在全国机场旅客吞吐量和全国机场货邮吞吐量的占比分别达到 13% 和 15.6%。

　　根据《中国城市综合发展指标 2016》分析，北京是全国机场便利性排名第 2 位的城市。此外，

---

　　①　参照图 4-17、图 4-18。
　　②　参照图 5-12。

该大城市群还有天津和廊坊两个城市跻身于同排名的前 30 位[①]。

大型机场和港口强化了京津冀大城市群与世界交流和交易的商务环境，高速公路和高速铁路更是将该地区内部的城市紧密相连。大规模基础设施投资为京津冀大城市群的社会经济发展打下了良好的基础。

空间结构特色

京津冀大城市群拥有北京、天津、保定、石家庄 4 个常住人口规模超过千万人的超大城市，分别在中国城市常住人口规模排名第 3 位、第 4 位、第 7 位、第 10 位，其中北京是常住人口超过两千万的超大型城市。唐山、沧州为 700 万人口级的城市，廊坊、张家口为 400 万人口级的城市，承德、秦皇岛为 300 万人口级的城市。该大城市群常住人口规模总计达 8947 万，占全国人口的 7%。

根据《中国城市综合发展指标 2016》分析，京津冀大城市群 DID 总人口达到 4379.6 万，占全国 DID 总人口的 7.6%，是中国最大的城市人口群体之一。但是其 DID 人口比率只有 51.4%，比珠江三角洲大城市群低 26 个百分点，在三大城市群中城镇化水平最低。

按 DID 面积计算，京津冀地区的人口密集地区总面积达到 4783.5 平方公里。在该大城市群已经形成庞大的高密度城镇化地区。本报告通过运用 DID 对京津冀大城市群的空间结构进行分析，发现以下三个特点：

京津冀大城市群在空间上的一个重要特点是内部 10 座城市发展水平差距显著，虽然北京和天津的 DID 人口比率分别达到 85.3% 和 78.7%，但是其他 8 个城市中除石家庄 DID 人口比率是 52.3%，另外 7 个城市的 DID 人口比率都在 40% 以下，其中最低的廊坊仅为 17.6%。

该大城市群在空间上的另一个特点是"两大三中五小"格局。"两大"的其中之一是指拥有 1703.2 万 DID 人口的北京，作为中国的首都，其体量与功能远超该地区其他城市。"两大"的另一"大"是指拥有 1035.5 万 DID 人口的天津，作为直辖市和中国北方的海上门户，已经成为一大区域性的中心城市。"三中"是指石家庄、保定、唐山 3 座 DID 人口在 250 万以上、550 万以下的城市。"五小"是指沧州、秦皇岛、张家口、承德、廊坊 5 个 DID 人口在 150 万以下的城市。

京津冀大城市群在空间上的第三个特点是正在形成"一横一纵"的两条城市轴线。"一横"是指以北京、天津为轴线的地带，"一纵"是指以京广线为轴线的北京经保定到石家庄的地带。两条轴线今后都可望成为城市连绵地带，但从现状看城市连绵程度还比较稀疏。也就是说该城市群的空间结构上还没有形成由足够体量 DID 面积串联而成的城市连绵地带[②]。

---

① 参照图 5-13。

② 参照图 5-34。

产业结构特色

京津冀大城市群产业实力雄厚，在全国第二产业地区生产总值中占比高达 7.5%，在全国货物出口额中的占比达到 5.5%，是中国最大级别的工业基地之一。

以北京为中心，京津冀大城市群拥有中国最强大的总部功能和科技创新、文化体育、医疗卫生、金融、会展等一系列的中心功能。

运用《中国城市综合发展指标 2016》的辐射力概念对京津冀大城市群 10 座城市在这些领域的偏差值进行分析可以看到：

在零售业领域，北京是全国第二大的购物中心。虽然天津在全国零售业辐射力排名第 13 位，但与北京体量大、档次高、内容丰富的零售业集聚相比，只能屈居区域性购物中心的地位[1]。

在科学技术领域，作为中国科学技术中心的北京以超强的辐射力名列全国榜首，天津也跻身全国科学技术排名前 30 位城市，名列第 8 位。京津冀大城市群在全国 R&D 人员数和全国专利授权量中占比分别高达 12.3% 和 11.1%，是全国最大体量的研发中心之一[2]。

在高等教育领域，作为中国高等教育中心的北京具有其他城市不可比拟的强大辐射力，肩负着为全国培养英才的重任。天津也名列全国高等教育辐射力排名第 9 位。京津冀大城市群在全国在校大学生总数的占比高达 8.1%，是中国重要的高等教育中心[3]。

在文化体育领域，作为全国文化中心的北京具有其他城市不可比拟的强大辐射力。虽然天津、石家庄、秦皇岛分别名列全国文化体育辐射力排名第 22 位、第 24 位、第 30 位，但都只能屈居区域性文化体育中心的地位[4]。

在医疗领域，汇集大量最高端医疗机构的北京是全国的医疗中心，每年接纳大量来自全国各地的就医患者。天津、石家庄在全国医疗辐射力排名中分别名列第 11 位和第 26 位，具有一定区域性的医疗辐射能力[5]。

在金融领域，凭借强大的总部优势，北京拥有全国第 2 位的金融辐射力，金融业本身也是该市经济的重要主体。天津也名列同辐射力排名第 19 位[6]。

北京、天津是全国入境游客数排名分别为第 4 位和第 6 位的城市，在全国入境游客数量中，京津冀大城市群占比高达 7.4%[7]。北京、天津更是全国国内游客数排名分别为第 3 位和第 6 位的城市，在全国国内游客数中，该大城市群占比高达 7.9%[8]。

---

① 参照图 4-11。
② 参照图 4-15。
③ 参照图 4-14。
④ 参照图 4-13。
⑤ 参照图 4-12。
⑥ 参照图 4-16。
⑦ 参照图 4-10。
⑧ 参照图 4-9。

北京不仅是政治中心、科技文化艺术之都和国际交往中心，而且还是全国最大的会展中心。而拥有全国最大体量历史存遗的京津冀地区是发展交流经济、旅游经济最具潜力的地区之一。

总之，北京作为中国的政治文化科技中心，以其全国性的中心功能引领京津冀大城市群的发展。天津不仅是该地区的海上门户，还是中国北方重要的工业重镇，其在科技、文化、教育、医疗等方面也拥有相当的辐射力。石家庄、唐山、保定同为工业比重较高的产业城市。作为省会城市的石家庄虽然拥有一定的区域性中心功能，但是在京津冀大城市群中除北京、天津两市以外，其他城市的文化、教育以及服务业都相对欠发达。

城市群评价分析

京津冀地区水资源严重短缺，根据联合国人均水资源标准该大城市群 10 个城市中，有 8 个属于极度缺水城市[①]。长期缺水状态不仅成为束缚京津冀大城市群发展的因素，还造成严重的地下水超采。该地区环境污染问题也十分突出，在全国 PM2.5 污染最严重的 30 个城市中，京津冀大城市群竟占 5 席之多[②]。因此在《中国城市综合发展指标2016》环境大项排名中，京津冀大城市群没有一个城市进入前 20 位[③]。

在对该大城市群内部环境大项进行偏差值分析可以确认到，北京为第 1 位。秦皇岛、天津、沧州为第 2 梯级城市，分别名列第 2 位、第 3 位、第 4 位。石家庄、唐山、承德、张家口、廊坊为第 3 梯级城市。保定偏差值评价最低，忝居末位[④]。

在《中国城市综合发展指标2016》经济大项排名中，北京名列第 2 位，天津也跻身第 5 位，尽显两大直辖市的经济实力[⑤]。

以同《指标》对该大城市群内部经济大项进行偏差值分析可以确认到，北京实力雄厚，稳坐第一。天津虽然位列第 2 位，但与北京还有较大差距。相比之下，其他城市与北京、天津两大城市之间的梯级差距较大[⑥]。

在《中国城市综合发展指标2016》社会大项排名中，北京作为首都的优势尽显，遥遥领先，独占鳌头。天津名列该排名的第 3 位，作为直辖市在社会领域的优势明显[⑦]。

以同《指标》对该大城市群内部社会大项进行偏差值分析可以确认到，北京远超其他城市名列榜首，天津虽然名列第 2 位，但是与北京还有较大差距。相比之下，其他城市更是与京津两大城市

---

① 参照图 4-7。
② 参照图 4-6。
③ 参照图 2-4。
④ 参照图 5-31。
⑤ 参照图 2-8。
⑥ 参照图 5-33。
⑦ 参照图 2-6。

之间存在较大的梯级差距[①]。

在《中国城市综合发展指标 2016》综合排名中，北京凭借作为首都的实力摘得桂冠，天津也跻身第 5 位[②]。

在对该大城市群内部进行偏差值综合分析可以确认到，北京综合优势明显，名列第 2 位的天津与北京差距较大。石家庄、秦皇岛、沧州、唐山、廊坊、承德分别名列第 3 位、第 4 位、第 5 位、第 6 位、第 7 位、第 8 位。保定由于环境问题严峻，在京津冀大城市群内综合排名倒数第 2 位，张家口屈居末位[③]。

总之，作为首都的北京在社会、文化、科技和总部功能等领域拥有其他城市不可比拟的优势和不可替代的角色定位。作为直辖市的天津在这些领域也优势明显。在经济领域两大城市也拥有着雄厚的实力，但在结构上天津、石家庄、唐山、保定等城市的工业比重较大，产业水平参差不齐，存在以牺牲环境换取低品质工业化的现象，对环境造成了严峻压力。此外，水资源的短缺、城市建设水平滞后，再叠加气候和地理等要素，京津冀大城市群爆发了严重的生态环境危机。如何应对这一危机是该地区发展的严峻挑战。

下一程挑战

根据《中国城市综合发展指标 2016》分析，京津冀大城市群的 DID 人口比率相对于珠江三角洲大城市群低 26 个百分点，还有 4568 万人生活在非 DID 地区，其城镇化任务还相当艰巨。

另一方面 DID 人口密度却高达 9156 人 / 平方公里，比日本太平洋大城市群同密度高出 1163 人 / 平方公里。与城市管理水平和基础设施水平不相匹配的超高密度，造成这一地区的城市"局部过密"现象严重。

值得注意的是京津冀城市群的建成区内存在相当数量的低密度开发现象，但同时又有大量的 DID 分散在建成区之外，导致这些地区基础设施配套、公共服务配套以及社会管理都存在相对滞后的问题。

总之，京津冀大城市群亟待通过深化城镇化改革，大力发展服务业经济，提高城市生活品质和经济活动的效率，提升城市的管理水平和基础设施水平，打造高密度大规模城市社会，为中国城镇化开拓下一程的成功经验和模式。

---

① 参照图 5-32。

② 参照图 2-2。

③ 参照图 5-34。

5. 成渝城市群
The Chengdu-Chongqing Urban Agglomeration

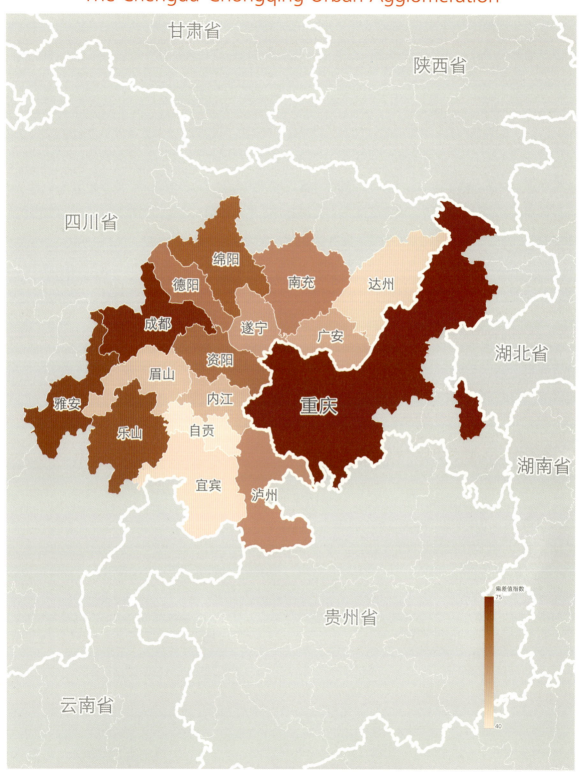

偏差值指数
75

40

图 5-35 成渝城市群 16 个城市综合指标分析示意图
Analysis Diagram of Integrated Index of the Chengdu-Chongqing Urban Agglomeration 16 Cities

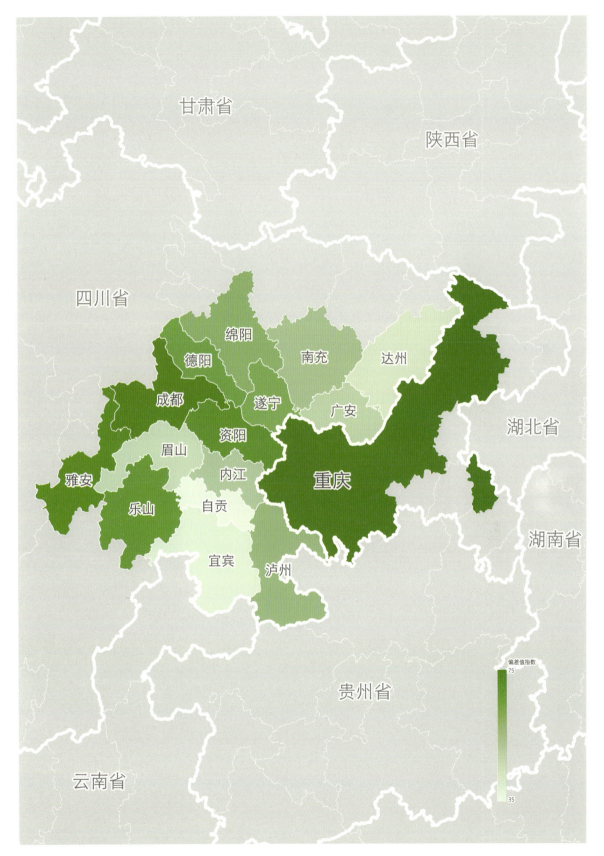

图 5-36　成渝城市群 16 个城市环境大项分析示意图
Analysis Diagram of Environmental Dimension of the Chengdu-Chongqing Urban Agglomeration 16 Cities

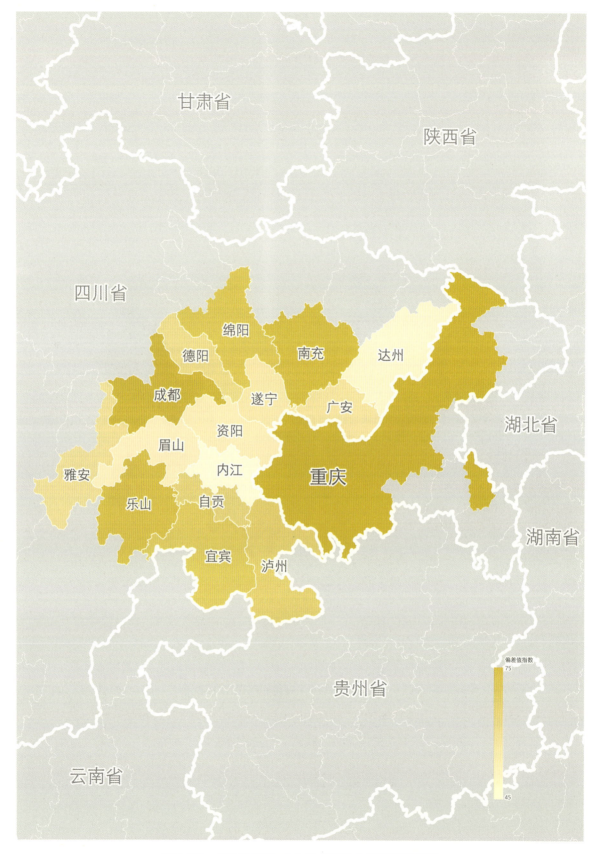

图5-37　成渝城市群16个城市社会大项分析示意图
Analysis Diagram of Social Dimension of the Chengdu-Chongqing Urban Agglomeration 16 Cities

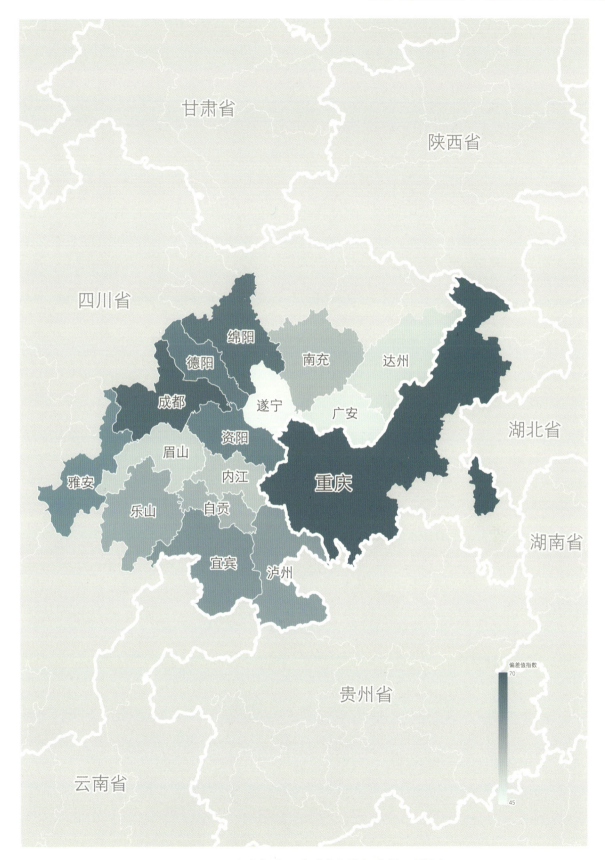

甘肃省

陕西省

四川省

绵阳

德阳

南充

达州

成都

遂宁

广安

湖北省

资阳

眉山

内江

雅安

重庆

乐山

自贡

湖南省

宜宾

泸州

贵州省

云南省

偏差值指数
70

45

图 5-38　成渝城市群 16 个城市经济大项分析示意图
Analysis Diagram of Economic Dimension of the Chengdu-Chongqing Urban Agglomeration 16 Cities

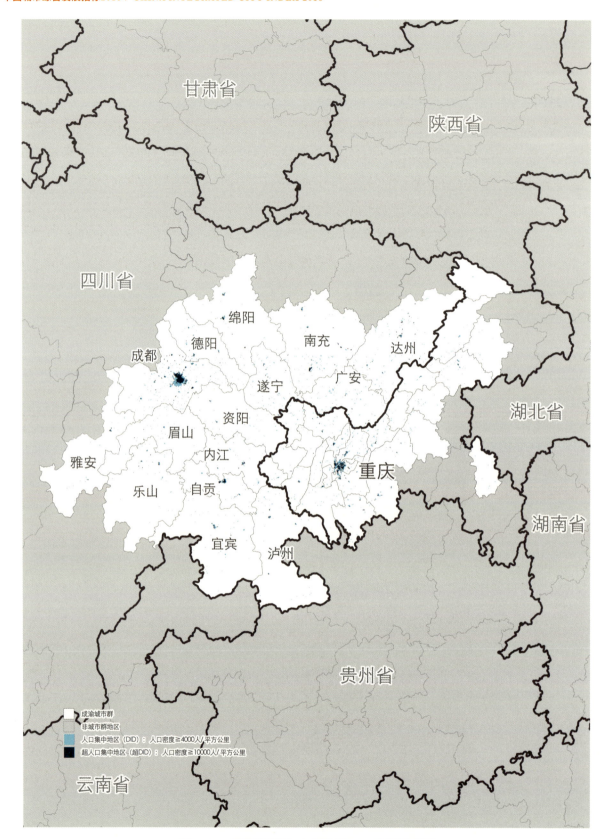

图 5-39 成渝城市群 16 个城市 DID 分析示意图
Analysis Diagram of DIDs in the Chengdu-Chongqing Urban Agglomeration

资料来源：根据云河都市研究院卫星遥感分析数据制作。

　　成渝城市群横跨四川省和重庆市，位于长江上游，东邻湘鄂，南连云贵，西通青藏，北接陕甘，是东西结合、南北交汇的战略要冲。重庆和成都作为该城市群的双核领军，是在内陆农业人口密集地区作为中心城市发展起来的典型"农区型"超大型城市。本报告根据国家发改委相关规划界定，将重庆（渝中、万州、黔江、涪陵、大渡口、江北、沙坪坝、九龙坡、南岸、北碚、綦江、大足、渝北、巴南、长寿、江津、合川、永川、南川、潼南、铜梁、荣昌、璧山、梁平、丰都、垫江、忠县；开县、云阳的部分地区）、成都、雅安（除天全、宝兴）、绵阳（除北川、平武）、资阳、乐山、泸州、南充、德阳、宜宾、广安、遂宁、达州（除万源）、自贡、眉山、内江 16 个城市作为成渝城市群进行分析。

成渝双核

　　成渝城市群在全国 GDP 规模和常住人口规模的占比分别达到 6% 和 7.7%，地位举足轻重。引领该城市群发展的是重庆和成都两个超大型城市。

（1）重庆

重庆地处长江上游，作为长江水道的重要口岸，历来就是西南的政治经济军事重镇。

在近现代，重庆经历了"重庆开埠""战时首都"和"三线建设"三次重大转折点。

1885 年，中英签订《烟台条约续增专条》，重庆开为商埠，设置海关。各国不仅在重庆设立领事馆，开辟租界，还开设和建立了大批洋行、工厂。民族资本也应运而生，开办了一批近代工业企业，给重庆近代工业的发展带来了契机，使重庆成为中国西部最早的工业城市。

1937 年中华民国政府颁布《国民政府移驻重庆宣言》，将重庆定为战时首都。作为抗日战争时期全国的政治和军事中心，重庆汇集了大量内迁的人员和产业，奠定了一定的现代产业基础。"陪都"历史，让重庆从"僻处西陲"的码头城市一跃成为与当时伦敦、华盛顿、莫斯科齐名的世界性地标。战时移民浪潮带来的外来元素与本土文化的激烈碰撞与融汇更使重庆迅速站立在中国城市文化的前沿。

　　新中国成立后，特别是 1964 年"三线建设"以来，作为"三线建设"的核心城市，重庆又再一次接纳了大批内迁的工矿企业、科研单位和相关人员，使其成为内陆地区实力雄厚的工业基地。

　　改革开放以后，特别是 1997 年升级为直辖市以来，重庆发展迅速，领跑西南地区的社会经济发展。值得一提的是，近年电子产业发展迅猛，重庆汇集了富士康、华硕、宏基、惠普等一大批国内外知名企业，成为电子产业的一大聚集地。

　　作为西南地区的领军城市，重庆在商贸、金融、文化、科技、教育、医疗等领域拥有强大的辐射力，为该地区的发展提供着重要的中心功能。

（2）成都

四川省省会成都位于成都平原腹地，地势平坦，物产丰富，自古就有"天府之国"的美誉，一直是西南地区的政治经济军事中心。

1877 年，四川总督丁宝桢在成都创建四川机器局，作为洋务运动的重要成果，开启了四川近代民族工业和军事工业的先河。

新中国成立以后的铁路建设打开了四川盆地闭塞的大门。1952 年成渝铁路竣工通车，1956 年宝 (鸡) 成 (都) 铁路在甘肃黄沙河接轨，1970 年成昆铁路通车，这些铁路的开通给中心城市成都提供了发展新条件。

"三线建设"更是对成都的影响巨大而深远。"三线建设"进程中，作为大西南地区"三线建设"的指挥中心，成都接纳了从全国各地迁入的大批工矿企业、科研单位和相关人员，一举增强了科研能力和工业实力。通过"三线建设"，成都形成了囊括机械、电子、航空、冶金、化学等的现代工业体系，成为在全国具有战略地位的产业重镇。

改革开放以后，成都发展迅速，建成区面积从解放初期的 18 平方公里发展到超过 400 平方公里，接纳了 230 万以上的非户籍常住人口，是成渝大城市群中唯一人口净流入的城市。

在中西部地区，成都不仅是外国领馆数量第一的城市，也是外资银行、外资保险机构、世界500 强企业落户数量第一的城市。作为中心城市，成都为西南地区提供着与世界交流的平台。

近年成都在 IT 产业领域发展迅猛，思科、通用、西门子、飞利浦、纬创、富士康、戴尔、联想等中外企业先后落户，在该市形成了以笔记本电脑为中心的巨大产业集聚，引领该地区的出口产业。

作为西南地区的中心城市，成都在商贸、金融、文化、科技、教育、医疗等领域拥有强大的辐射力，为该地区的发展提供着重要的中心功能。

大规模人口外流

成渝地区人口密度高，城镇化水平较低，两个核心城市吸纳人口的能力相对有限，造成大量人口外流。

根据《中国城市综合发展指标 2016》分析得出，在成渝城市群 16 个城市中，只有成都接纳了232 万的非户籍常住人口。其他城市都是人口净流出城市，其中重庆的人口外流规模达到 383.8 万人。该城市群外流人口总计多达 1268.9 万人，是中国人口外流规模最大的地区之一[①]。

基础设施建设

位于内陆地区的成渝大城市群没有临海优势，大宗物资运输只能依靠长江航运、公路以及铁路，

---

① 参照图 4-17、图 4-18。

时间长，成本高。物流成本是制约该地区发展最大的因素。从这种意义上看，拥有长江航道的重庆在该地区的物流区位优势明显[1]。

成渝城市群航空运输发达，根据《中国城市综合发展指标 2016》分析，成都和重庆分别是全国机场便利性排名第 5 位和第 16 位的城市。该地区今天已经形成了重庆江北国际、成都双流国际、泸州蓝田、绵阳南郊、南充高坪、宜宾莱坝、达州河市的七机场航空体系，该城市群机场的旅客吞吐量和货邮吞吐量在全国的占比分别达到 8.8% 和 6.3%，是中国内陆地区航空运输最发达的地区[2]。

1995 年连接重庆、成都两个核心城市的成渝高速公路通车。时隔 20 年后的 2015 年，成渝高速铁路投入运营，两大核心城市之间的时间距离和经济距离进一步缩短。

成渝城市群对机场、高速公路、高速铁路等交通设施的大规模投入，不仅大幅度改善了其与外部的交通条件，更紧密联系了该城市群内部的分工合作关系。

空间结构特色

重庆、成都已经成为两个常住人口分别为 2991.4 万、1442.8 万的超大城市。紧随其后的是拥有 633.4 万和 553 万的南充、达州两市，绵阳、宜宾、泸州三个城市的人口规模在 400 万级别，内江、资阳、德阳、遂宁、乐山、广安六个城市的人口规模在 300 万级别，眉山和自贡两个城市人口规模在 200 万人级别，人口规模最小的雅安也有 154.4 万人。

成渝城市群已经形成了一个总面积为 3770.2 平方公里的人口密集地区：以 DID 面积计算的高密度城镇化地区。本报告通过运用 DID 对该城市群的空间结构进行分析，发现以下三个特点：

成渝城市群在空间上的一个重要特点是人口规模大，城镇化率低。相对于 9749.9 万的常住人口，该城市群的 DID 人口规模只有 3354.5 万，DID 人口比率仅为 34.7%，比珠江三角洲大城市群低 42.7 个百分点。

该城市群在空间上的另一个特点是"两大众小"格局。作为"两大"的重庆、成都的 DID 面积分别达到 966.8 平方公里、914 平方公里。作为"众小"的其他城市 DID 面积较小，也较分散。

从 DID 人口规模来看，重庆、成都分别达到 1064.7 万和 951.2 万，南充、达州、德阳、自贡、绵阳、遂宁六个城市的 DID 人口规模在 100 万以上 200 万以下，其他八个城市的 DID 人口规模都在 100 万以下，其中人口规模最小的眉山只有 32.7 万。

成渝城市群在空间结构上的第三个特点是由于地理特征和城市化水平等原因，虽然重庆和成都两个核心城市已经用高速公路和高速铁路相连，但是在沿线还尚未形成城市连绵地带[3]。

"两大"的空间结构在经济指标上也能确认到：重庆和成都的 GDP 规模、货物出口额、第三产业地区生产总值的合计分别占到成渝城市群的 60%、89%、67%。

---

① 参照图 5-12。
② 参照图 5-13。
③ 参照图 5-39。

产业结构特色

成渝城市群已经形成一定的工业集聚，特别是近年 IT 产业发展迅速，在重庆和成都形成了规模庞大的 IT 产业集聚。该城市群在全国第二产业地区生产总值中占比达 6.3%，在全国货物出口额中的占比也达到 3.4%。

利用《中国城市综合发展指标 2016》的辐射力概念对成渝城市群 16 个城市在这些领域进行分析可以看到：

在零售业领域，重庆和成都的辐射力优势突出，分别名列全国第 9 位和第 10 位，凸显两市作为区域性购物中心的地位[①]。

在科学技术领域，成都名列全国辐射力排名第 6 位，重庆名列第 30 位。成渝城市群在全国 R&D 人员数量和专利申请授权量的占比分别达到 5.4% 和 4.9%，是中国内陆地区重要的科研技术中心之一[②]。

在高等教育领域，成都、重庆分别名列全国辐射力排名第 8 位和第 11 位。成渝城市群在全国在校大学生数占比高达 9.9%，是中国重要的高等教育中心[③]。

在金融领域，成都跻身全国辐射力排名前 30 位，名列第 22 位[④]。

在医疗领域，成都、重庆分别名列全国辐射力排名第 5 位和第 7 位，是重要的区域性医疗中心[⑤]。

在文化体育领域，成渝城市群相对滞后，没有城市能够跻身全国辐射力排名前 30 位[⑥]。

重庆、成都是全国入境游客数排名分别为第 9 位和第 14 位的城市，在全国入境游客数量中，成渝城市群占比高达 4.2%[⑦]。重庆、成都更是全国国内游客数排名分别为第 1 位和第 5 位的城市，在全国国内游客数中，成渝城市群占比高达 9.7%[⑧]。拥有丰富的自然禀赋和悠久的历史文化资源的该城市群，发展旅游经济、交流经济的潜力巨大。

总之，重庆和成都两大核心城市在成渝大城市群的制造业和服务业领域都优势突出，对周边地区拥有强大的辐射力。相比之下，其他城市与两大核心城市之间的差距较大，"两大众小"格局鲜明。

---

① 参照图 4-11。
② 参照图 4-15。
③ 参照图 4-14。
④ 参照图 4-16。
⑤ 参照图 4-12。
⑥ 参照图 4-13。
⑦ 参照图 4-10。
⑧ 参照图 4-9。

城市群评价分析

在《中国城市综合发展指标 2016》环境大项排名中，成渝城市群没有城市能够跻身前 20 位[①]。

以同《指标》对该大城市群内部环境大项进行偏差值分析可以确认到，重庆表现最佳，名列榜首。成都、雅安分别排名第 2 位和第 3 位。资阳、乐山偏差值较为接近，分别排名第 4 位、第 5 位[②]。

在《中国城市综合发展指标 2016》社会大项排名前 20 位城市中，重庆、成都分别名列第 6 位和第 10 位[③]。

在对该大城市群内部环社会大项进行偏差值分析可以确认到，重庆、成都两市优势明显，与其他城市的偏差值形成较大的梯级差距[④]。

在《中国城市综合发展指标 2016》经济大项排名前 20 位城市中，重庆和成都分别名列第 8 位和第 10 位[⑤]。

在对该大城市群内部经济大项进行偏差值分析可以确认到，重庆、成都两市优势明显，与其他城市的偏差值形成较大的梯级差距[⑥]。

在《中国城市综合发展指标 2016》综合排名中，重庆和成都分别名列第 8 位和第 11 位，凸显了成渝城市群两大核心城市的实力[⑦]。

在对该大城市群内部进行偏差值综合分析可以确认到，重庆、成都两市遥遥领先其他城市，该地区"两大众小"格局鲜明[⑧]。

下一程挑战

根据《中国城市综合发展指标 2016》分析，成渝城市群的 DID 人口比率只有 34.7%，城镇化水平较低，比珠江三角洲大城市群同比率低 42.7 个百分点，还有 6395 万人生活在非 DID 地区。如何大幅度提高城镇化水平是该城市群空间结构上的第一大挑战。

其次，成渝城市群 DID 人口密度高达 8897 人 / 平方公里，比日本太平洋大城市群同密度高出 904 人 / 平方公里。如何化解高密度的人口集聚和相对落后的城市组织之间的矛盾是该城市群空间结构上的第二大挑战。

---

① 参照图 2-4。
② 参照图 5-36。
③ 参照图 2-6。
④ 参照图 5-37。
⑤ 参照图 2-8。
⑥ 参照图 5-38。
⑦ 参照图 2-2。
⑧ 参照图 5-35。

　　第三个挑战是该城市群的建成区内存在相当数量的低密度开发现象,但同时又有大量的 DID 分散在建成区之外,导致这些地区基础设施配套、公共服务配套以及社会管理都存在严重滞后的问题。

　　总之,成渝城市群亟待通过深化城镇化,大力发展服务业经济,提高城市生活品质和经济活动的效率,提升城市的管理水平和基础设施水平,打造高密度大规模城市社会,为中国内陆地区城镇化开拓下一程的成功经验和模式。

第六章

指标解释

Interpretation of Indicators

1. 环境 | Environment

表 6-1　指标解释: 环境 | Interpretation of Indicators: Environment

大项 Dimension	中项 Sub-Dimension	小项 Indicator Group	ID	指标 Indicator	使用数据名 Use Data Name	数据来源 Data Sources
环境 Environment	自然生态 Natural Ecology	水土禀赋 Soil and Water Condition	1	每万人可利用国土面积	可利用国土面积（平方公里）、常住人口（万人）	卫星遥感数据、中国城市统计年鉴、各城市统计年鉴、各城市国民经济和社会发展公报等
			2	每万人森林面积	森林面积（平方公里）、常住人口（万人）	卫星遥感数据、中国城市统计年鉴、各城市统计年鉴、各城市国民经济和社会发展公报等
			3	每万人农田面积	农田面积（平方公里）、常住人口（万人）	卫星遥感数据、中国城市统计年鉴、各城市统计年鉴、各城市国民经济和社会发展公报等
			4	每万人牧草面积	牧草面积（平方公里）、常住人口（万人）	卫星遥感数据、中国城市统计年鉴、各城市统计年鉴、各城市国民经济和社会发展公报等
			5	每万人水面面积	水面面积（平方公里）、常住人口（万人）	卫星遥感数据、中国城市统计年鉴、各城市统计年鉴、各城市国民经济和社会发展公报等
			6	每万人可利用水资源	水资源总量（万立方米）、常住人口（万人）	中国城市统计年鉴、各城市统计年鉴、各城市国民经济和社会发展公报等
			7	国家森林园林城市指数	国家园林城市（个）、国家森林城市（个）	中国人居环境奖办公室公布数据
			8	国家公园指数	国家森林公园（个）、国家地质公园（个）、国家湿地公园（个）	国土资源部、国家林业局湿地保护管理中心公布数据
			9	国家景区指数	国家风景名胜（个）、5A 景区（个）、4A 景区（个）	国务院、国家旅游局公布数据
			10	国家保护区指数	国家自然保护区（个）、国家湿地保护区（个）、国家海洋保护区（个）	中央政府门户网、环境保护部公布数据
		气候条件 Climate Condition	11	气候舒适度	10℃-28℃年天数	国家气象局公布数据、卫星遥感数据
			12	降雨量	降水量（毫米）	中国城市统计年鉴、各省统计年鉴、各城市统计年鉴、各城市国民经济和社会发展公报等
		自然灾害 Natural Disaster	13	自然灾害指数	自然灾害（次）	民政部公布数据
			14	地质灾害指数	地质灾害（次）	民政部公布数据
	环境质量 Environmental Quality	污染负荷 Pollution Load	15	单位 GDP 二氧化碳排放量	万元 GDP 二氧化碳排放量（吨二氧化碳/万元）	中国城市统计年鉴、各省统计年鉴、各城市统计年鉴、各城市国民经济和社会发展公报等
			16	国定、省定断面三类及以上水质达标率	水质级别	环境保护部公布数据
			17	空气质量指数（AQI）	AQI 平均值	天气后报网、互联网大数据
			18	PM2.5 指数	PM2.5平均值	天气后报网、互联网大数据
		环境努力 Environmental Protection Efforts	19	环保投入财政收入比	环保投入（万元）、地方财政一般预算收入（万元）	中国城市统计年鉴、各省统计年鉴、各城市统计年鉴、各城市国民经济和社会发展公报等
			20	每万人生态环境社会团体	生态环境社会团体数（个）、年末总人口（万人）	中国民政统计年鉴、各省统计年鉴、中国城市统计年鉴、各城市统计年鉴等
			21	国家环境保护城市指数	国家环境保护模范城市（个）、国家节水型城市（个）、国家生态示范区（个）	环境保护部、中国人居环境奖办公室公布数据
			22	国家生态环境评价指数	国家生态市、区、县（个）、国家生态乡镇（个）	中国人居环境奖办公室公布数据
		资源效率 Resource Efficiency	23	建成区土地产出率	第二产业地区生产总值（万元）、第三产业地区生产总值（万元）、建成区面积（平方公里）	卫星遥感数据、中国城市统计年鉴、各城市统计年鉴、各城市国民经济和社会发展公报等
			24	农林牧水土地产出率	第一产业地区生产总值（万元）、农林牧水土地面积（平方公里）	卫星遥感数据、中国城市统计年鉴、各城市统计年鉴、各城市国民经济和社会发展公报等

大项 Dimension	中项 Sub-Dimension	小项 Indicator Group	ID	指标 Indicator	使用数据名 Use Data Name	数据来源 Data Sources
环境 Environment	环境质量 Environmental Quality	资源效率 Resource Efficiency	25	单位 GDP 能耗	万元 GDP 能耗（吨标准煤／万元）	卫星遥感数据、中国城市统计年鉴、各城市统计年鉴、各城市国民经济和社会发展公报等
			26	绿色建筑设计评价标识项目	绿色建筑设计评价标识星级项目（个）	住房和城乡建设部、绿色建筑评价标识网公布数据
			27	工业固体废物综合利用率	一般工业固体废物综合利用率（%）	中国城市统计年鉴、各城市统计年鉴、各城市国民经济和社会发展公报等
	空间结构 Spatial Structure	紧凑城区 Compact City	28	人口集中地区（DID）人口	DID 人口（万人）	卫星遥感数据
			29	人口集中地区（DID）面积	DID 面积（平方公里）	卫星遥感数据
			30	人口集中地区（DID）人口比重	DID 人口（万人）、常住人口（万人）	卫星遥感数据、中国城市统计年鉴、各城市统计年鉴、各城市国民经济和社会发展公报等
			31	建成区人口集中地区（DID）比率	DID 面积（平方公里）、建成区面积（平方公里）	卫星遥感数据、中国城市统计年鉴、各城市统计年鉴、各城市国民经济和社会发展公报等
			32	超人口集中地区（超 DID）人口	超 DID 人口（万人）	卫星遥感数据、中国城市统计年鉴、各城市统计年鉴、各城市国民经济和社会发展公报等
			33	超人口集中地区（超 DID）面积	超 DID 面积（平方公里）	卫星遥感数据
			34	超人口集中地区（超 DID）人口比重	超 DID 人口（万人）、常住人口（万人）	卫星遥感数据、中国城市统计年鉴、各城市统计年鉴、各城市国民经济和社会发展公报等
			35	建成区超人口集中地区（超 DID）比率	超 DID 面积（平方公里）、建成区面积（平方公里）	卫星遥感数据、中国城市统计年鉴、各城市统计年鉴、各城市国民经济和社会发展公报等
			36	平均通勤时间	平均通勤时间（分钟）	百度调查等
		交通网络 Transportation Networkool	37	公共交通路网密度	公共汽车年客运总量（万人次）、常住人口（万人）、建成区面积（平方公里）	卫星遥感数据、中国城市统计年鉴、中国建筑统计年鉴、各城市统计年鉴、各城市国民经济和社会发展公报等
			38	城市轨道交通运营里程指数	轨道交通运营线路里程（公里）、常住人口（万人）、建成区面积（平方公里）	卫星遥感数据、中国城市统计年鉴、中国建筑统计年鉴、各城市统计年鉴、中国轨道交通网、世界轨道交通资讯网公布数据
			39	私人机动车拥有量指数	私人汽车拥有量（万辆）、常住人口（万人）、建成区面积（平方公里）	卫星遥感数据、中国城市统计年鉴、中国建筑统计年鉴、各城市统计年鉴、各城市国民经济和社会发展公报等
			40	公共汽车拥有量指数	年末实有公共汽车营运车辆（辆）、常住人口（万人）、建成区面积（平方公里）	卫星遥感数据、中国城市统计年鉴、各城市统计年鉴、中国建筑统计年鉴、各城市国民经济和社会发展公报等
			41	出租汽车拥有量指数	出租汽车拥有量（辆）、常住人口（万人）、建成区面积（平方公里）	卫星遥感数据、中国城市统计年鉴、中国建筑统计年鉴、各城市统计年鉴、各城市国民经济和社会发展公报等
			42	高峰期平均时速	高峰期平均时速（公里／小时）	高德交通分析报告等
		城市设施 Urban Facilities	43	固定资产投资指数	固定资产投资（万元）、常住人口（万人）	中国城市统计年鉴、中国建筑统计年鉴、各城市统计年鉴等
			44	每万人公园绿地面积	公园绿地面积（公顷）、常住人口（万人）	中国城市统计年鉴、中国建筑统计年鉴、各城市统计年鉴等
			45	建成区绿化覆盖率	建成区绿化覆盖率（%）	中国城市统计年鉴、中国建筑统计年鉴、各城市统计年鉴等
			46	城镇居民人均住房建筑面积指数	城镇居民人均住房建筑面积（平方米）	中国区域经济统计年鉴、各省统计年鉴、各城市统计年鉴等
			47	农村居民人均住房建筑面积指数	农村居民人均住房面积（平方米）	中国区域经济统计年鉴、各省统计年鉴、各城市统计年鉴等
			48	燃气普及率	燃气普及率（%）	中国城市建设统计年鉴
			49	建成区排水管道密度	建成区排水管道长度（公里）、建成区面积（平方公里）	中国城市建设统计年鉴

2. 社会 | Society

表 6-2　指标解释: 社会 | Interpretation of Indicators: Society

大项 Dimension	中项 Sub-Dimension	小项 Indicator Group	ID	指标 Indicator	使用数据名 Use Data Name	数据来源 Data Sources
社会 Society	生活品质 Quality of Life	人居环境 Residential Environment	50	平均寿命	人口平均预期寿命（岁）	中国人口和就业统计年鉴
			51	平均房价与收入比	年均房价（元）、工资性收入（元）	全国房地产市场中心公布数据、互联网数据 中国城市统计年鉴、各城市统计年鉴、
			52	收入指数	工资性收入（元）、家庭总收入（元）	互联网数据
			53	人居城市指数	中国人居环境奖城市（个）、 联合国人居奖城市（个）	中国人居环境奖办公室公布数据
		消费水平 Level of Consumption	54	每万人社会消费品零售额	社会消费品零售总额（万元）、 常住人口（万人）	中国城市统计年鉴、各城市统计年鉴、 各城市国民经济和社会发展公报等
			55	每万人餐饮业营业收入	餐饮业营业收入（万元）、常住人口（万人）	中国城市统计年鉴、各省统计年鉴、各城市 统计年鉴、各城市国民经济和社会发展公报等
			56	每万人电信消费	电信业务收入（万元）、常住人口（万人）	中国城市统计年鉴、各城市统计年鉴、 各城市国民经济和社会发展公报等
		生活服务 Life Services	57	每万人在园儿童数	在园儿童（人）、常住人口（万人）	中国区域经济统计年鉴、各城市统计年鉴、 各城市国民经济和社会发展公报等
			58	每万人养老服务机构年末床位数	养老服务机构年末床位（张）、 年末总人口（万人）	中国民政统计年鉴、中国城市统计年鉴等
			59	每万人执业（助理）医师数	执业（助理）医生（人）、常住人口（万人）	中国区域经济统计年鉴、各城市统计年鉴、 各城市国民经济和社会发展公报等
			60	每万人卫生机构床位数	卫生机构床位（张）、常住人口（万人）	中国区域经济统计年鉴、各城市统计年鉴、 各城市国民经济和社会发展公报等
			61	三甲医院	三甲医院（个）	互联网数据
	传承与交流 Inheritance and Exchange	历史遗存 Historical Relics	62	历史文化名城	历史文化名城（座）	国家文物局公布数据
			63	世界遗产	世界遗产（个）	世界遗产名录
			64	非物质文化遗产	非物质文化遗产（个）	非物质文化遗产名录
			65	重点文物保护单位	重点文物保护单位（个）	国家文物局公布数据
		文化场所 Cultural Sites	66	博物馆·美术馆	博物馆（个）、美术馆（个）	国家文物局公布数据
			67	影剧院	剧场（个）、影剧院（个）	互联网数据
			68	体育场馆	体育场馆（个）	互联网数据
			69	动物园·植物园·水族馆	动物园（个）、植物园（个）、水族馆（个）	互联网数据

大项 Dimension	中项 Sub-Dimension	小项 Indicator Group	ID	指标 Indicator	使用数据名 Use Data Name	数据来源 Data Sources
社会 Society	传承与交流 Inheritance and Exchange	文化场所 Cultural Sites	70	公共图书馆藏书量	公共图书馆藏书量（千册）	中国城市统计年鉴
		交流 Exchange	71	入境游客	入境游客（人次）	中国区域经济统计年鉴、各城市统计年鉴、各城市国民经济和社会发展公报等
			72	国内游客	国内游客（万人次）	中国区域经济统计年鉴、各城市统计年鉴、各城市国民经济和社会发展公报等
			73	国际会议	国际会议（次）	国际会议市场年度报告
			74	展览业发展指数	展览业发展指数	中国展览数据统计报告
			75	旅游城市指数	中国优秀旅游城市（个）	国家旅游局公布数据
	社会治理 Social Governance	人口素质 Quality of Resident	76	每万人受教育年限	小学、初中、高中、大专及以上毕业人数（人）、年末总人口（万人）	中国人口和就业统计年鉴、中国城市统计年鉴等
			77	大学毕业从业人员比	大学专科及以上就业人员比率（%）	中国人口和就业统计年鉴
			78	每万人在校大学生数	在校大学生（人）、常住人口（万人）	中国城市统计年鉴、各城市统计年鉴、各城市国民经济和社会发展公报等
			79	每万人在校中等职业学生数	在校中等职业学生（人）、常住人口（万人）	中国城市统计年鉴、各城市统计年鉴、各城市国民经济和社会发展公报等
			80	每万人志愿者服务人次数	志愿者服务人次（人次）、年末总人口（万人）	中国民政统计年鉴、各城市统计年鉴、各城市国民经济和社会发展公报等
		社会秩序 Social Order	81	治安城市指数	全国社会治安综合治理优秀地市（座）、长安杯城市（座）	中央综治委、中央组织部、人力资源和社会保障部公布数据
			82	交通安全指数	交通事故死亡人数（人）、交通事故损失额（万元）、常住人口（万人）	中国城市统计年鉴、各城市统计年鉴、各城市国民经济和社会公报、互联网数据
			83	社会安全指数	火灾事故死亡人数（人）、火灾事故损失额（万元）、常住人口（万人）	中国消防统计年鉴、中国城市统计年鉴、各省统计年鉴、互联网数据
		社会管理 Social Management	84	城市层级	直辖市、省会、计划单列市、地级市	国家统计局公布数据
			85	每万人社会团体数	社会团体（个）、年末总人口（万人）	中国民政统计年鉴、各城市统计年鉴、各城市国民经济和社会发展公报等
			86	文明卫生城市指数	全国文明城市（个）、全国卫生城市（个）	全国爱国卫生运动委员会办公室、中国文明网公布数据
			87	政府网站绩效	中国政府网站绩效评估	中国软件测评中心公布数据
			88	示范社区卫生服务中心指数	全国示范社区卫生服务中心（个）	国家卫生和计划生育委员会公布数据

3. 经济 | Economy

表 6-3　指标解释: 经济 | Interpretation of Indicators: Economy

大项 Dimension	中项 Sub-Dimension	小项 Indicator Group	ID	指标 Indicator	使用数据名 Use Data Name	数据来源 Data Sources
经济 Economy	经济质量 Quality of Economic Development	经济总量 Economic Aggregate	89	GDP 规模	地区生产总值（万元）	中国城市统计年鉴
			90	GDP 增长率	地区生产总值（万元）	中国城市统计年鉴
			91	常住人口规模	常住人口（万人）	各省统计年鉴、各城市统计年鉴、各城市国民经济和社会发展公报等
			92	常住人口增长率	常住人口（万人）	各省统计年鉴、各城市统计年鉴、各城市国民经济和社会发展公报等
		经济结构 Economic Structure	93	第一产业地区生产总值	第一产业地区生产总值（万元）	中国城市统计年鉴
			94	第二产业地区生产总值	第二产业地区生产总值（万元）	中国城市统计年鉴
			95	第三产业地区生产总值	第三产业地区生产总值（万元）	中国城市统计年鉴
			96	上市企业	上市企业（个）	互联网数据
			97	服务业就业人数比	第三产业年末单位从业人员（万人）、年末单位从业人员（万人）	中国城市统计年鉴
			98	规模以上工业比	规模以上工业总产值（万元）、地区生产总值（万元）	中国城市统计年鉴
		经济效率 Economic Efficiency	99	每万人 GDP	地区生产总值（万元）、常住人口（万人）	中国城市统计年鉴、各省统计年鉴、各城市统计年鉴、各城市国民经济和社会发展公报等
			100	每万人财政收入	地方财政一般预算收入（万元）、常住人口（万人）	中国城市统计年鉴、各省统计年鉴、各城市统计年鉴、各城市国民经济和社会发展公报等
			101	单位建成区面积 GDP	地区生产总值（万元）、建成区面积（平方公里）	卫星遥感数据、中国城市统计年鉴、中国建筑统计年鉴
			102	市辖区 GDP 比重	市辖区地区生产总值（万元）、全市地区生产总值（万元）	中国城市统计年鉴
			103	单位工业用地第二产业地区生产总值	第二产业地区生产总值（万元）、工业用地面积（平方公里）	中国城市统计年鉴、中国建筑统计年鉴
	发展活力 Dynamic Development	商务环境 Business Environment	104	平均工资	职工平均工资（元）	中国城市统计年鉴、各省统计年鉴、各城市统计年鉴等
			105	对企业服务业从业人数	对企业服务业（金融、房地产、租赁、商业服务、科学研究）从业人员（万人）	中国城市统计年鉴
			106	高星级酒店	四星级酒店（个）、五星级酒店（个）	国家旅游局、各省旅游政务网公布数据
			107	每万人登记失业人员数	年末城镇登记失业人员（人）、常住人口（万人）	中国城市统计年鉴、各省统计年鉴、各城市统计年鉴、各城市国民经济和社会发展公报等
			108	税收占财政收入比	各项税收（万元）、地方财政一般预算收入（万元）	中国城市统计年鉴、各省统计年鉴、各城市统计年鉴、各城市国民经济和社会发展公报等
		开放度 Openness	109	人口流动	常住人口（万人）、户籍人口（万人）	中国城市统计年鉴、各城市统计年鉴、各城市国民经济和社会发展公报等
			110	货物出口	货物出口额（万美元）	中国区域经济统计年鉴
			111	货物进口	货物进口额（万美元）	中国区域经济统计年鉴

大项 Dimension	中项 Sub-Dimension	小项 Indicator Group	ID	指标 Indicator	使用数据名 Use Data Name	数据来源 Data Sources
经济 Economy	发展活力 Development Dynamic	开放度 Openness	112	实际使用外资	当年实际使用外资金额（万元）	中国城市统计年鉴、各省统计年鉴、各城市统计年鉴等
			113	工业外资企业比	外商投资企业产值（万元）、工业总产值（万元）	中国城市统计年鉴、各省统计年鉴、各城市统计年鉴等
			114	使馆·领事馆	使馆、领事馆（个）	国家外国专家局公布数据、互联网数据
		创新创业 Innovation and Entrepreneurship	115	R&D 内部经费支出	R&D 内部经费支出（万元）	中国统计年鉴、中国城市统计年鉴、各城市统计年鉴、各省市 R&D 资源清查主要数据公报等
			116	R&D 人力资源	R&D 人员（人）	中国统计年鉴、中国城市统计年鉴、各城市统计年鉴、各省市 R&D 资源清查主要数据公报等
			117	专利申请授权量	专利申请授权（个）	中国城市统计年鉴、各省统计年鉴、各城市统计年鉴等
			118	民营创业指数	城镇私营和个体从业人员（人）、常住人口（万人）	中国统计年鉴、中国城市统计年鉴、各城市统计年鉴、各城市国民经济和社会发展公报等
			119	知识产业城市指数	全国科技进步先进城市（个）、国家知识产权示范城市（个）	国家科技部、国家知识产权局公布数据
	城市影响 Urban Influence	城乡一体 Urban and Rural Integration	120	城乡居民收入比	城镇居民人均可支配收入（元）、农村居民人均纯收入（元）	中国区域经济统计年鉴、各省统计年鉴、中国城市统计年鉴等
			121	义务教育发展均衡指数	全国义务教育发展均衡县（个）	国务院教育督导委员会公布数据
		广域设施 Wide-area Facilities	122	机场便利性	旅客吞吐量（人）、货邮吞吐量（吨）、执行航班（次）、准点率（%）、跑道总距离（米）、跑道（条）、市中心与机场的距离（公里）	卫星遥感数据、民航总局公布数据、互联网数据
			123	集装箱港口便利性	港口吞吐量（吨）、市中心到港口距离（公里）	卫星遥感数据、交通运输部、互联网数据
			124	高速公路	高速公路（条）	中国高速公路网公布数据
			125	高铁车次	高铁车次（次）	中国铁路客户服务中心公布数据
			126	动车车次	动车车次（次）	中国铁路客户服务中心公布数据
			127	普通车车次	普通车车次（次）	中国铁路客户服务中心公布数据
		广域辐射 Wide-area Radiation	128	零售业辐射力	零售业从业人员（万人）、总从业人员（万人）	中国城市统计年鉴、各省统计年鉴等
			129	文化体育辐射力	文化体育从业人员（万人）、总从业人员（万人）	中国城市统计年鉴、各省统计年鉴等
			130	医疗辐射力	医疗行业从业人员（万人）、总从业人员（万人）、三甲医院（个）	中国城市统计年鉴、各省统计年鉴、互联网数据
			131	高等教育辐射力	高等教育从业人员（万人）、总从业人员（万人）、985 大学（所）、211 大学（所）	中国城市统计年鉴、各省统计年鉴、教育部公布数据
			132	金融辐射力	金融业从业人员（万人）、总从业人员（万人）、证券及期货交易所（个）、年末金融机构人民币各项存款余额（万元）、年末金融机构人民币各项贷款余额（万元）	中国城市统计年鉴、各省统计年鉴、互联网数据
			133	科学技术辐射力	科学技术从业人员（万人）、总从业人员（万人）、专利申请授权（个）	中国城市统计年鉴、各省统计年鉴、各城市统计年鉴等

第七章

专家述评

Expert Reviews

周其仁
Zhou Qiren

张仲梁
Zhang Zhongliang

横山祯德
Yoshinori Yokoyama

1. 周其仁

周其仁

Zhou Qiren

北京大学国家发展研究院朗润资深讲席教授，经济学博士

1950 年出生。先后在中国社会科学院和国务院农村发展中心发展研究所从事改革与发展问题的调查研究。20 世纪 90 年代先后到英国和美国访问求学，后获 UCLA 博士学位。1995 年年底回国到北京大学中国经济研究中心任教，并任教于浙江大学经济学院、复旦大学经济学院、中欧国际工商学院、中国人民银行总行研究生院和长江商学院。2008—2012 年任北京大学中国经济研究中心主任、北京大学国家发展研究院院长。2010—2012 年任中国人民银行货币政策委员会委员。

研究领域侧重产权与合约、经济制度变迁、企业与市场组织、垄断与管制、土地制度改革和城市化、货币与金融等方面。

主要著作：《发展的主题：中国国民经济结构的变革》（1987 年，四川人民出版社），《农村变革与中国发展 1978—1989》（1994 年，牛津大学出版社），《中国区域发展差异调查 1978—1989》（1994 年，牛津大学出版社），《数网竞争：中国电信业的开放和改革》（2001 年，三联书店），《产权与制度变迁》（2004 年，北京大学出版社），《挑灯看剑：观察经济大时代》（2006 年，北京大学出版社），《真实世界的经济学》（2006 年，北京大学出版社），《收入是一连串事件》（2006 年，北京大学出版社），《世事胜棋局》（2007 年，北京大学出版社），《病有所医当问谁：医改系列评论》（2008 年，北京大学出版社），《中国做对了什么》（2010 年，北京大学出版社），《货币的教训》（2012 年，北京大学出版社），《竞争与繁荣》（2013 年，中信出版社），《改革的逻辑》（2013 年，中信出版社），《城乡中国》（上）（2013 年，中信出版社），《城乡中国》（下）（2014 年，中信出版社）。

过去二十多年，我国城镇化进展迅速，大量人口移居城镇，并伴随着大规模的基础设施投资和建设，以及作为结果的城市物理尺寸的扩张与膨胀。长期滞后的城镇化，终于提速急行。

常识说，城市之所以称其为城市，就是在很有限的空间里承载大量、多样、复杂也更丰富多彩的经济文化活动。这样看，城市免不了要用密度来定义。至于为什么人口、资源要在空间上凑成一个高密度形态，答案是集聚提升分工水平，分工细化提升生产率，从而大大提高城里人的收入。

可是对比现实，迄今为止我国的城镇化，建成区面积的扩张速度依然超过城镇人口的增长速度——"土地城镇化快过人口城镇化"是也。很有意思的是：我国经济也是总量傲人，但算到人均水平依然拉后。城市亦然，总量大哥哥，密度小弟弟。如此同构，总有点道理吧？

一个原因是，我们的"城市"系广域的行政区划，其中既包括市区，也包括郊区，甚至还囊括大面积的农村。多年"市管县"、"整县改市"以及含义不明的"城乡一体化"，使我们这里的"城市"概念与世界通行的不一样，不那么有可比性。城乡划到一起，边界模糊，行政权力主导，铺开地图画个大圈，修上大马路、盖起大楼房，"城市"就拔地而起了。

可"罗马不是一天建成的"。急急火火搞起来的，光建好物理外观就不容易，至于环境、财务的可持续管理以及市民文化建设，更有待一个发育过程，绝非一日之功。

于是提出"城镇化下一程"的问题。要明确，我国城镇化到了一个转折点。单纯服务于扩张城市规模的大拆大建、甚至强征强拆，无论从哪一个维度看，都难以为继。城镇化下一程非转不可，向哪里转，值得城市的决策主体、管理主体和建设主体思考。

这些年我国的经济发展，有一条经验是讲导向。2014年3月16日，中共中央、国务院发布《国家新型城镇化规划（2014—2020年）》对今后一个时期全国城镇化发展提出了导向明确的原则、方针和重点任务。实施此项《规划》，关键要遵循城镇化规律，真正走以人为本、四化同步、优化布局、生态文明、文化传承的中国特色新型城镇化道路。

有了战略导向，还要具有可执行的"指挥棒"。这也是中国经验，一套合适的考核指标同时就是赛项和赛点，就能"指挥"各城市决策者、管理者和建设者在合作竞争的过程中按照大政方针规定的方向行动。从这点看，牧之教授和他领导的团队，在国家发展改革委员会发展规划司的支持和参与下，经过艰苦细致的调查、分析、比较拿出的这份《中国城市综合发展指标2016》，为中国城镇化下一程的转型提供了科学的指标体系。在不断完善的基础上，也对形成推进新型城镇化的"指挥棒"提供了坚实的学术支撑。

我特别认同本项研究得出的一个核心认知：当下中国城市、包括特大城市面临的诸多问题和挑战，可以通过"适度加密"的取向来谋求解决之道。过去讨论城市问题，基本选项限于"发展大城市，还是发展中小城市"，殊不知城市的标度，不仅仅单是维度的大、中、小，更应该是多变量之间的密度。当下我国不少特大城市，并不等于"特密城市"——不少特大城市的很大部分空间、密度严重偏低，生态、经济、文化等综合效益都不高。因此，无论大中小城市，甚至农村集镇，都有一个从密度考量来更新的问题。这一点，要请读者特别留意。

2. 张仲梁

张仲梁

Zhang Zhongliang

国家统计局财务司司长，经济学博士

　　1962 年出生。曾任中国管理科学研究中心副研究员、日本科学技术政策研究所研究员、CAST 经济评价中心执行主任、中国经济景气监测中心主任、国家统计局统计教育中心主任。

　　曾兼任中华全国青年联合会委员、PECC 金融市场发展中国委员会秘书长、中国经济景气月报杂志社社长、中国国情国力杂志社社长。兼任中国市场信息调查业协会副会长。

（一）

十五年前，在国家发展改革委员会和日本国际开发事业团的支持下，周牧之先生领导的团队围绕中国的城镇化道路经过多年的调查研究，提出城镇化是中国现代化的主旋律，并系统地提出了大城市群发展战略，更提出了中国城镇化发展的四个目标：

一是实现集约化经济社会。也就是，要高度关注城市的集聚效应，要通过集约化提高经济效率和经济便利；提高土地利用效率，保全农地和山林；节省交通能耗，减少温室气体排放；增加城市自主财源，增加城市经济的自主性。

二是流动化社会。也就是，要为人口移动自由化提供制度保障；构建城市圈交通体系，降低流动成本。

三是市民社会。也就是，要发展教育，关注教育公平；建立公平开放的社会保障体系；向市民提供社会交流空间。

四是可持续发展社会。也就是，要提高土地利用的效率；改变粗放型用水模式；实现能源结构转换；完善垃圾和污水处理体系；追求城市与自然生态的和谐。

十五年过去了，2015 年中国城镇化率达到了 56.1%，比 2000 年的 36.2%提高了近 20 个百分点。

应该说，过去的十五年，是中国城镇化不断推进的十五年，也是城镇化路径不断调整的十五年，更是城镇化研究不断深入的十五年。

（二）

十年前，牧之从麻省理工（MIT）回到北京，给我带了一本书——*The World Is Flat*。

牧之讲，这本书在美国很是叫座，观点也很有意思：世界变平了，个人正在取代国家和公司成为全球化的主体，只要你有足够的能力和想象力，世界上的所有资源都可以为你所用；世界变小了，科技和通信领域如闪电般迅速地进步，并使全世界的人们空前地接近……

很快，这本书有了中译本，书名叫《世界是平的》。

接着，有了一部也很叫座的美国电影，讲一个美国人去了印度，训练一帮抢他饭碗的印度人，遭遇了一系列未曾预期的纠结和纠葛。电影的主题似乎是文化差异和文化冲突，而其背景，则是全球化：越来越多的美国公司会将其业务外包，以使用印度、中国的廉价劳动力；世界正在变平，美国的高度在慢慢降低，印度、中国则在快速崛起。

这部电影的名字也叫《世界是平的》。

（三）

十年过去了，这个世界的格局发生了巨大的变化。

中国的崛起是所有变化中最为瞩目的变化。

一个数据生动地说明了这一点：中国的 GDP 从 2006 年的 21.8 万亿增长到 2015 年的 67.7 万亿，

中国在世界经济排行榜中的位置从第 4 位跃升到第 2 位。

一种现象形象地说明这一点：这些年，在纽约、巴黎、东京的旅游景点和奢侈品商店，最抢眼的是成群结队的中国游客。有数据说，2015 年中国公民出境旅游人数达到 1.2 亿人次，境外购物退税消费额超过全球总额的三分之一。

如果将视野聚焦于美国、中国和印度，弗里德曼的预言似乎是对的，这个世界正行进在平坦化的道路上。

（四）

但是，这个世界不只美国、中国和印度。

十年前，"金砖四国"很让投资者兴奋；但现在，巴西和俄罗斯正蒙受经济衰退的困扰，"金砖"的光环似乎已经成为过去式。

十年里，出现了一个又一个的"失败"国家。对这些国家，一面是经济停滞，一面是社会动荡，前路不是平坦，而是崎岖甚或泥沼。

美媒有一个最失败 30 个国家名单，在网上，你能找到这个名单。看过之后，你也许会有这样的判断：这 30 个国家的确是失败国家，但是，似乎还有更失败的国家没有进入这个名单。

实际上，有很多实证研究认为，过去十年，只有中国等少数几个国家从全球化中赢得了理想的收益，而相当数量的国家则付出了巨大的代价。世界不是平了，而是更不平了。

（五）

牧之从东京回到北京，我们在咖啡厅聊天。

牧之讲，过去十年里，在日本，只有一个城市人口有较大增长，这个城市就是东京（大都市圈）。

牧之讲，很多经济体有类似的景观。过去十年，人口和经济活动进一步集中于少数耀眼的山峰，这些耀眼的山峰集聚了这个世界最优秀的人才，最大分量的经济资源，最伟大的企业。

牧之总结说，这个世界从来都不是平的。

牧之接着说，中国也不是平的。

（六）

中国也不是平的，这是牧之和他的团队成就的《中国城市综合发展指标 2016》给我的第一印象。

在《中国城市综合发展指标 2016》里，牧之引入了偏差值，作为评价城市方方面面"表现"的标准。

偏差值，指的是与相对平均值的偏差数值，反映的是城市在所有城市中的水准顺位。

牧之给我看了一些偏差值：

在医疗辐射力领域，偏差值大于 60 的城市，多达 22 个，其中北京、上海的偏差值更高达 100

以上；而与之对应，偏差值小于 45 的城市，有 27 个。显然，这是一种很不平的状态。

在人口移动领域，偏差值大于 60 的城市，也就是人口有相当增量的城市，有 16 个，特别的，有三个城市的偏差值高达 100 以上。而与之对应，偏差值小于 45 的城市，也就是人口有相当减量的城市则多达 46 个。同样，这也是一种很不平的状态。

牧之还给我看了一些反映城市指标的"立体图"。在这些"立体图"中，有耀眼的山峰，更有沉陷的峡谷。而且，耀眼的山峰更加耀眼、沉陷的峡谷继续沉陷不一定是小概率事件。

（七）

我们谈到房价的涨跌。

牧之讲，房地产市场很好地写真了中国城市的比较状态。

十年前，是几乎所有城市的房价都处在上升通道，虽然，有的城市上升的幅度要大一些，有的要小一些。但现在，则是一部分城市的房价继续处在上升的通道，另一部分城市则已经滑入停滞甚至下跌的状态。

房价的涨跌在一定层面上说明了城市的分化，而在其背后，是资源配置的分化，是人口移动的分化，是经济增长的分化。如果说，以前，是大家都在路上，虽然，有的是跑，有的是走；但现在，则是有的继续在跑，有的继续在走，有的则已经停下来，不走了。

（八）

在《世界是平的》里，弗里德曼回忆起小时候他父母经常讲的一段话：汤姆，把你碗里的饭吃干净，别忘了中国人正在挨饿。

牧之的《中国城市综合发展指标 2016》似乎在说着同样的话。

这是一个不断分化的年代，一些城市生机勃勃，信心满满，一些城市则深陷困境而茫然失措。虽然经济增长和社会发展正在抬升国家的高度，但凸凹不平的格局并没有本质的改变。在一定意义上，世界不是平了，而是更加不平了。

（九）

在凸凹不平的道路上，我们需要标杆和参照。

牧之的《中国城市综合发展指标 2016》提出了一套崭新的标杆和参照。

3. 横山祯德

横山祯德

Yoshinori Yokoyama

东京大学特任教授、原麦肯锡东京分社社长

　　1942 年出生。毕业于日本东京大学工学部建筑学科，美国哈佛大学城市设计硕士、美国麻省理工学院 MBA。曾就职于前川国男建筑设计事务所。1975 年入职麦肯锡公司，担任东京分社社长。历任日本经济产业研究所上席研究员、日本产业再生机构监事、一桥大学研究生院国际企业战略研究科客座教授。2014 年起任东京大学特级教授。

　　与城市关系密切的人们虽然身份各异，但无论是行政人员、普通市民、周边居民，还是商务人士和观光游客，都有着各自理想的城市形象。如何将对城市的追求抽象化成基本思想，再用翔实的数据具体地评价现实城市是城市指标体系的使命。

　　对城市指标而言，能否得到不同身份人群的理解和认同至关重要。因此，它必须不仅清晰明快、通俗易懂，还要方便记忆。

　　为此，《中国城市综合发展指标2016》从抽象到具体，建立起了一套由"总体思想""使命"和"指标"构成的三层结构。

　　总体思想不单以中国的城市为对象，更着眼于未来全球城市发展的方向。使命是指在总体思想下，根据中国的国情和城市的发展阶段，梳理出来的重要课题。指标是总体思想和使命的数字化体现，分为大项、中项、小项三类。

　　中国城市综合发展指标只有三项大项指标，每一大项包含三项中项指标，每一中项包含三项小项指标。3×3×3结构简洁明快，便于记忆和讨论。

　　城市是由超越道路、建筑物、绿植等可视形态的众多"社会系统"复合而成。社会系统是指"为居民创造和提供价值的系统"，是将不同产业进行横向连接的系统。例如医疗的社会系统，不仅与医疗产业的医院和药店等有关，而且还通过其与IT、建筑、金融、保险等众多其他相关产业进行合作互动，创造和提供价值。城市之所以为城市，是众多社会系统互动的集合体。因此城市指标的设置需要综合和系统的思维。

　　同时城市本身也不是孤立的存在，如何评价其与其他地区和城市，甚至与世界的关系也非常重要。

　　城市的自然状况各具特点。指标的设置不仅要考虑气候、水土等人类无法管理的自然条件，更要侧重评价城市适应环境和时代的多样性、柔软性和持续性。

　　作为人造物的城市持续地消费物质和能源，排泄固体、液体和气体的废弃物，其存在本身就是一种对自然的破坏。另一方面值得注意的是，城市本身是一个疑似有机体，拥有某种程度的自我调节功能。未来理想的城市是在重视自身的修复能力的同时，建立起有效的循环系统，无害化这一消费、排泄和破坏的过程。

　　基于以上思考，中国城市综合发展指标的总体思想追求的是"市民的和谐""多样化的发展形态"和"以循环经济活动为本"的城市。其使命可以浓缩为"城市结构的合理性和经济发展的两立""缩小经济差距的机制"和"对世界以及周边地区关联性的重视"。在指标设置上更是特别注重"经济、环境、生活的品质""超越时代变化的可持续性"和"对周边的贡献"。

　　对于城市而言，不同的时代有不同的追求和课题。中国城市综合发展指标需要及时地把握时代的命脉，不断地调整和完善指标的设置，保持指导和评价城市发展的时代性和先进性。